라즈베리파이에서
디바이스 드라이버 개발을 중심으로

리눅스 커널과 그 응용

최태영 지음

HS 도서출판 한산

목 차

머리말

본 교재는 리눅스 커널의 주요 개념을 이해하는 것을 목적으로 한다. 리눅스 커널 자체는 매우 많은 소스 코드들로 구성되어 있어 전체 코드를 한 번에 이해하기는 어렵다. 따라서 본 교재에서는 리눅스 커널을 이해하고 자료구조와 소스 코드를 분석하는 트랙과 이에 대한 이해를 바탕으로 디바이스 프로그래밍에 적용하는 트랙으로 나누어 구성하였다. 전체를 9개의 장으로 구성하여 제1장에서 리눅스 커널 소개, 제2장에서 캐릭터 디바이스 드라이버, 나머지 7개 장에서 커널의 핵심 내용을 분석하고 디바이스 드라이버 프로그래밍에 적용하였다. 디바이스 드라이버는 컴퓨터에 연결하여 수행되는 부품, 즉 디바이스를 관리하기 위한 커널 일부이다. 라즈베리파이는 이들 디바이스에 직접 접근하기에 매우 쉬우므로 본 교재의 개발환경으로 선정하였다. 따라서, 하드웨어에 관련되는 부분은 ARM CPU를 중심으로 다루었다. 본 교재의 앞부분에는 디바이스 드라이버를 작성하기 위한 개발환경을 라즈베리파이에 설치하는 과정을 소개한다. 교재의 중간마다 디바이스 드라이버에 그 단계까지 다룬 커널의 기능을 추가할 수 있는 과제를 제시하고 이의 해결을 유도함으로써 커널 개념을 얼마나 이해하고 있는지를 확인할 수 있도록 한다.

리눅스 소스 코드는 v4.19.118를 사용한다. 본 교재를 집필을 마무리하는 2020년 6월경에 라즈비안의 커널 버전이다.

이 책은 운영체제 개념을 어느 정도 이해하였고 컴퓨터 시스템에 관심을 가지는 개발자를 대상으로 한다. C 프로그래밍은 잘 알고 있고 리눅스를 다루는 데에도 익숙하다고 가정한다. 개념 수준에서 이해하는 운영체제가 어떤 형태로 리눅스에 구현되었고, 어떤 형태의 인터페이스로 제공되는지를 이해하는 데 도움을 주고자 한다. 앞에서 언급한 디바이스 드라이버 프로그래밍은 이러한 인터페이스와 커널 자료구조를 직접 활용하기에 매우 좋은 환경이며 커널의 주요 개념 설명도 가급적 디바이스 드라이버 프로그램을 시작하는 개발자에게 도움이 되도록 구성하였다. 따라서, 본 교재는 디바이스 드라이버 프로그래밍의 입문으로도 도움이 될 것으로 보인다.

최태영

제1장 리눅스 커널 소개

1.1 리눅스 소개

리눅스는 핀란드의 Linux Torvalds가 개발한 커널이며 1991년에 뉴스 그룹을 통해 공개되었다. 당시 자유 소프트웨어 재단 (Free Software Foundation)은 연구용으로 개발되던 BSD 유닉스가 AT&T의 소송으로 인해 그 개발이 상당히 지연되고 제한되는 것을 염려하여 새로운 공개 소프트웨어를 개발하고 있었다. 이 공개 및 무료 소프트웨어 프로젝트인 GNU (GNU's Not Unix) 프로젝트는 1983년부터 리차드 스톨만 (Richard Stallman)의 주도로 시작되어 1990년대 초에 운영체제의 거의 모든 부분을 구현했다. 하지만, 커널 부분인 Hurd가 제대로 개발되지 않아 완성된 운영체제가 나오지 않는 상태였다.

1992년에 개발 중인 리눅스 커널을 바탕으로 X Window System이 포팅되어 GUI가 가능한 환경임이 입증되었고, GNU 프로젝트팀과 같이 GNU GPL (GNU General Public License)을 적용한 리눅스 버전 0.99를 발표하였으며, GNU 프로젝트의 소프트웨어들과 같이 모든 기능을 갖춘 무료 운영체제가 등장하게 되었다. GNU GPL은 저작권의 일종이지만 이를 상업적으로 사용하는 대상에게 사용료를 요청하지 않는다. 대신, GNU GPL에 포함된 소스 코드를 이용하여 만든 프로그램은 무료로 공급하거나 소스 코드를 공개해야 하는 저작권의 영향을 받는다. 이 GNU GPL 저작권은 소프트웨어 개발을 통해 수익을 얻는 대신, 더 많은 사람들에게 소프트웨어의 혜택을 넓히는 것을 목적으로 하기 때문에 copyright의 반대 개념인 copyleft라는 이름으로 불리기도 한다. 리눅스 커널은 GNU GPL 버전2에 따른 라이선스가 부여되어 있다.

리눅스는 초반에는 컴퓨터 클러스터를 구성하는 경우에 마이크로소프트의 독점을 막기 위한 용도로 Dell, IBM, 그리고 HP에서 사용하면서 점유율을 조금씩 높여왔다. 여전히 개인용 컴퓨터에서의 점유율은 2.1%대로 낮지만 [1], 최근에는 서버 시장에서 점유율이 높은 상태이다. 상위 천만 개의 웹 서버 대상으로 리눅스는 70.8%의 점유율을 보이는데 [2], 대상을 상위 백만 개로 좁혔을 경우 96.55%의 점유율을 보인다 [3]. 특히 모든 슈퍼컴퓨터가 리눅스를 운영체제로 사용하고 있어 대형 서버 시장일수록 리눅스가 높은 수요를 가지고 있음을 알 수 있다 [4]. 서버와는 반대 방향에 있는 모바일 시장에서도 리눅스는 높은 점유율을 보인다. 스마트폰의 79.3%가 안드로이드폰인데 안드로이드는 리눅스 커널을 사용하고 있다 [5]. 이러한 통계들을 종합하여 운영체제가 동작하는 전체 디바이스를 대상으로 하면 안드로이드가 54%의 점유율을 보여 리눅스의 점유율이 절반이 넘음을 알 수 있다.

리눅스의 기본 구조와 리눅스가 실행되는 환경은 그림 1과 같다. 리눅스 커널은 응용 프로그램이 커널에게 작업을 요청하는 시스템콜을 처리하는 시스템콜 인터페이스 (system call interface), 시스템콜을 처리하고 시스템을 운영하는 커널 서브시스템 (kernel subsystem), 그리고 하드웨어를 직접 제어하는 디바이스 드라이버 (device driver)로 구성된다. 리눅스 배포판에 있는 대부분의 프로그램이나 인터넷으로부터 다운로드 받을 수 있는 프로그램들은 응용 프로그램에 해당되어 사용자 공간 (user space)에서 실행된다.

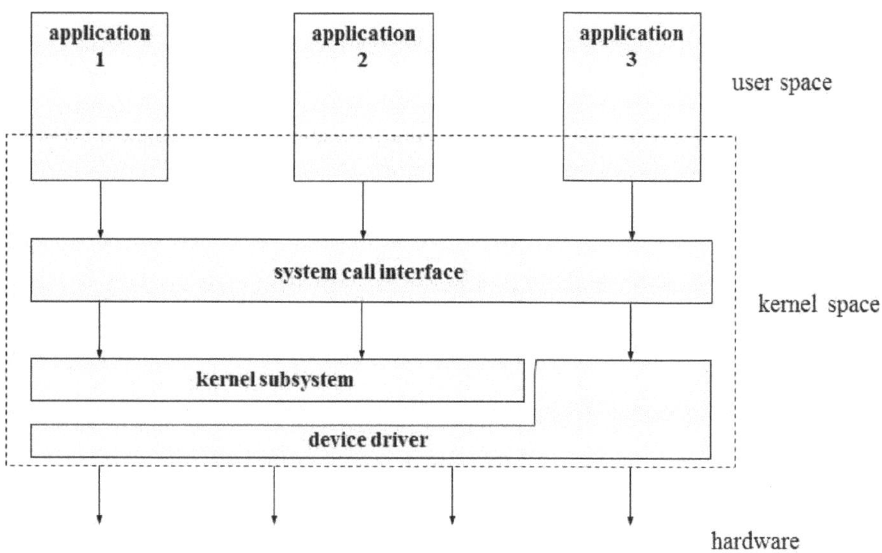

그림 1 리눅스 구조 및 그 환경

라즈베리파이에는 USB, LAN, CSI (Camera Serial Interface) 헤더, HDMI, DSI (Display Serial Interface) 헤더, GPIO 헤더, 오디오 출력 등의 입출력 인터페이스가 있어 이에 연결할 수 있는 많은 디바이스가 존재한다. 따라서 이들 디바이스를 다루기 위한 디바이스 드라이버가 필요한데, 라즈베리파이의 대표 운영체제인 라즈비안 (Raspbian)이 모든 디바이스에 대한 드라이버를 제공할 수 없다. 따라서, USB와 같이 일반적으로 많이 사용하는 디바이스에 대한 드라이버들만 제공하고 다른 디바이스의 드라이버는 각 디바이스의 제조사에서 제공하기를 기대한다. 디바이스 드라이버는 커널 서브시스템으로부터 받은 명령을 하드웨어에 전달하거나, 하드웨어로부터 받은 데이터를 커널 서브시스템에 전달하는 역할을 하므로 커널이 제공하는 자료구조와 함수들의 기능과 사용법을 알아야 한다.

리눅스 커널의 특징 중 하나는 모놀리틱 커널 (monolithic kernel)이라는 점이다. 커널 내에 모든 기능이 들어있고, 공개된 변수는 어디서나 접근할 수 있다. 따라서, 속도가 빠른 대신, 문제가 발생했을 때 발생 장소를 정확히 파악하기 어렵다는 단점이 있다. 이런 문제점을 줄이기 위해 리눅스는 모듈형 접근방식 (modular approach)을 일부 채용하였다. 대부분의 디바이스 드라이버는 부팅 시에 커널에 적재되는 대신 실제 사용 요청이 들어왔을 때 적재된다. 그 결과로 새로운 디바이스를 사용할 때 약간의 지연이 발생하는 대신 컴퓨터 부팅 시간은 짧아진다. 모든 디바이스를 사용하는 일은 적기 때문에 대부분 상황에서 전체 수행 시간을 줄일 수 있다. 또 다른 특징은 선점 가능한 커널 (preemptive kernel)이라는 점이다. 선점 (preemption)은 수행 중인 프로세스를 강제로 중단시키고 다른 프로세스가 수행되는 것을 말한다. 리눅스 커널은 버전 2.4까지는 사용자 태스크 (또는 프로세스)만 선점 (preemption)이 되었지만, 그 이후부터 커널 태스크도 선점이 된다. 이로 인해 일반적인 커널 태스크보다 더 빨리 처리되어야 하는 네트워크 패킷 수신과 같은 작업들이 빨리 처리될 수 있다.

많은 현대 운영체제들이 실행 단위인 프로세스 (process)와 쓰레드 (thread)를 구분하여 구현하며 제공하지만 리눅스는 프로세스와 쓰레드를 구분하지 않고 태스크 (task)란 명칭으로 통일하여 사용한다. 많은 운영체제에서 가벼운 프로세스의 형태로 쓰레드를 사용하지만 리눅스에서는 가벼운 프로세스가 따로 존재하지 않는다. 대신 여러 태스크가 전역 변수나 파일들을 공유할 수 있는 선택지를 제공한다.

1.2 라즈베리파이에서 개발 환경 구축

1.2.1 라즈비안 다운로드와 설치

라즈베리파이를 구입하면 사용자가 직접 microSD 카드에 운영체제를 설치해야 한다. 라즈베리파이에 설치할 수 있는 운영체제는 FreeBSD부터 Windows 10까지 매우 다양하다. 하지만, 여기서는 라즈베리파이 재단에서 공식적으로 제공하는 운영체제인 라즈비안 (Raspbian)을 사용한다. 라즈비안은 라즈베리파이 홈페이지에서 Downloads 페이지를 통해 압축된 이미지 파일을 다운로드 받을 수 있다 [6]. 압축된 zip 파일을 풀면 확장자가 img인 이미지 파일이 나온다. 다양한 SD card writer 프로그램들이 있지만, 윈도우즈가 수행되는 컴퓨터가 있는 경우 balenaEtcher라는 프로그램을 이용하여 간단하게 SD card에 라즈비안 운영체제를 설치할 수 있다 [7].

라즈비안이 설치된 SD card를 라즈베리파이에 넣고 전원을 microUSB 포트를 통해 공급하면 라즈베리파이가 부팅된다. 라즈베리파이는 전원 스위치 모듈이 없기 때문에 microUSB의 플러그를 콘센트에 끼우면 바로 부팅되며, shutdown을 해도 전원이 꺼지지 않는다. 다만 플러그를 빼도 시스템에 문제가 없도록 마무리 동작이 진행된다.

부팅을 통해 처음 라즈베리파이를 실행시키면 한글 폰트가 제대로 설치되어 있지 않기 때문에 한글이 깨진 채로 GUI 환경이 나온다. 한글 폰트는 다음과 같이 패키지를 설치할 수 있다. 여기서 'pi $ '는 명령어 프롬프트이며 깜빡이는 커서와 함께 사용자의 입력을 기다린다는 것을 나타낸다. 시스템의 설정에 따라 명령어 프롬프트의 모습은 다를 수 있으나 여기서는 'pi $ '를 명령어 프롬프트로 사용한다. 밑줄 친 부분은 사용자가 타이핑한 문장이다.

```
pi $ sudo apt-get -y install ibus-hangul
pi $ sudo apt-get -y install fonts-unfonts-core
```

이후 다음과 같이 리부팅을 하면 한글이 제대로 보인다.

```
pi $ sudo shutdown -r now
```

라즈베리파이에 모니터, 키보드, 그리고 마우스를 연결하여 작업하는 것이 가장 기본적인 방법이지만, 라즈베리파이가 네트워크에 연결되어 있다면 라즈베리파이의 ip 주소를 확인한 뒤 기존 컴퓨터에서 ssh (secure shell)로 라즈베리파이에 접속할 수 있다. Ssh는 보안이 강화된 쉘 프로그램 중 하나이다. 이 ssh를 사용한다면 라즈베리파이를 위한 모니터, 키보드, 그리고 마우스가 별도로 필요하지 않다는 장점이 있다. 초기 라즈베리파이 설정에는 부팅될 때 ssh 서버를 가동하지 않았기 때문에 라즈베리파이가 부팅될 때 ssh 서버를 가동하도록 설정을 변경해야 한다. 우선 라즈베리파이와 연결된 키보드에서 윈도우키를 누르거나 메뉴 아이콘을 선택하여 메뉴를 연 뒤, '보조프로그램'의 'Terminal'을 선택하여 터미널 창을 띄운다. 터미널 창에서 다음 명령어를 실행하여 라즈베리파이의 설정 프로그램을 수행시킨다.

```
pi $ sudo raspi-config
```

이 raspi-config는 텍스트 모드로 라즈베리파이의 여러 설정을 변경할 때 사용한다. 이 프로그램의 기본 메뉴에서 'Advanced Options'를 선택하고, 'SSH'를 선택하면 몇 번의 확인 질문을 거쳐 raspi-config를 종료한다. 다음 명령어를 수행시켜 재부팅을 하면 라즈베리파이가 부팅되며 다른 컴퓨터에서 ssh로 접근할 수 있게 된다.

```
pi $ sudo reboot
```

라즈베리파이에 모니터와 키보드 / 마우스가 장착되어 있으면 라즈베리파이를 사용하기에는 가장 편리한 환경이라고 할 수 있다. 하지만 라즈베리파이를 위해 모니터를 따로 준비하기는 여의치 않으므로 많은 경우에 ssh와 같은 원격 접속 프로그램을 사용하여 작업한다. 이때 라즈베리파이의 ip 주소를 알고 있어야 한다. 아래는 라즈베리파이의 ip 주소가 192.168.0.21이라고 할 때, cygwin 터미널과 같은 터미널 프로그램에서 라즈베리파이에 접근하는 경우를 보여준다. Cygwin은 윈도우즈에서 리눅스의 사용자 환경을 에뮬레이션해주는 프로그램이다 [8].

```
pi $ ssh pi@192.168.0.21
```

라즈베리파이에 고정 ip 주소를 발급받은 경우에는 그 ip 주소로 ssh 로그인을 할 수 있지만, 대부분의 경우 라즈베리파이는 무선 네트워크 공유기에 연결되고 공유기에서 동적으로 ip 주소를 발급받기 때문에 매번 다른 ip 주소를 가진다. 따라서, 다른 컴퓨터에서 ssh 접근을 하기 전에 라즈베리파이에게 할당된 ip 주소를 확인할 필요가 있다. 아래의 ifconfig 명령은 해당 리눅스 머신의 네트워크 상태를 알 수 있는 명령어이다.

```
pi $ ifconfig
enxb827eb4276a9: flags=4163<UP,BROADCAST,RUNNING,MULTICAST> mtu 1500
    inet 192.168.0.21  netmask 255.255.255.0  broadcast 192.168.0.255
    inet6 fe80::561a:bd0a:f271:d3c0  prefixlen 64  scopeid 0x20<link>
    ether b8:27:eb:42:76:a9  txqueuelen 1000  (Ethernet)
    RX packets 364  bytes 51846 (50.6 KiB)
    RX errors 0  dropped 0  overruns 0  frame 0
    TX packets 70  bytes 9816 (9.5 KiB)
    TX errors 0  dropped 0 overruns 0  carrier 0  collisions 0
```

여기서 출력문 두 번째 줄의 192.168.0.21이 라즈베리파이의 ip 주소이다. 집이나 실험실이라서 무선 공유기를 제어할 수 있으면 현재 라즈베리파이의 ip 주소를 고정하도록 등록할 수 있다.

1.2.2 라즈비안 커널 컴파일

커널 소스를 분석하고 디바이스 드라이버를 컴파일하여 커널에 등록하려면 커널 개발환경을 구축해야 한다. 커널 개발 환경은 커널 소스를 다운로드하고, 이를 컴파일하여 만든 새로운 커널 이미지를 만들고, 커널 이미지를 설치하고 재부팅을 하는 과정으로 구축된다. 커널 컴파일을 위해 자신의 작업 디렉터리에서 다음 명령을 수행한다.

```
pi $ sudo apt-get install git bc bison flex libssl-dev
```

Raspbian은 Debian 계열의 리눅스 배포판을 바탕으로 구성되어 있어 프로그램 패키지를 설치할 때도 apt 명령어를 사용한다. 또한 관리자 영역에 파일을 생성하거나 변경하는 경우에는 슈퍼유저의 권한을 사용하도록 한다. 따라서 프로그램 패키지를 설치하는 경우에는 sudo 명령으로 관리자 권한을 얻은 뒤 apt-get 패키지 관리자를 실행하여 프로그램을 설치한다. 위 명령을 통해 git, bc, bison, flex, libssl-dev 패키지들이 설치되며 이 패키지들은 커널 컴파일을 위한 도구들을 포함하고 있다.

다음은 github로부터 커널 소스코드를 받아온다 [9]. Git의 clone 명령을 사용하면 하위 디렉터리에 github에 있는 동일한 디렉터리 구조로 소스코드들을 받아온다.

```
pi $ git clone —depth=1 https://github.com/raspberrypi/linux
```

받은 소스 코드들은 현재 디렉터리의 하위 디렉터리인 linux에 놓여 있다. 이 디렉터리에 이동하여 아래와 같이 make의 설정 (configuration)을 수행한다.

```
pi $ cd linux
pi $ KERNEL=kernel7
pi $ make bcm2709_defconfig
```

이 명령문은 라즈베리 Pi 2, Pi 3, 그리고 Pi 3+의 경우이며 라즈베리파이 4의 경우에는 다음과 같이 make의 설정을 수행해야 한다.

```
pi $ cd linux
pi $ KERNEL=kernel7l
pi $ make bcm2711_defconfig
```

설정이 끝나면 아래와 같이 컴파일과 설치를 수행한다.

```
pi $ make -j4 zImage modules dtbs
pi $ sudo make modules_install
pi $ sudo cp arch/arm/boot/dts/*.dtb /boot/
pi $ sudo cp arch/arm/boot/dts/overlays/*.dtb* /boot/overlays/
pi $ sudo cp arch/arm/boot/dts/overlays/README /boot/overlays/
pi $ sudo cp arch/arm/boot/zImage /boot/$KERNEL.img
```

여기서 첫 번째 명령의 -j 옵션은 몇 개의 CPU core를 사용할지를 알려준다. 라즈베리파이 2 이상은 4개의 core를 가지고 있으므로 -j 옵션을 4로 설정한 경우 컴파일 속도가 눈에 띄게 빨라진다. 나머지 4줄의 명령들은 컴파일된 모듈과 이미지들을 해당 디렉터리에 설치하는 작업들이다. 컴파일이 완료되고 sudo reboot을 통해 재부팅을 하면 컴파일된 커널 이미지로 부팅이 된다. 다음 명령어를 통해 작동중인 최신 커널 버전을 확인할 수 있다.

```
pi $ uname -a
Linux raspberrypi 4.19.76-v7+ #3 SMP Fri Oct 11 22:15:50 KST 2019
armv7l GNU/Linux
```

1.2.3 라즈베리파이에서 간단한 디바이스 드라이버 작성

리눅스 커널은 버전이 바뀜에 따라 많은 변경이 발생하지만, 디바이스 드라이버를 작성하는 데 필요한 기능들의 변경은 매우 적은 편이다. 다음 소스인 mydrv.c는 디바이스 드라이버 코드의 가장 기초적인 구성을 보여준다.

디바이스 드라이버는 최소 2개의 함수가 필요하다. 하나는 디바이스 드라이버가 운영체제에 등록될 때 수행되는 함수이고, 다른 하나는 운영체제로부터 추출될 때 수행되는 함수이다. 그림 2의 14째 줄에 있는 module_init() 매크로가 등록 시 수행될 함수를 운영체제에 알려주며 15째 줄에 있는 module_exit() 매크로가 추출 시 수행될 함수를 알려준다. 5째 줄의 __init와 10째 줄의 __exit 매크로는 다음 함수가 각각 초기화와 종료 과정에 사용된다는 것을 컴파일러에게 알리는 기능을 한다. 두문자가 MODULE_인 매크로들은 컴파일러에게 해당 모듈에 대한 정보를 전달하는 역할을 한다. 그림 2에서는 본 소스코드가 GPL 라이선스라는 것, 저자가 Hansan Books라는 것, 그리고 이 코드에 대한 간단한 설명을 이들 매크로로 추가하고 있다. 이 예제는 디바이스 드라이버 모듈이 커널에 적재되었을 때 "Simple mydrv is initialized." 문장을 출력하고, 추출될 때

```
#include <linux/module.h>
#include <linux/version.h>
#include <linux/kernel.h>

static int __init mydrv_init(void)
{
  printk(KERN_INFO "Simple mydrv is initialized.₩n");
  return 0;
}
static void __exit mydrv_exit(void)
{
  printk(KERN_INFO "Simple mydrv is extracted.₩n");
}
module_init(mydrv_init);
module_exit(mydrv_exit);
MODULE_LICENSE("GPL");
MODULE_AUTHOR("Hansan Books");
MODULE_DESCRIPTION("Very Simple Device Driver Example");
MODULE_INFO(intree, "Y");
```

그림 2 간단한 디바이스 드라이버 예제 mydrv.c

"Simple mydrv is extracted." 문장을 출력하는 역할이 전부이다.

디바이스 드라이버는 여러 개의 소스 코드들로 구성되는 경우가 대부분이므로 가급적 Makefile을 이용하여 컴파일하는 것이 바람직하다. 그림 3는 그림 2의 mydrv.c를 컴파일하기 위한 Makefile이다. make 명령어를 수행하면 그 결과로 mydrv.ko 모듈 파일이 생성된다.

```
obj-m := mydrv.o
all:
	make -C /lib/modules/$(shell uname -r)/build M=$(PWD) modules
clean:
	make -C /lib/modules/$(shell uname -r)/build M=$(PWD) clean
```

그림 3 mydrv.c를 컴파일하기 위한 Makefile

mydrv.c와 Makefile을 작성했으면 다음과 같이 디바이스 드라이버를 컴파일한다.

```
pi $ make
make -C /lib/modules/4.19.76-v7+/...
...
```

그 결과로 mydrv.ko가 만들어지며 modinfo 명령을 통해 이 파일의 정보를 볼 수 있다.

```
pi $ modinfo mydrv.ko
filename:      /home/pi/Progs/KerCourse/mydrv.ko
description:      Very Simple Device Driver Example
...
vermagic:     4.19.76-v7+ SMP mod_unload modversions ARMv7 p2v8
```

mydrv.c 소스코드에서 MODULE_ 계열의 매크로를 사용해서 입력한 정보들이 출력된다. 이 드라이버 모듈 파일을 커널에 적재하려면 insmod란 명령을 사용한다. 드라이버 모듈의 적재는 시스템을 변경하는 명령이므로 sudo 명령을 사용하여 관리자의 권한을 얻어야 한다. insmod를 수행할 때 아무런 문제가 발생하지 않으면 에러 메시지가 출력되지 않는다. 제대로 적재되었는지 확인하기 위해 lsmod를 수행해본다.

```
pi $ sudo insmod ./mydrv.ko
pi $ lsmod
Module          Size   Used by
mydrv          16384   0
rfcomm            49152   4
...
```

mydrv 모듈과 이미 시스템에 있는 모듈들의 목록이 출력되는 것을 확인할 수 있다. 모듈을 추출하기 위해서는 rmmod를 수행하며 관리자 권한이 필요하다. 추출한 뒤 lsmod로 시스템의 모듈들을 확인해보면 이미 추출되었음을 알 수 있다.

```
pi $ sudo rmmod mydrv
pi $ lsmod
Module          Size   Used by
rfcomm            49152   4
```

```
...
```

드라이버 모듈을 적재하고 추출할 때 아무런 메시지가 출력되지 않았지만 그림 2의 소스 코드에는 적재시 수행되는 함수와 추출시 수행되는 함수가 각각 printk() 함수를 사용했다. 이 함수는 첫 번째 매크로 인자인 KERN_INFO에 의해 커널의 메시지 버퍼에 문자열을 출력한다. 따라서 커널의 메시지 버퍼를 확인하면 두 printk() 함수가 수행되었는지 확인할 수 있다. 커널의 메시지 버퍼를 출력하는 명령어는 dmesg인데 부팅 이후의 모든 커널 메시지가 담겨있기 때문에 많은 메시지가 출력된다. 최근의 두 줄만 출력하고 싶은 경우에는 파이프로 dmesg의 결과를 받은 tail 명령어에 -n 2 또는 -2 옵션을 준다. tail 명령어는 기본적으로 최근 10줄을 출력하며 -n <숫자> 옵션이나 -<숫자> 옵션을 적용하면 그 개수만큼 최근 줄들을 출력한다. 아래는 이 명령들이 수행된 결과를 보여준다. 각 줄 앞의 대괄호 [ ]안 숫자는 이 메시지가 버퍼에 담긴 커널 시각을 나타낸다.

```
pi $ dmesg | tail -n 2
[ 1663.537055] Simple mydrv is initialized.
[ 1667.240579] Simple mydrv is extracted.
```

참고문헌

[1] "Desktop Operating System Market Share," [온라인]. Available: netmarketshare.com. [액세스: 20일 11월 2019].

[2] "Usage of operating systems for websites," [온라인]. Available: https://w3techs.com/.

[3] "OS Market Share and Usage Trends," [온라인]. Available: https://hostingtribunal.com/blog/operating-systems-market-share/#gref.

[4] S. J. Vaughan-Nichols, "Linux totally dominates supercomputers," ZDNet, [온라인]. Available: https://www.zdnet.com/article/linux-totally-dominates-supercomputers/.

[5] D. Etherington, "Android Nears 80% Market Share In Global Smartphone Shipments, As iOS And BlackBerry Share Slides, Per IDC," TechCrunch, [온라인]. Available: https://techcrunch.com/2013/08/07/android-nears-80-market-share-in-global-smartphone-shipments-as-ios-and-blackberry-share-slides-per-idc/?guccounter=1&guce_referrer=aHR0cHM6Ly93d3cuZ29vZ2xlLmNvbS8&guce_referrer_sig=AQAAAFmctXkXFM9MxOUTeQQPkgGD-dhtB_p4248I.

[6] "Raspbian downloads," [온라인]. Available: https://www.raspberrypi.org/downloads/.

[7] "balenaEtcher," [온라인]. Available: https://www.balena.io/etcher/.

[8] "Cygwin," [온라인]. Available: http://cygwin.com/.

[9] "Github," [온라인]. Available: http://cygwin.com/.

제1장 연습문제

2-1. 1.2.1장의 내용을 따라 라즈베리파이에 라즈비안을 설치하시오.

2-2. 1.2.2장의 내용을 따라 라즈비안의 최신 리눅스 커널을 컴파일하고 설치하시오.

2-3. 그림 2의 mydrv.c 파일을 작성하고 3의 Makefile을 이용하여 컴파일하시오. 제대로 동작하는지를 그 이후의 본문을 따라 명령어를 수행하여 확인하시오.

제2장 캐릭터 디바이스 드라이버

2.1 디바이스 드라이버 기본 구조

2.1.1 VFS

컴퓨터에 연결할 수 있는 입출력 장치의 종류는 매우 많다. USB와 같이 통일된 입출력 인터페이스에도 11종류 이상의 장치들을 연결할 수 있으며, 프린터, 스캐너, 마우스, 조이스틱, 카메라, 웹캠, 측량 장비, 모뎀, 스피커, 전화기, 저장장치, 네트워크 선 등이 존재한다. 하지만 입출력 장치들은 그 명칭이 의미하듯이 데이터를 받거나 보낸다는 공통된 특징을 가지고 있다. 일부 유닉스 시스템들처럼 리눅스는 가상 파일 시스템(Virtual File System, VFS)을 제공하여 각 입출력 장치를 하나의 파일처럼 읽거나 쓸 수 있도록 한다. 이 VFS는 프로그래머와 디바이스 드라이버 제작자에게 입출력 장치의 사용 방법에 대한 표준을 제시한다. 하나의 파일에 대해 많은 함수가 존재하지만 새로운 입출력 장치가 사용된다고 해서 프로그래머가 그 장치를 위한 새로운 함수를 익힐 필요 없이 지금까지 VFS를 통해 사용하던 입출력 함수를 그대로 사용하면 된다. 심지어 입문 프로그래머는 그 장치에 대해 open(), read(), write(), close() 함수들만 사용해도 기본적인 작업을 할 수 있다. 또한, 디바이스 드라이버 설계자는 새로운 함수의 설계를 고민할 필요 없이 VFS에서 요구하는 함수들만 구현하면 된다. VFS은 그림 4와 같은 디바이스 드라이버 모듈 구조를 드라이버 설계자에게 제시하며 이와 같은 형태로 드라이버를

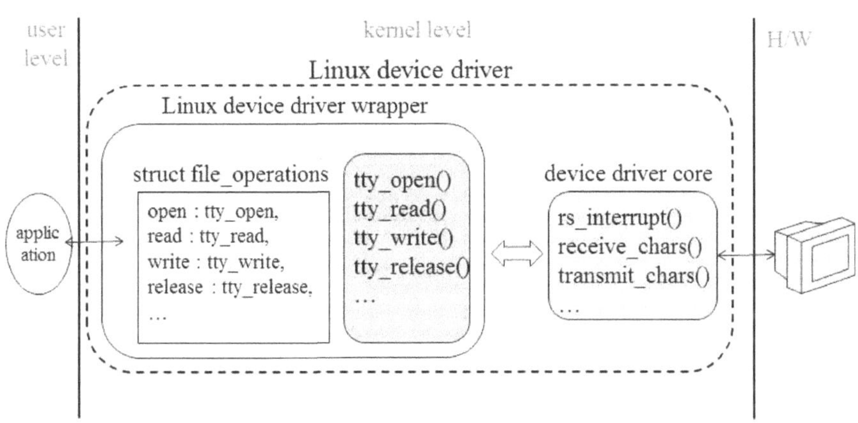

그림 4 디바이스 드라이버 코어 (core)와 래퍼 (wrapper)

구현하기를 요구한다.

디바이스 드라이버 설계자는 그림 4와 같이 2부분을 구현한다. 하나는 core 부분으로 하드웨어를 직접적으로 다루는 부분의 함수들로 구성된다. Core 부분은 일반적으로 해당 디바이스를 잘 아는 전문가가 프로그래밍하며, 이 디바이스가 자신의 작업이 끝났거나 입력이 들어왔을 때 발생시키는 인터럽트 핸들러를 포함한다. 다른 하나는 wrapper로서 응용 프로그램이 파일 입출력 때 사용하는 기본적인 함수들을 core 부분에서 제공하는 함수들로 구현하는 부분이다. 응용 프로그램은 대상이 어떤 파일이나 디바이스든지 open()이나 read()와 같은 명령을 사용하지만 각 디바이스 드라이버 설계자는 각각의 명령에 대응하는 유일한 이름의 함수로 매핑시켜야 된다. 그림 4에서와 같이 open()은 tty_open()에, read()는 tty_read()에 각각 매핑시키고 tty_open()이나 tty_read()는 core 부분에 있는 rs_interrupt()나 receive_chars()와 같은 함수들이나 디바이스 드라이버 내 자료구조들을 이용하여 구현한다. Wrapper 부분에서는 VFS의 각 함수와 이 디바이스 드라이버에서 구현한 함수를 매핑시키는 방법으로 file_operations 구조체를 사용해야 한다.

2.1.2 캐릭터 디바이스의 operations 구조체

그림 5는 character 디바이스에서 VFS의 함수를 디바이스 드라이버에서 제공하는 함수로 매핑하는 file_operation 구조체를 보여준다. 이 구조체 내의 필드들은 owner를 제외하면 모두 파일 포인터로 이루어져 있다. 각 필드에 값을 할당할 때는 .필드명 = 함수명의 형태로 초기화할 수 있다. 예를 들어,

```
struct file_operations mydrv_fops = {
    ...
    .read = mydrv_read,
    ...
};
```

와 같이 file_operations 구조체를 초기화할 수 있다.

그림 5의 15째 줄에 있는 __randomize_layout 매크로는 gcc 컴파일러에게 이 구조체의 필드들을 무작위로 배치하라는 요청이다. 그 이유는 공격자가 특정 필드를 조작해서 원하는 공격을 하는 것을 방해하기 위해서이다.

그림 5는 character 디바이스의 file_operations라고 했는데, 리눅스에서 디바이스는 크

```
1   struct file_operations {
2       struct module *owner;
3       loff_t (*llseek) (struct file *, loff_t, int);
4       ssize_t (*read) (struct file *, char __user *, size_t, loff_t *);
5       ssize_t (*write) (struct file *, const char __user *, size_t, loff_t *);
6       int (*mmap) (struct file *, struct vm_area_struct *);
7       unsigned long mmap_supported_flags;
8       int (*open) (struct inode *, struct file *);
9       int (*flush) (struct file *, fl_owner_t id);
10      int (*release) (struct inode *, struct file *);
11      int (*fsync) (struct file *, loff_t, loff_t, int datasync);
12      int (*fasync) (int, struct file *, int);
13      int (*lock) (struct file *, int, struct file_lock *);
14      ...
15  } __randomize_layout;
```

그림 5 file_operations 구조체 (include/linux/fs.h)

게 2가지로 나눈다. 하나는 캐릭터 디바이스 (character device)이며, 다른 하나는 블록 디바이스 (block device)이다. 캐릭터 디바이스는 순차적으로 데이터를 전달하며 임의의 크기를 전송할 수 있다. 하지만, 그림 5의 3째 줄과 같이 임의 접근을 하는 llseek() 함수가 제공되는 일도 있다. 대표적인 캐릭터 디바이스는 문자들이 화면에 출력되는 터미널 디바이스 (tty device)이며 read()나 write() 함수에 일대일로 대응되는 래퍼 함수들이 있다.

2.1.3 블록 디바이스의 operations 구조체

블록 디바이스는 임의 접근 (random access)가 기본적인 접근방식이며 디바이스에 접근하는 데이터의 크기는 보통 고정되어 있다. 하지만 사용자는 그런 고정 크기를 느끼지는 않는다. 대표적인 블록 디바이스는 디스크 디바이스 (disk device)이다. 블록 디바이스들은 작은 크기로 접근하는 것보다는 큰 크기로 접근하는 것이 매우 높은 성능을 보이기 때문에, 사용자는 캐릭터 단위로 접근하더라도 디바이스에는 블록 단위로 접근한다. 이런 차이를 메꾸기 위해 블록 디바이스는 커널이 제공하는 버퍼캐시 (buffer cache)를 사용한다. 버퍼는 데이터를 임시로 보관하는 자료구조로서 사용자가 1바이트를 읽으려고 할 때 디바이스는 1블록을 읽어 버퍼에 저장한 뒤 1바이트를 사용자에게 제공한다. 사용자가 다음 1바이트를 요구하면 버퍼에 있는 다음 1바이트를 제공한다. 즉, 버퍼는 여러 번의 작은 읽기를 한번의 큰 읽기로 변경하여 시간이 오래 걸리는 디바이스 접근 시간을 줄인다. 버퍼는 읽기뿐만 아니라 쓰기의 경우에도 동일하게 적용할 수 있다. 다만 쓰기 명령으로 버퍼에 저장된 새 데이터는 아직 반영구 저장 장치에 기록되지 않은 상태이기 때문에 갑자기 전원이 나가게 되면 그 내용을 잃게 되므로 주의가 필요하다. 캐시는 한번 읽은 블록을 바로 비우지 않고 일정한 시간 동안 유지하는 방법이다. 만약 동일한 읽기가 이 시간 동안 반복 발생하면 캐시는 블록 디바이스에 접근해야 할 회수를 줄이게 된다. 버퍼와 캐시는 디바이스와 밀접하게 관련된 메모리 관련 자료구조이므로 대부분 한 구조체 내에서 같이 관리하며 이 경우를 버퍼캐시라고 부른다.

블록 디바이스는 캐릭터 디바이스와는 사용하는 함수에 차이가 있으므로

```
struct block_device_operations {
    int (*open) (struct block_device *, fmode_t);
    void (*release) (struct gendisk *, fmode_t);
    int (*rw_page)(struct block_device *, sector_t,
              struct page *, unsigned int);
    int (*ioctl) (struct block_device *, fmode_t, unsigned, unsigned long);
    int (*compat_ioctl) (struct block_device *, fmode_t,
                  unsigned, unsigned long);
    unsigned int (*check_events) (struct gendisk *disk,
              unsigned int clearing);
    int (*media_changed) (struct gendisk *);
    void (*unlock_native_capacity) (struct gendisk *);
    int (*revalidate_disk) (struct gendisk *);
    int (*getgeo)(struct block_device *, struct hd_geometry *);
    void (*swap_slot_free_notify) (struct block_device *, unsigned long);
    int (*report_zones)(struct gendisk *, sector_t sector,
        struct blk_zone *zones, unsigned int *nr_zones,
        gfp_t gfp_mask);
    struct module *owner;
    const struct pr_ops *pr_ops;
};
```

그림 6 block_device_operations 구조체 (include/linux/blkdev.h)

block_device_operations라는 다른 구조체로 함수 매핑을 한다. 그림 6은 블록 디바이스에서 사용하는 block_device_operations 구조체이다. 이 구조체에 있는 함수 포인터의 개수는 device_operations 구조체의 경우보다 적으며 read()나 write() 함수가 없다.

2.1.4 디바이스 드라이버 실행 구조

디바이스 드라이버 소스 코드를 작성하기 위한 기본적인 구조를 지금까지 다루었다. 간단한 예제를 통해 수행되는 디바이스 드라이버를 작성해보기 전에, 이렇게 작성해서 적재한 디바이스 드라이버를 응용프로그램이 접근할 수 있도록 어떤 작업이 미리 이루어져야 할지를 볼 필요가 있다. 그림 7은 적재된 디바이스 드라이버들을 관리하기 위한 커널 내의 자료구조들을 보여준다. 그림 7의 아래편에 나오듯이 캐릭터 디바이스 드라이버의 함수들을 모은 file_operations 구조체는 register_chrdev() 함수를 통해 chrdevs 배열에 등록된다. register_chrdev()의 첫 번째 인자가 몇 번째 디바이스인지를 가리키며 이 그림에서 4를 인자값으로 넣었기 때문에 chrdevs 배열의 4번째 칸에 등록된다. 여기서 4란 값은 이 디바이스의 주번호 (major number)가 된다. 마찬가지로 블록 디바이스도 register_blkdev() 함수를 통해 blkdevs 배열에 등록된다. 이 그림에서 등록된 블록 디바

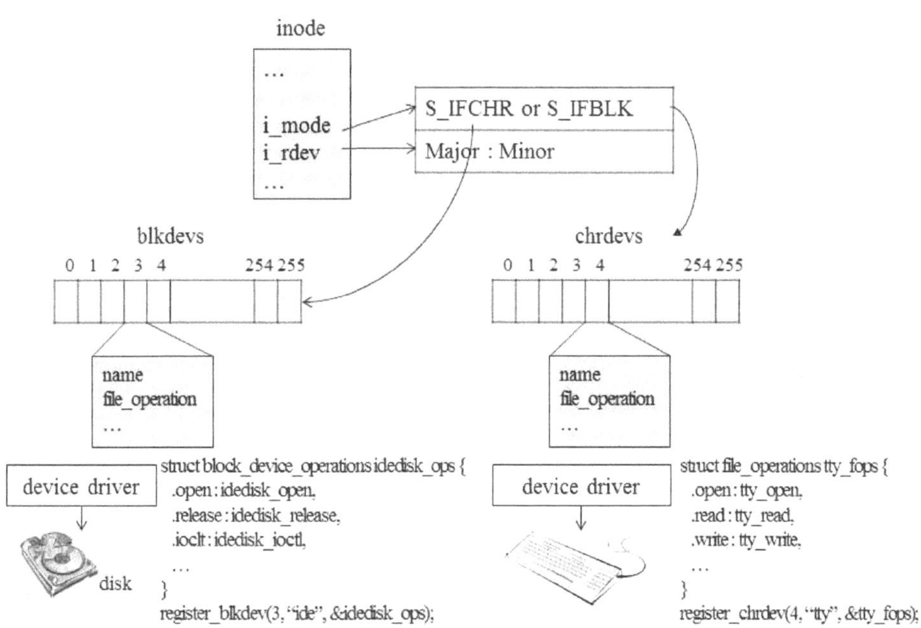

그림 7 디바이스 드라이버 관리를 위한 자료구조

이스는 주번호가 3번임을 뜻한다. 디바이스의 주번호는 그림 1과 같이 그 디바이스의 종류마다 미리 정해져 있다. 새로운 디바이스를 만들고 이를 위해 새로운 디바이스 번호를 할당받으려면 240에서 254사이에서 하나를 할당받아야 한다. 할당받는 방법은 이후에 커널 함수를 통해 설명한다.

하드 디스크와 같이 동일한 디바이스들이 여러 개 컴퓨터 시스템에 연결될 수 있다. 각 디바이스들을 구분하기 위해서 부번호 (minor number)를 부여한다. 예를 들어, 그림 8과 같이 하드 디스크 /dev/hda의 주번호는 3인데, 첫 번째 하드 디스크의 부번호는 1, 두 번째 하드 디스크의 부번호는 2와 같이 부여된다. 그런데, 하드 디스크에 파티션을 생성했을 경우 각 파티션이 하나의 논리적 드라이버가 되어 각각 다른 부번호를 가지게 된다. 그림 8의 하드 디스크 /dev/hda는 3개의 파티션 (partition)으로 나누어져 각각 1, 2, 3의 부번호를 가지게 된다. 각 파티션은 하나의 드라이버로 취급되어 /dev/hda1, /dev/hda2, /dev/hda3의 디바이스 이름을 가지게 된다. 새로운 하드 디스크가 추가되면 동일한 하드 디스크지만 다른 드라이버로 인식된다. 그런데, 기존의 하드 디스크가 몇 개의 파티션을 가질지 알 수 없으므로 충분히 커진 숫자로 다음 부번호가 새로운 하드 디스크의 각 파티션에 할당된다. 디바이스 드라이버가 blkdevs나 chrdevs에 등록되면 응

표 1 캐릭터 디바이스와 블록 디바이스의 디바이스별 주번호 할당

주번호	캐릭터 디바이스	블록 디바이스
0		
1	Memory device	RAM disk
2	Pseudo-TTY	Floppy disk
3	Pseudo-slaves	IDE disk
4	Terminal (TTY)	
5	Alternate tty	
6	Parallel printer	
7	Virtual console	Loopback device
8		SCSIhard disk
9	SCSI tapes	Metadisk
10	Non-serial mice	
11	Raw keyboard	CD-ROM
…		
231~239	Unassigned	
240~254	Local/Experimental use	
255	Reserved	

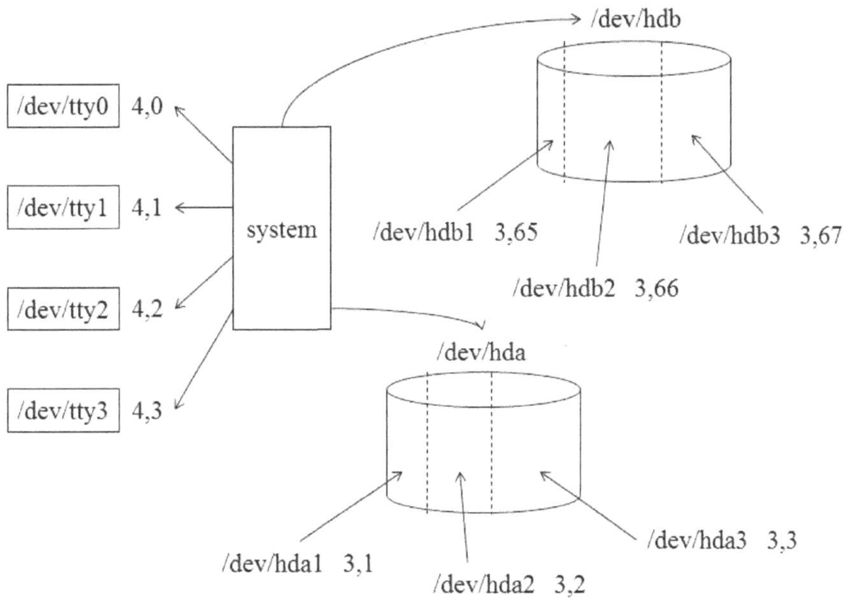

그림 8 디스크 디바이스의 주번호와 부번호

용 프로그램은 이 디바이스를 파일처럼 열어 읽거나 쓸 수 있다. open() 함수를 통해 파일을 열게 되면 커널에 그림 7과 같이 inode 구조체가 생성된다. inode 구조체는 그림 8에서와 같이 i_mode와 i_rdev 필드를 가진다. i_mode 필드는 이 파일이 어떤 종류의 디바이스인지를 가리킨다. 캐릭터 디바이스인 경우 S_IFCHR값을 가지고 블록 디바이스인 경우 S_IFBLK값을 가진다. 이 값에 따라 blkdevs 배열을 참고할지 chrdevs 배열을 참고할지 결정한다. 또한, i_rdev 필드에 주번호와 부번호가 있어서 주번호로 해당 배열의 몇 번째 칸에 있는 operations 구조체로 함수들을 매핑하면 될지를 결정할 수 있다.

그렇다면 open() 함수에서 어떤 파라미터를 전달하기에 주번호, 부번호, 그리고 디바이스 종류를 이용하여 inode 구조체를 만들 수 있을까? 그림 8에서 첫 번째 하드디스크의 두 번째 파티션을 연다고 하면 다음과 같이 open() 함수를 사용한다.

```
res = open("/dev/hda2", "rw");
```

/dev/hda2는 장치 파일 (device)로 해당 디바이스를 파일처럼 사용할 수 있도록 만든 객체이다. 장치 파일의 종류, 주번호, 그리고 부번호를 확인하려면 'ls -l' 명령을 다음과 같이 사용하면 된다.

```
struct inode{
    umode_t    i_mode;
    unsigned short    i_opflags;
    kuid_t    i_uid;
    kgid_t    i_gid;
    unsigned int    i_flags;
    ...
    dev_t    i_rdev;
    loff_t    i_size;
    structtimespec    i_atime;
    structtimespec    i_mtime;
    structtimespec    i_ctime;
    ...
}
```

그림 9 inode 구조체 (include/linux/fs.h)

```
pi $ ls -l /dev/tty0
crw--w---- 1 root tty 4, 0 Nov 24 00:17 /dev/tty0
```

위 명령문과 그 결과는 콘솔 장치 파일은 tty0을 'ls -l'로 출력한 결과이다. 첫 번째 문자인 c는 이 장치가 캐릭터 디바이스라는 것을, tty 다음의 숫자 4는 주번호를, 다음 숫자 0은 부번호를 나타낸다. 라즈베리파이에서 사용하는 SD card에 대한 정보는 다음과 같이 알 수 있다.

```
pi $ ls -l mmcblk0
brw-rw---- 1 root disk 179, 0 Nov 24 00:17 mmcblk0
```

SD card는 블록 디바이스이고, 주번호가 179, 부번호가 0임을 알 수 있다. 즉, open() 함수의 첫 번째 인자가 주어지면 그 장치 파일의 정보를 읽어 이에 해당하는 inode 구조체를 구성할 수 있다. 이 장치 파일은 디바이스 드라이버가 register_chrdev() 함수를 호출하여 만드는 것이 아니라 명령어 쉘에서 만들어야 한다. mydrv란 이름의 캐릭터 디바이스의 주번호가 249, 부번호가 0일 때, 장치 파일을 만드는 명령의 형태는 아래와 같다.

```
pi $ sudo mknod /dev/mydrv c 249 0
```

주번호는 장치에 대해 잘 알고 있거나, register_chrdrv() 함수를 통해 얻을 수 있다. 부번호는 동일한 디바이스들의 마지막 부번호를 확인한 뒤 그보다 큰 값으로 설정할 수 있다.

2.2 디바이스 드라이버 작성

이제, 지금까지 다룬 내용을 바탕으로 간단한 캐릭터 디바이스 드라이버를 제작해보자. 이 디바이스 드라이버는 하드웨어 장치를 사용하지 않는 논리적 디바이스이며, 응용프로그램이 이 디바이스에 쓰기를 하면 그 내용을 임시로 저장하고, 응용프로그램이 이 디바이스에 읽기를 하면 저장된 내용을 queue처럼 순서대로 읽어온다. Makefile은 그림 3에서 첫째 줄을 다음과 같이 바꿔주며 나머지는 동일하다.

```
obj-m += mychrdrv.o
```

2.2.1 래퍼 함수 작성

그림 10은 캐릭터 디바이스 드라이버 mychrdrv.c의 include, 전역 변수 및 초기화, 그리고 wrapper 함수 3가지를 보여준다. 이 디바이스는 별도의 저장 장치가 없으므로 응용프로그램이 write() 작업을 수행하면 그 내용을 저장할 공간을 메인 메모리로부터 할당받는다. 그림 10의 10째 줄이 할당받을 공간의 크기를 나타낸다. 또한, 9째 줄의 "mydrv"는 이 디바이스 드라이버의 장치 파일 이름이다. 이 그림의 세 함수는 특별한 작업을 수행하지 않으므로 주번호만 확인을 한다.

그림 11은 주요 함수인 mydrv_read()와 mydrv_write()를 보여준다. 두 함수의 첫 번째 인자인 file와 네 번째 인자인 ppos는 file_operations 구조체의 read와 write 필드에서 요구하는 인자이기 때문에 존재하지만, 함수 내에서 사용되지는 않는다. 여러 개의 파일이라는 개념을 설계하지 않았기 때문이다. 두 번째 인자인 buf는 사용자 공간의 한 위치를 가리키는 포인터이고, 세 번째 인자인 count는 전달되는 데이터의 byte 양이다. 그림 12는 이 드라이버에서 사용하는 주요 변수들의 관계를 나타낸다.

```
#include <linux/kernel.h>
#include <linux/module.h>
#include <linux/slab.h>
#include <linux/fs.h>
#include <linux/uaccess.h>

#define DEVICE_NAME "mydrv"
#define MYDRV_MAX_LENGTH 4096
#define MIN(a,b) (((a) < (b)) ? (a) : (b))
static int MYDRV_MAJOR;
static char *mydrv_data;
static int mydrv_read_offset, mydrv_write_offset;

static int mydrv_open(struct inode *inode, struct file *file)
{
  if (MAJOR(inode->i_rdev) != MYDRV_MAJOR)
    return -1;
  return 0;
}

static int mydrv_release(struct inode *inode, struct file *file)
{
  if (MAJOR(inode->i_rdev) != MYDRV_MAJOR)
    return -1;
  return 0;
}

static long mydrv_ioctl(struct file *file, unsigned int cmd, unsigned long
arg)
{
  printk(KERN_INFO "mydrv_ioctl is invoked ₩n");
  return 0;
}
```

그림 10 캐릭터 디바이스 드라이버 mychrdrv.c (1)

```
static ssize_t mydrv_read(struct file *file, char *buf, size_t count, loff_t
*ppos)
{
  if ((buf == NULL) || (count < 0))
    return -EINVAL;
  if ((mydrv_write_offset - mydrv_read_offset) <= 0)
    return 0;
  count = MIN((mydrv_write_offset - mydrv_read_offset), count);
  if (copy_to_user(buf, mydrv_data + mydrv_read_offset, count))
    return -EFAULT;
  mydrv_read_offset += count;
  return count;
}

static ssize_t mydrv_write(struct file *file, const char *buf, size_t count,
loff_t *ppos)
{
  if ((buf==NULL) || (count < 0))
    return -EINVAL;
  if (count + mydrv_write_offset >= MYDRV_MAX_LENGTH){
    /* driver space is too small */
    return 0;
  }
  if (copy_from_user(mydrv_data + mydrv_write_offset, buf, count))
    return -EFAULT;
  mydrv_write_offset += count;
  return count;
}
```

그림 11 캐릭터 디바이스 드라이버 mychrdrv.c (2)

mydrv_read()가 호출되면 우선 buf가 NULL인지와 count가 0보다 작은지를 확인하여 그 경우 반환된다. 또한 mydrv_read_offset이 mydrv_write_offset와 같거나 큰지 확인한다. 그 경우에는 이 디바이스에 데이터가 없으므로 바로 반환된다. 이 디바이스에 남은 데이터의 양은 mydrv_write_offset - mydrv_read_offset 인데, 이 값이 count보다 작으면 남은 데이터가 적으므로 그 양만 사용자 공간에 복제된다. 커널 모드에서는 사용자 공간을 모두 볼 수 있으므로 memcpy() 함수를 사용하여 mydrv_data에 있는 내용을 사

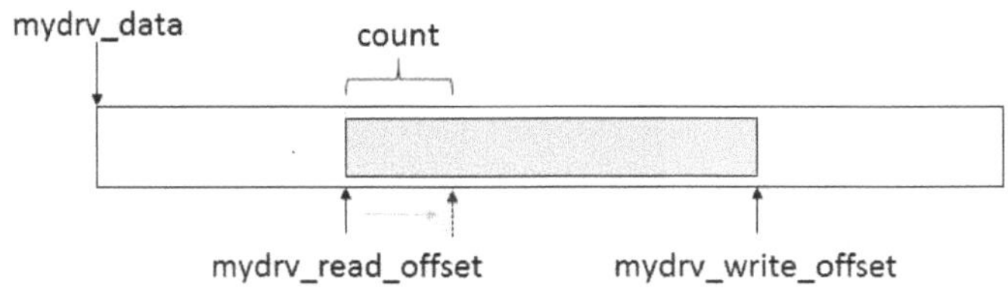

그림 12 mychrdrv.c의 주요 변수들

용자 공간으로 복제하면 될 것 같지만 그림 11에서는 copy_to_user() 함수를 사용한다. copy_to_user() 함수의 첫 번째 인자는 사용자 공간에 있는 목적지 주소, 두 번째 인자는 커널 공간에 있는 소스 주소, 그리고 세 번째 인자는 복제되는 데이터 바이트 수이다. 리눅스는 요구 페이지 (demand paging)를 사용하기 때문에 응용 프로그램 일부만 메모리에 있는 경우가 대부분이다. 따라서, copy_to_user() 함수로 특정 사용자 공간에 쓰기를 시도하면 그 공간이 비어 있는 경우 페이지 폴트 (page fault)가 발생한다. 사용자 모드 (user mode)에서는 페이지 폴트가 인터럽트를 발생시켜 요구한 페이지를 올리지만 커널 모드에서는 인터럽트가 허용되지 않는 예도 있으므로 상황에 따라 페이지 로딩을 시도하는 기능이 copy_to_user() 함수에 존재한다.

그림 11의 24째 줄에 있는 copy_from_user() 함수도 같은 이유로 존재한다. 이 함수의 첫 번째 인자는 커널 공간에 있는 목적지 주소, 두 번째 인자는 사용자 공간에 있는 소스 주소, 그리고 세 번째 인자는 복제되는 데이터 바이트 수이다. 15째 줄의 mydrv_write() 함수는 mydrv_write_offset부터 마지막 사이에 있는 공간에 사용자가 보낸 데이터를 쓰는 작업을 한다. 만약 사용자가 보낸 데이터양이 남은 공간보다 큰 경우 20째 줄처럼 작업을 수행하지 않고 반환한다.

사용자 공간에서 데이터를 받아 저장하는 mydrv_write()와 사용자 공간으로 데이터를 보내는 mydrv_read()를 수행하기 위해서는 디바이스 드라이버가 데이터를 저장할 공간을 할당받아야 한다. 그림 11의 18째 줄에 있는 kmalloc() 함수가 커널 공간에서 물리적으로 연속된 공간을 할당한다. kmalloc() 함수가 커널의 빈 공간을 할당하지 못하면 이미 등록된 디바이스 드라이버를 추출해야 하므로 그림 13의 20째 줄과 같이 unregister_chrdev() 함수를 호출한다. 이 함수는 디바이스 드라이버가 정상적으로 추출될 때도 호출해야 한다.

kmalloc() 함수의 두 번째 인자는 flag이며 이 함수가 수행될 때 지켜야 할 조건을 제시한다. 그림 13의 19째 줄은 이 flag가 GFP_KERNEL임을 보여주는데, 이는

```
struct file_operations mydrv_fops = {
  .owner = THIS_MODULE,
  .read = mydrv_read,
  .write = mydrv_write,
  .compat_ioctl = mydrv_ioctl,
  .open = mydrv_open,
  .release = mydrv_release,
};

int __init mydrv_init(void)
{
  if ((MYDRV_MAJOR = register_chrdev(0, DEVICE_NAME,
         &mydrv_fops)) < 0){
    printk(KERN_INFO "can't be registered ₩n");
    return MYDRV_MAJOR;
  }
  printk(KERN_INFO "major NO = %d ₩n", MYDRV_MAJOR);
  if ((mydrv_data = (char *)kmalloc(MYDRV_MAX_LENGTH *
sizeof(char), GFP_KERNEL))==NULL){
    unregister_chrdev(MYDRV_MAJOR, DEVICE_NAME);
    return -ENOMEM;
  }
  mydrv_read_offset = mydrv_write_offset = 0;
  return 0;
}

void __exit mydrv_cleanup(void)
{
  kfree(mydrv_data);
  unregister_chrdev(MYDRV_MAJOR, DEVICE_NAME);
}

module_init(mydrv_init);
module_exit(mydrv_cleanup);
MODULE_LICENSE("GPL");
MODULE_AUTHOR("Hansan Books");
MODULE_DESCRIPTION("A Character Device Driver Example");
MODULE_INFO(intree, "Y");
```

그림 13 캐릭터 디바이스 드라이버 mychrdrv.c (3)

include/linux/gfp.h에 다음과 같이 정의되어 있다.

```
#define GFP_KERNEL   (__GFP_RECLAIM | __GFP_IO | __GFP_FS)
```

__GFP_RECLAIM은 회수 가능한 페이지를 요청하라는 것이고, __GFP_IO는 이 과정에서 I/O가 발생해도 상관없다는 것이고, __GFP_FS는 파일 시스템 관련 함수가 수행되어도 괜찮다는 것을 의미한다. 보통 I/O나 파일 시스템 작업은 태스크를 기다리도록 만든다. 쉽게 표현하면 지금이 대기 상태가 될 수 있는 상황이라는 것을 의미한다. 시스템 콜을 처리하는 상황이라면 대기 상태가 되어도 상관없지만 하드웨어 인터럽트를 처리하는 상황이라면 대기 상태가 될 수 없다. kmalloc()이 커널 메모리를 할당하려는데 세 조건 중에 하나라도 만족하지 못할 상황이 발생하면 할당을 중단하고 에러 코드를 반환한다. GFP_KERNEL은 시스템 콜을 처리하는 일반적인 상황에서 적용된다. 이와 반대로 하드웨어 인터럽트를 처리할 때는 CFP_ATOMIC과 같은 플래그를 사용한다. 이 플래그는 휴면 상태가 되거나, 입출력이 발생해서는 안 될 때 사용한다.

2.2.2 File_operation 구조체와 시작/종료 함수

Wrapper 함수들을 가상 파일 시스템에 매핑하기 위한 file_operations 구조체는 그림 13의 1 ~ 8째 줄과 같이 선언된다. file_operations 구조체는 그림 5에서와 같이 많은 필드를 가지고 있지만, 이 예제에서는 몇 개의 함수들만 선언하고 지원할 예정이므로 선언된 함수들만 매핑되고 나머지는 정의되지 않은 상태로 남는다. 리눅스에서는 그림 13의 2 ~ 7째 줄과 같이 필드명 앞에 마침표를 찍고, 등호 다음에 값을 넣음으로써 구조체의 일부 필드를 초기화할 수 있다. 아래의 초기화 형식에서 value는 함수명도 가능하다.

```
.field_name = value,
```

그림 13의 2째 줄에 있는 THIS_MODULE은 include/linux/export.h에 다음과 같이 선언되어 있다.

```
extern struct module __this_module;
#define THIS_MODULE (&__this_module)
```

즉, __this_module 구조체 변수를 의미하는데 소스 코드상에 존재하지는 않는다. 이 변수는 insmod가 수행되며, 이 코드가 포함된 모듈을 메모리에 적재할 때 그 모듈의 시작 부분에 자리한다. 따라서, 이 모듈이 메모리에 올라오면 비로소 생성되며 그 위치는 모듈의 앞이기 때문에 THIS_MODULE은 모듈의 시작 위치를 가리킨다.

그림 13의 12째 줄은 위에서 초기화한 file_operations 구조체인 mydrv_ops를 register_chrdev() 함수를 이용하여 커널에 등록하는 것을 보여준다. 이 예제에서 보여주는 것처럼 register_chrdev() 함수의 첫 번째 인자로 0을 넣으면, 비어 있는 캐릭터 디바이스 번호 중에 하나를 골라 이 디바이스의 번호로 할당하고 그 번호를 결과 값으로 반환한다. 제대로 등록되지 않으면 반환 값은 음수가 되고 디바이스 등록을 중단한다. 제대로 등록되면 예제 코드는 17째 줄처럼 커널 메시지 버퍼에 할당받은 디바이스 번호를 출력한다. 나중에 커널 메시지 버퍼를 확인하여 장치 파일을 만들 때 사용한다. register_chrdev() 함수의 두 번째 인자는 디바이스의 이름이며 그림 10의 7째 줄에 "mydrv"로 정의되어 있다. 나중에 그림에서 생성할 장치 파일의 이름과 동일하게 작성한다. 세 번째 인자는 file_operations 구조체의 주소이다.

27째 줄의 mydrv_cleanup() 함수는 이 드라이버가 추출될 때 실행되며 30째 줄과 같이 unregister_chrdev() 함수를 실행하여 chrdevs 배열의 공간을 원래대로 복원한다.

2.2.3 컴파일 및 실행

모듈파일을 작성하기 위한 Makefile은 그림 14과 같이 mydrv 디바이스 드라이버를 컴파일 할 때 사용한 그림 3의 Makefile과 유사하다.

```
obj-m := mychrdrv.o
all:
	make -C /lib/modules/$(shell uname -r)/build M=$(PWD) modules
clean:
	make -C /lib/modules/$(shell uname -r)/build M=$(PWD) clean
```

그림 14 mychrdrv 디바이스 드라이버를 위한 Makefile

모듈 파일을 만들었으면 이를 적재하여 주번호를 확인하고, 아래 명령문과 같이 장치 파일을 만들 수 있다. 아래 명령문은 모듈 파일을 컴파일하고, 적재한 뒤, 장치파일을 만드는 과정이다.

```
pi $ make
...
```

```
pi $ sudo insmod mychrdrv.ko
pi $ dmesg | tail -n 1
[ 9799.563834] major NO = 249
pi $ sudo mknod /dev/mydrv c 249 0
pi $ ls -l /dev/mydrv
crw-r--r-- 1 root root 240, 0 Dec  3 12:14 /dev/mydrv
pi $ sudo chmod o+w /dev/mydrv
```

make나 dmesg를 제외한 명령문들은 시스템에 영향을 미치기 때문에 superuser의 권한으로 수행할 수 있는 sudo 명령어를 사용하였다. 생성된 장치 파일은 보통 일반 사용자들은 읽기만 가능하므로 쓰기 권한을 부여할 필요가 있다. 한 마지막 줄의 chmod는 응용 프로그램이 사용자 권한으로 mydrv 장치 파일에 쓰기를 허용하도록 쓰기 권한을 주는 명령문이다.

지금까지 작성한 디바이스 드라이버는 커널에 적재되는 모듈로서 적재된 이후에는 사용자가 장치 파일을 open()을 통해 연 뒤 read()나 write()를 하기 전에는 아무런 역할을 하지 않는다. 따라서 이들 함수를 사용하는 사용자 프로그램을 만들어야 한다. 그림 15는 그림 10, 11, 그리고 13의 mychrdrv.c 디바이스 드라이버를 테스트하기 위한 응용 프로그램인 mychr_test.c 코드이다. 13째 줄에서 open()을 통해 mydrv 장치 파일을 열고, 그림 15의 25째 줄에서 이 파일에 'A'에서 'Z'까지의 26개 알파벳을 한꺼번에 쓴다. 26째 줄에서는 mydrv 디바이스 파일로부터 26개 알파벳을 한꺼번에 buf_in 배열에 덮어 쓴다. buf_in 배열은 원래 19째 줄에 의해 26개의 'A'로 채워져 있었는데, 'A' ~ 'Z'의 알파벳으로 바뀐 것이다. 따라서, 21~23째 줄이 수행되면 'A'가 26개 출력되는데, 28 ~ 30째 줄이 수행되면 'A' ~ 'Z'가 출력된다. mychr_test.c를 컴파일하고 수행하는 예시는 아래와 같다.

```
pi $ gcc -g -Wall -o mychr_test mychr_test.c
pi $ ./mychr_test
AAAAAAAAAAAAAAAAAAAAAAAAAA
ABCDEFGHIJKLMNOPQRSTUVWXYZ
```

```
#include <stdio.h>
#include <sys/stat.h>
#include <fcntl.h>
#include <unistd.h>

#define MAX_BUFFER 26
char buf_in[MAX_BUFFER];
char buf_out[MAX_BUFFER];

int main(void)
{
    int fd, i, c = 65;
    if ((fd = open("/dev/mydrv", O_RDWR)) < 0){
    perror("open error");
    return -1;
    }
    for (i = 0; i < MAX_BUFFER; i++){
    buf_out[i] = c++;
    buf_in[i] = 65;
    }
    for (i = 0; i < MAX_BUFFER; i++)
    fprintf(stderr, "%c", buf_in[i]);
    fprintf(stderr, "₩n");

    write(fd, buf_out, MAX_BUFFER);
    read(fd, buf_in, MAX_BUFFER);

    for (i = 0; i < MAX_BUFFER; i++)
    fprintf(stderr, "%c", buf_in[i]);
    fprintf(stderr, "₩n");
    close(fd);
    return 0;
}
```

그림 15 캐릭터 디바이스 드라이버 테스트 프로그램 mychr_test.c

제2장 연습문제

2-1. 그림 10, 11, 그리고 13의 디바이스 드라이버는 mydrv_data를 4KB 크기만큼 쓰고 읽으면 더 이상 쓰기를 할 수 없다. 그 이유는 이 디바이스 드라이버가 선형 버퍼 (linear buffer)로 구현되었기 때문이다. 원형 버퍼 (circular buffer)는 끝까지 채웠으면 다시 버퍼 처음의 빈 공간을 채우도록 만든 버퍼이다. 이 디바이스 드라이버를 원형 버퍼 (circular buffer)로 동작하도록 소스 코드를 개선하시오.

2-2. 그림 15의 테스트 프로그램은 하나의 태스크가 순차적으로 그림 10, 11, 그리고 13의 장치 파일 /dev/mydrv에 접근한다. 이 테스트 프로그램이 두 개의 스레드를 생성하여 각자가 26바이트의 다른 내용을 /dev/mydrv에 쓰게 하라. 메인 프로그램은 두 스레드가 종료한 뒤 52바이트의 내용을 출력하도록 수정하시오.

2-3. 여러 응용 프로그램이 동시에 그림 10, 11, 그리고 13의 장치 파일 /dev/mydrv에 접근할 때에 어떤 문제가 생길 수 있는가? 문제가 발생한다고 할 때, 이 문제를 해결하려면 어떻게 해야 하는지 설명하시오.

제3장 태스크 관리

3.1 태스크 구조

태스크 (task)는 메모리에서 프로그램을 수행하는 주체이지만 커널 입장으로 보면 동적으로 변화하는 여러 개의 자료구조로 이루어진 객체이다. 커널은 이 객체를 관리하여 객체가 예상에 벗어나는 행동을 시도할 때 이를 제어하는 역할을 한다. 태스크는 일반적인 운영체제 교재에서는 프로세스 (process)라고 부르며, 무게가 작은 경우 스레드 (thread)라고 불린다. 리눅스에서는 프로세스와 스레드를 구분하지 않고 태스크로 취급한다. pthread 라이브러리에서 다루는 스레드도 리눅스 커널 입장에서는 태스크와 동일하다. 대신, 한 프로세스 내의 스레드들은 생성될 때 가상 메모리를 공유하도록 설정된다.

3.1.1 thread_info 구조체

태스크는 fork() 함수에 의해 생성된다. 이때 커널은 그림 16의 thread_info 구조체와 그림 20의 task_struct 구조체를 생성하여 새로 생성된 태스크를 관리한다. task_struct 구조체는 해당 태스크의 정보 대부분을 담고 있으며 thread_info 구조체에는 사용자 태스

```
struct thread_info {
    unsigned long flags;         /* low level flags */
    int preempt_count;           /* 0 => preemptable, <0 => bug */
    mm_segment_t addr_limit; /* address limit */
    struct task_struct *task;    /* main task structure */
    __u32 cpu;                   /* cpu */
    __u32 cpu_domain;            /* cpu domain */
    struct cpu_context_save cpu_context;    /* cpu context */
    __u32 syscall;               /* syscall number */
    __u8  used_cp[16];           /* thread used copro */
    unsigned long tp_value[2]; /* TLS registers */
    union fp_state fpstate __attribute__((aligned(8)));
    union vfp_state vfpstate;
};
```

그림 16 thread_info 구조체 (arch/arm/include/asm/thread_info.h)

크가 시스템 콜을 호출할 때 그 태스크의 task_struct 구조체를 찾기 위한 포인터인 task 필드가 있다. (그림 16 5째 줄)

많은 시스템 콜 (system call)은 이를 호출한 태스크의 정보를 바탕으로 작업을 진행한다. 예를 들어, getpid()는 현재 태스크의 프로세스 ID를 반환하고, read()는 현재 태스크가 오픈한 파일의 내용을 읽는다. 태스크의 정보는 그 태스크의 task_struct에 담겨있거나, 이 구조체로부터 찾아가는 다른 구조체에 있으므로 task_struct의 위치를 찾는 것은 시스템 콜이 기본적으로 다루는 기능이다.

시스템 콜이 호출되었을 때 thread_info 구조체를 통해 task_struct 구조체의 주소를 구하는 과정을 알아보자. thread_info 구조체는 커널 스택과 깊은 관련이 있으므로 우선 커널 스택에 대해 알아보자. 사용자 태스크는 자신의 사용자 공간에 스택을 두어 함수 호출과 복귀에 사용한다. 시스템 콜이 수행되어 커널 공간으로 이동하면 사용자 공간의 스택 대신 커널 공간의 스택을 사용한다. 이를 *커널 스택*이라고 한다. 사용자 공간의 스택 크기는 제한이 없지만, 커널 공간은 여러 태스크가 공유하기 때문에 그 크기가 제한되어 있다. ARM 프로세서에서 커널 스택 크기는 2의 지수승 값인 THREAD_SIZE로 정해져 있으며 스택의 시작 위치도 그림 17과 같이 THREAD_SIZE의 배수 위치인 THREAD_SIZE × n에서 시작한다. THREAD_SIZE는 64-bit ARM의 경우 0x4000, 즉 16KB이다. 커널 스택의 시작 위치가 THREAD_SIZE의 배수인 이유는 그 위치를 다음과 같이 쉽게 찾기 위해서이다. thread_info 구조체는 그림 17과 같이 그 커널 스택의 가장 아래, 즉 THREAD_SIZE × n에 있다. 태스크가 사용자 공간에서 실행 중일 때는 스택 포인터가 사용자 공간의 스택 탑을 가리키지만, 시스템 콜을 호출하여 커널 공간으

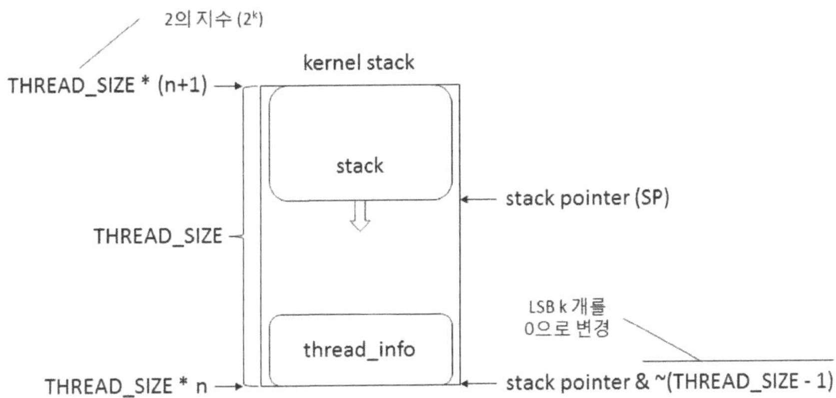

그림 17 커널 스택의 위치와 스택 포인터에서 시작 위치 찾는 과정

로 이동하면 그 태스크에게 할당된 커널 스택으로 이동한다. 스택 포인터는 커널 스택으로 이동한 직후에는 커널 스택의 가장 윗 부분을 가리키지만, 커널 코드를 수행 중이면 커널 스택의 맨 위가 아닌 중간 어딘가를 가리킨다. 그림 17의 오른편 중간에 있는 stack pointer (SP)가 현재 스택 포인터이다. THREAD_SIZE가 2^k이면 THREAD_SIZE - 1은 이진수로 표현할 때 k개의 1로 이루어진 수이다 (여기서 k는 양의 정수). 여기에 not-비트연산자 ~를 적용하면 ~(THREAD_SIZE - 1)은 하위 k의 bit들 (k-LSBs)은 0이 되고, 나머지 상위 bit들은 1이 된다. 여기에 stack pointer와 and-비트연산자를 수행하면 THREAD_SIZE × n의 값이 되어 그 커널 스택의 시작 주소가 된다 (여기서 n은 양의 정수).

이 방법을 이용하여 현재 태스크의 thread_info 위치를 반환하는 함수는 그림 18의 current_thread_info() 함수이다. 어셈블리 명령어 "sp"로 현재 stack pointer 위치를 얻은 뒤 (6째 줄) 하위 k-bit를 0으로 만들어 커널 스택이자 thread_info 구조체의 시작 위치를 얻는다 (3 ~ 4째 줄).

```
1  static inline struct thread_info *current_thread_info(void)
2  {
3      return (struct thread_info *)
4      (current_stack_pointer & ~(THREAD_SIZE - 1));
5  }
6  register unsigned long current_stack_pointer asm ("sp");
```

그림 18 thread_info 구조체의 위치를 반환하는 함수 (arch/arm/include/asm/thread_info.h)

3.1.2 task_struct 구조체

현재 태스크의 thread_info 위치를 얻게 되면 그림 16의 5째 줄에 명시된 task 필드를 이용하여 현재 태스크의 task_struct 위치를 알 수 있다. 커널 모드에서는 그림 19의 2째 줄에 있는 current라는 매크로를 이용하여 현재 태스크의 task_struct 위치를 반환받을 수 있다.

그림 20은 task_struct 구조체의 주요 필드를 보여준다. 그림 20의 13 ~ 14째 줄에 있는 __rcu 키워드는 대상 구조체가 동기화 방법 중 RCU (read copy update) 정책을 따를 것이라는 힌트를 컴파일러에게 알려준다. 이 정책은 한 태스크가 해당 구조체를 읽고 있을 때 다른 태스크가 그 구조체를 변경하면, 읽기를 수행하던 태스크의 작업에 일관

```
#define get_current() (current_thread_info()->task)
#define current get_current()
```

그림 19 task_struct 구조체의 위치를 반환하는 함수 (include/asm-generic/ current.h)

성을 유지하기 위해 구조체를 카피하여 카피한 구조체에 변경을 수행하고, 읽기가 끝나면 읽었던 구조체를 지우는 방식이다. 이 방식을 사용하면 병렬성이 증가한다. RCU에 대한 자세한 내용은 7.7장을 참고하기를 바란다.

그림 20의 task_struct 구조체의 필드 중 2째 줄의 state는 현재 태스크의 상태를 나타낸다. 리눅스의 상태는 그림 21과 같이 보통 3개의 상태 (TASK_RUNNING, TASK_INTERRUPTIBLE, TASK_UNINTERRUPTIBLE)들 중 하나이다. TASK_RUNNING은 runqueue에 있는 태스크가 가지는 상태이다. 여기서 runqueue는 CPU를 할당받기 위해 태스크들이 기다리는 자료구조로서 ready queue라는 이름으로도 불린다. 리눅스 커널에

```
1   struct task_struct {
2       volatile long state;
3       void *stack;
4       int prio;
5       const struct sched_class *sched_class;
6       struct sched_entity se;
7       cpumask_t cpus_allowed;
8       struct sched_info sched_info;
9       struct list_head tasks;
10      struct mm_struct *mm;
11      pid_t pid;
12      pid_t tgid;
13      struct task_struct __rcu *real_parent;
14      struct task_struct __rcu *parent;
15      struct list_head children;
16      struct list_head sibling;
17      u64 utime;
18      u64 stime;
19      struct fs_struct *fs;
20      struct thread_struct thread;
21      ...
22  };
```

그림 20 task_struct 구조체 (include/linux/sched.h)

서는 이 구조를 주로 runqueue라고 부른다. 의외인 점은 현재 태스크가 CPU를 사용하고 있든, runqueue에서 기다리고 있든 그 상태는 TASK_RUNNING으로 취급한다. 리눅스에서는 CPU를 점유하여 실행 중인 태스크의 스케줄 자료구조도 runqueue에 있으므로 따로 구분하지 않은 것으로 보인다.

TASK_INTERRUPTIBLE과 TASK_ UNINTERRUPTIBLE은 둘 다 대기 상태이다. *대기 상태*란 특정 이벤트를 기다리며, 이벤트가 발생하기 전까지는 CPU를 사용하지 않는 상태를 말한다. 여기서 이벤트는 요청한 I/O가 완료되었거나, 미리 정했던 시간이 되거나, 닫혔던 동기화를 풀어주는 동기화 함수가 수행되어 대기 상태가 끝나는 것을 말한다. 그런데, 리눅스에서는 예상했던 이벤트가 발생하지 않았는데도 대기 상태에서 빠져나올 수가 있다. 이러한 일은 시그널 (signal)에 의해 발생한다. 태스크는 대기 상태가 될 때 미리 정한 이벤트 이외에 시그널에 의해 깨어날지, 시그널을 무시할지를 정할 수 있다. 시그널에 의해 깨어날 것으로 대기 상태를 설정하면 그 태스크는 TASK_INTERRUPTIBLE 상태로 대기한다. 반면 시그널을 무시할 것으로 대기 상태를 설정하면 TASK_UNINTERRUPTIBLE 상태로 대기한다. 두 상태 모두 대기 상태에서

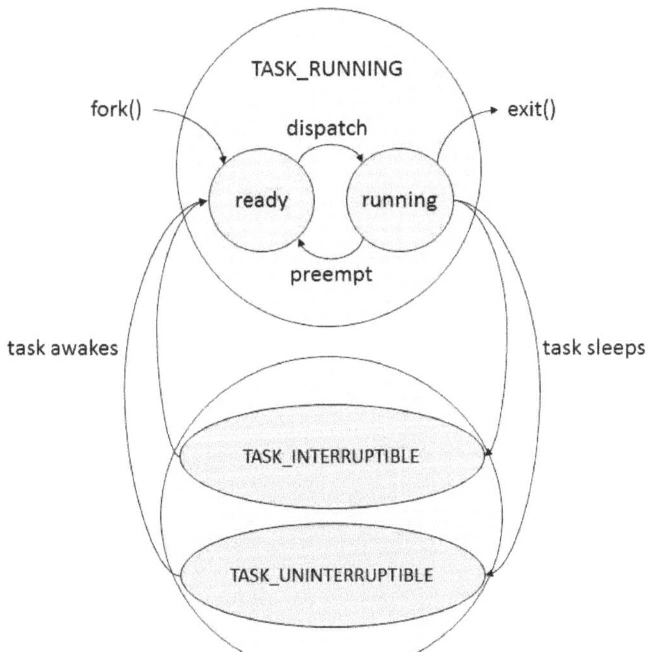

그림 21 리눅스의 태스크 상태 변화

깨어나면 TASK_RUNNING 상태가 된다. 이 세 가지 상태 외에 __TASK_TRACED와 __TASK_STOPPED 상태가 있다. __TASK_TRACED는 gdb 같은 디버거에서 ptrace를 통해 해당 태스크의 실행을 추적하는 상태이며 __TASK_STOPPED는 시그널(SIGSTOP, SIGTSTP, SIGTTIN, SIGTTOU)에 의해 중단된 상태이다.

태스크의 상태를 확인할 때는 current->state로 바로 확인할 수 있지만, 태스크의 상태를 변경할 때는 컴파일러나 CPU의 최적화에 의해 예상치 못한 결과가 발생하지 않도록 아래의 set_current_state() 함수를 이용하는 게 바람직하다. 이 함수는 include/linux/sched.h에 선언되어 있다.

```
set_current_state(int state_value)
```

set_current_state() 함수는 배리어라는 기능을 쓰는데, 배리어는 컴파일러나 CPU가 코드 최적화를 위해 명령어의 위치를 바꾸거나 동시에 수행시키는 것을 억제한다. 배리어 명령어를 사용하면 배리어 이전에 위치한 명령이 배리어 이후로 옮겨지거나 그 반대의 이동이 발생하지 않는다. 배리어에 관련된 자세한 내용은 7.9장을 참고하기를 바란다.

그림 20의 task_struct 구조체에는 태스크의 관계를 추적할 수 있는 필드들이 여러 개 있다. 13, 15, 그리고 16째 줄의 real_parent, children, 그리고 sibling이 각각 이에 해당한다. real_parent는 현재 태스크의 부모 태스크를 가리킨다. 따라서, 부모 태스크를 찾고 싶으면 다음과 같이 코드를 작성한다. 이 코드가 수행되면 my_parent 포인터는 부모 태스크를 가리킨다.

```
struct task_struct *my_parent= current->real_parent;
```

task_struct에는 real_parent외에도 parent라는 필드도 있다. 한 태스크가 종료될 때 그 태스크는 부모 태스크에게 SIGCHLD 시그널을 보냄으로써 자신이 종료되었음을 알린다. 이 시그널을 받을 태스크가 parent이다. 보통은 real_parent와 parent가 동일하지만 pthread를 이용하여 multi-threaded task를 만들면 두 필드가 달라진다. 그림 22에서 태스크 P가 fork()로 태스크 Q를 생성했고, Q는 pthread_create()로 태스크 R을 생성했다고 하자. 태스크 R은 Q가 자신을 생성했기 때문에 Q가 자신의 real_parent가 된다. 하지만 multi-thread의 관점에서 보면 Q와 R은 하나의 프로세스 안에 있는 두 스레드이며, 이들이 종료되면 그 부모인 P에게 그 사실을 알려야 하므로 P가 parent가 된다.

이러한 구조를 조금 응용하여 한 태스크에서 시작해서 부모 태스크를 찾아 올라가는 코드를 작성해보자. 아래 코드는 현재 태스크에서 부모 태스크를 계속 찾아 올라가다가

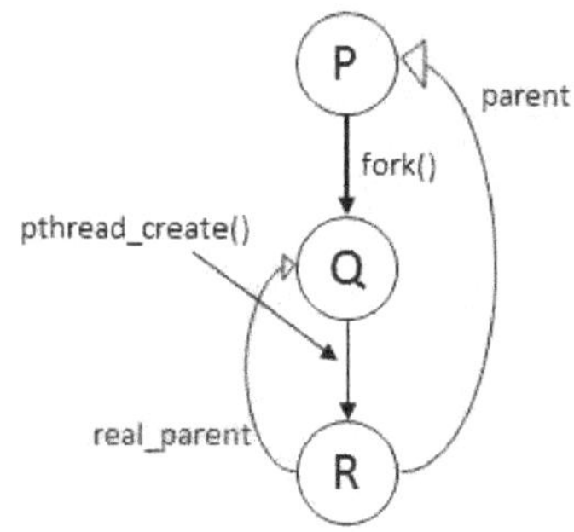

그림 22 task_struct 내 parent와 real_parent의 차이

최초의 태스크인 init_task를 만나면 중단하는 코드이다.

```
struct task_struct *task;
for (task=current; task != &init_task; task=task->parent);
```

3.1.3 head_list 구조체

그림 20의 task_struct 구조체에는 children이나 sibling과 같이 struct list_head의 타입을 가진 필드들이 여러 개 있다. 이 구조체는 리눅스에서 임의의 구조체를 이중 연결 리스트로 연결하기 위해 사용한다. 이 list_head 구조체를 이해하기 위해 일반적인 연결리스트부터 시작하자. 일반적인 이중 연결 리스트는 아래와 같이 선언된다.

```
struct list_str {
    int index;
    data_t payload;
    struct list_str *next;
    struct list_str *prev;
}
```

일반적인 동적 연결 리스트는 새로운 노드를 삽입하고 기존 노드를 삭제하므로, 노드의 삽입과 삭제를 위한 insert_list_str() 함수와 delete_list_str() 함수를 작성한다. 만약 연결리스트를 사용하는 다른 구조체가 필요하다면, 이중 연결 리스트를 위한 두 개의 자기 참조 포인터 next와 prev를 포함한 구조체를 선언하고 삽입과 삭제를 위한 함수를 추가로 작성해야 한다. 만약 100개의 다른 구조체들이 이중 연결 리스트 기능을 사용해야 한다면 이러한 작업을 100번 반복해야 한다. 리눅스의 list_head 구조체는 이러한 문제를 해결하기 위해 고안되었다. 이 구조체는 include/linux/types.h에 다음과 같이 선언되어 있으며 두 개의 자기 참조 포인터로 구성된다.

```
struct list_head {
    struct list_head *next, *prev;
};
```

이 구조체들을 원형 이중 연결리스트로 연결한다면 그 일부가 그림 23과 같이 구성된다.

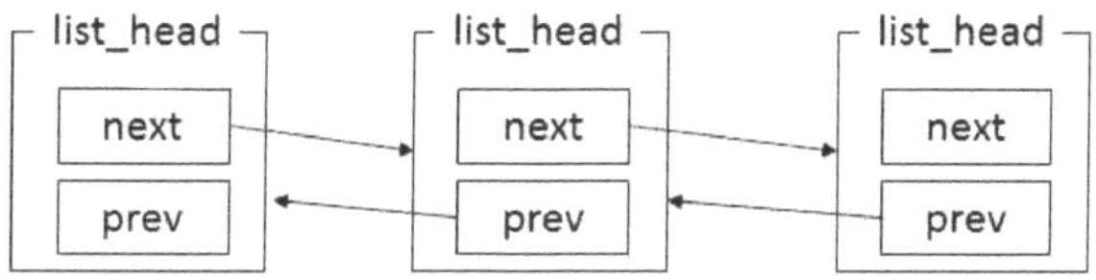

그림 23 list_head 구조체들 간의 연결

이 연결리스트를 사용하려는 구조체는 list_head 타입의 필드를 포함해서 다음과 같이 선언한다.

```
struct my_struct {
    int myID;
    ...
    struct list_head list;
    ...
}
```

포인터 head는 list_head에 의해 구성된 원형 이중연결리스트의 한 노드를 가리키는 포인터이고, 그 노드 다음에 포인터 new가 가리키는 새로운 노드를 삽입하는 경우 include/linux/list.h에 선언된 list_add() 함수를 호출한다.

```
inline void list_add(struct list_head *new, struct list_head *head)
```

원형 이중연결리스트이기 때문에 첫 번째 노드는 다음과 같이 따로 작성한다.

```
struct my_struct head = {
    .myID = -1,
```

```
    ...
    .list = LIST_HEAD_INIT(head.list)
};
```

여기서 구조체 head가 아니라 list 필드를 초기화했음을 주의해야 한다. 또는 다음과 같이 동적으로 할당할 수도 있다.

```
struct my_struct *head;
head = kmalloc(sizeof(struct my_struct), GFP_KERNEL);
INIT_LIST_HEAD(&head->list);
```

kmalloc() 함수는 연속된 커널 메모리를 할당하는 함수이며 GFP_KERNEL 플래그는 일반적인 시스템 콜 함수 상황임을 kmalloc()에게 알려준다. GFP 플래그에 대한 자세한 내용은 9.4.3장을 참고하기를 바란다. kmalloc()은 include/linux/slab.h에 선언되어 있으며, INIT_LIST_HEAD()는 include/linux/list.h에 선언되어 있다. INIT_LIST_HEAD() 매크로는 list_head 리스트의 헤더 노드를 기반으로 원형 이중 연결 리스트를 구성한다. 보통 헤더 노드는 데이터를 가지고 있지 않으므로 이 매크로로 구성된 리스트는 비어 있다. 이 매크로를 이용해 원형 이중 연결리스트를 만들었으면 노드를 하나씩 만들어 추가한다.

만약 my_struct 구조체를 가리키는 포인터 currp 다음에 새로운 my_struct 구조체를 가리키는 포인터 newp의 노드를 삽입하는 경우 다음과 같이 작성한다.

```
list_add(&newp->list, &currp->list);
```

리스트의 끝에 노드를 삽입하는 경우에는 list_add_tail() 함수를 사용한다.

```
void list_add_tail(struct list_head *new, struct list_head *head)
```

이 함수는 head가 가리키는 연결리스트의 끝에 new가 가리키는 노드를 삽입한다. 이렇게 만들어진 이중연결리스트를 head가 가리키는 노드부터 포인터 pos가 한 노드씩 방문한다면 다음과 같은 for-문으로 작성할 수 있다.

```
for (pos = head->next; pos != head; pos = pos->next)
```

for-문의 첫 번째 대입문에서 포인터인 pos는 head가 아니고 head->next라는 것을 주의하라. head가 가리키는 노드에는 데이터가 없기 때문이다. 이와 같은 for-문을 아래의 list_for_each() 매크로로 제공한다.

```
list_for_each(pos, head)
```

여기서 문제는 포인터 pos가 가리키는 노드는 struct list_head뿐이라서 데이터에 접근할 수가 없다. 접근해야 할 구조체는 이 list_head를 하나의 필드로 가지고 있는 상위 구조체인 my_struct이며, my_struct 구조체에 대한 포인터가 있어야 그 구조체의 필드인 myID에 접근할 수 있다. include/linux/stddef.h에는 offsetof()라는 매크로가 제공되는데, 이 매크로는 필드를 가지는 구조체의 시작 위치부터 그 필드의 위치까지의 거리를 바이트 단위로 구한다. offsetof()는 다음과 같다.

```
#define offsetof(TYPE, MEMBER) ((size_t)&((TYPE *)0)->MEMBER)
```

여기서 TYPE은 list_head 구조체를 필드로 가지는 상위 구조체의 타입이며 MEMBER는 이 구조체에서 list_head 구조체의 필드 이름이다. 구조체 변수의 시작 주소가 0이라고 하면 MEMBER 필드의 주소는 TYPE 구조체의 시작 위치와 MEMBER 필드의 시작 위치의 차이가 된다.

다음은 offsetof() 매크로를 이용하여 container_of()라는 한 필드를 가진 구조체의 주소를 반환하는 매크로를 알아본다. 포인터 ptr이 한 list_head 구조체를 가리키고 있고, 이 list_head 구조체는 type 구조체의 한 필드로서 member라는 필드 이름을 가지고 있을 때, 이 구조체의 포인터를 반환하는 매크로는 다음과 같이 include/linux/kernel.h에 선언되어 있다.

```
#define container_of(ptr, type, member) ({          ₩
    void *__mptr = (void *)(ptr);                   ₩
    ((type *)(__mptr - offsetof(type, member))); })
```

({})는 내부 명령어들을 순서대로 수행하고 마지막 명령어의 결과를 반환한다. __mptr 변수는 포인터 변수 ptr의 값을 void 포인터의 형태로 임시 저장한다. 그림 24와 같이 offsetof() 매크로를 통해 ptr로부터 이 구조체의 시작 위치인지를 계산한 뒤, 타입캐스팅을 통해 원래 구조체의 타입에 대한 포인터를 반환한다. 임시 변수인 __mptr을 사용하는 이유는 첫 번째 인자인 ptr이 포인터 타입인지 컴파일 시간에 체크하기 위해서이다. 예를 들어, ptr이 float 타입인 경우, __mptr에 할당할 때 syntax 에러가 발생한다.

리눅스 커널 내부에서는 container_of() 매크로와 동일하지만 다른 이름인 list_entry() 계통의 매크로가 더 많이 사용된다. 이는 include/linux/list.h에서 다음과 같이 정의된다.

```
#define list_entry(ptr, type, member) ₩
```

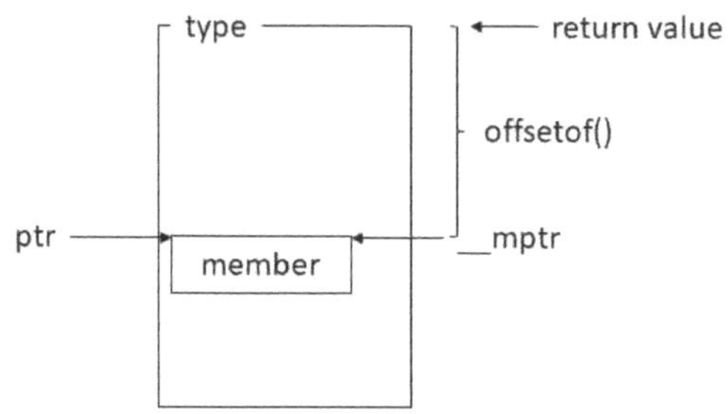

그림 24 container_of() 매크로가 반환하는 값 (return value)과 인자들의 관계

```
container_of(ptr, type, member)
```

list_entry()와 list_for_each() 매크로을 이용하여 다음과 같이 현재 태스크 current의 자식 태스크들을 방문할 수 있다.

```
struct task_struct *task;
struct list_head *list;
list_for_each(list, &current->children){
    task = list_entry(list, struct task_struct, sibling);
}
```

list_entry() 매크로를 응용하여 리스트의 다음 구조체를 가리키는 포인터를 다음과 같이 얻을 수 있다. 이 코드는 include/linux/sched/signal.h에 있는 next_task(task) 매크로와 동일하다.

```
list_entry(task->tasks.next, struct task_struct, tasks);
```

아래 함수 호출은 list_entry() 매크로를 응용하여 전체 연결 리스트에서 포인터 task가 가리키는 태스크의 직전 태스크에 대한 포인터를 반환한다.

```
list_entry(task->tasks.prev, struct task_struct, tasks);
```

list_head 구조체를 사용하는 여러 리스트들 중에서 태스크들의 리스트는 사용빈도가 높아서 이를 순회하는 매크로가 include/linux/sched/signal.h에서 제공된다. 아래의 for_each_process() 매크로는 전체 연결 리스트에 있는 태스크들을 순회하며 각 태스크들의 포인터를 task 변수에 할당한다. task_struct 구조체에서 comm 필드는 그 태스크의 이름을 담고 있는 문자열이고, pid는 태스크 ID를 담고 있다.

```
struct task_struct *task;
for_each_process(task) {
    printk("%s[%d]₩n", task->comm, task->pid);
}
```

3.2 태스크 생성과 종료

3.2.1 태스크 생성

태스크의 생성과 종료는 커널의 핵심 역할 중 하나이다. 태스크를 생성할 때는 fork()를 사용하며 이는 커널에서 do_fork() 함수를 호출한다. do_fork() 함수는 kernel/fork.c에 아래와 같이 정의되어 있다.

```
long do_fork(unsigned long clone_flags,
        unsigned long stack_start,
        unsigned long stack_size,
        int __user *parent_tidptr,
        int __user *child_tidptr)
```

do_fork()는 아래처럼 계층적으로 함수를 호출하며 이들 함수는 모두 kernel/fork.c에 정의되어 있다.

```
do_fork()
 └ _do_fork()
    └ copy_process()
```

copy_process() 함수의 주요 역할은 다음과 같다.

- dup_task_struct() 함수를 호출하여 동일한 내용의 task_struct 구조체와 이를 가리키는 thread_info를 담을 커널 스택, thread_info 구조체를 생성한다. 커널 스택의 위치를 제외하면 그 내용의 대부분은 부모 태스크와 같다.
- 태스크를 새로 생성했을 때 최대 태스크 허용 수를 초과하는지 확인한다.
- 부모/자식/형제들의 관계를 포인터와 list_head 구조체를 통해 구성한다.

- alloc_pid() 함수를 호출하여 새로운 PID를 할당받는다.
- 여러 자원을 공유하거나 복제한다.
- 마지막으로 PID를 반환한다.

리눅스 커널에서 부모 태스크의 task_struct를 복제해서 자식 태스크의 task_struct로 사용한다는 것은 부모 태스크의 대부분 자원, 즉 메모리, 시그널, 그리고 파일시스템을 공유한다는 것이다. 만약 자식 태스크가 clone() (sched.h에 선언) 함수를 통해 생성되었다면, 두 태스크가 실행될 동안 이 자원들을 공유할 것이다. 기본적으로 fork() 함수는 부모/자식 태스크가 자원을 공유하지 않도록 설계된 함수이다. 그런데도 copy_process()에서 task_struct를 복제해서 자식 태스크에 주는 이유는 리눅스가 copy-on-write (COW) 정책을 따르기 때문이다.

COW는 갓 생성된 자식 태스크는 부모 태스크와 자원을 공유한다. 태스크가 실행하는 중에 자신의 주소 공간에 대입문과 같은 쓰기 작업을 통해 변경을 가하면 그때 새로운 페이지를 할당하여 그 페이지를 부모 태스크로부터 복제하고 변경된 내용을 반영한다. copy_process() 함수에서 복제하여 받은 자식 태스크의 페이지 테이블은 이때 그 내용이 갱신된다. COW는 새로운 태스크를 생성할 때의 부담을 줄여줄 뿐만 아니라 fork() 직후에 exec() 계열의 명령어를 수행했을 때 불필요한 메모리 복제가 발생하는 것을 최소화한다. copy_process() 작업이 완료되면 _do_fork() 함수는 자식 태스크를 runqueue에 넣는다.

리눅스에는 커널 스레드라는 커널 모드에서 수행되는 태스크들이 있다. 대표적인 것이 ksoftirqd라는 후반부 처리 (bottom half) 작업들을 처리하는 스레드이다. 커널 스레드는 따로 주소 공간을 가지지 않고 커널 변수들을 이용한다. 커널 스레드가 수행되고 있을 때는 사용자 태스크로는 문맥 교환 (context switch)이 이루어지지 않고, 사용자 태스크들은 모두 블록된다. 커널 스레드가 더는 할 일이 없으면 사용자 태스크로 컨트롤이 이동한다. 커널 스레드도 우선순위가 있으므로 커널 스레드 사이에 선점이나 스케줄링이 발생한다. 인터럽트 핸들러는 우선순위가 가장 높아서 커널 스레드를 선점한다. 커널 스레드는 아래의 kthread_create() 함수로 생성한다. 이 함수는 include/linux/kthread.h에 선언되어 있다.

```
#define kthread_create(threadfn, data, namefmt, arg...) ₩
    kthread_create_on_node(threadfn, data, NUMA_NO_NODE, namefmt, ##arg)
```

kthread_create() 매크로는 첫 번째 인자인 threadfn을 수행하는 커널 쓰래드를 하나 생성한다. threadfn은 함수이며 pthread에서 함수를 하나의 스레드로 생성하는 것과 같다. 두 번째 인자인 data는 사용할 데이터에 대한 포인터이며 namefmt와 arg...는 printf()와 같은 형식으로 포맷된 문자열이다. 이 문자열이 커널 스레드의 이름이 된다. 여기서 NUMA_NO_NODE는 -1이다.

커널 스레드를 생성하는 실제 함수는 위의 코드에 나와 있듯이 kthread_create_on_node() 함수이다. kthread_create() 매크로와의 차이는 세 번째 인자인 node인데, node 인자는 생성될 스레드가 선호 (affinity)하는 CPU core 번호이다. 즉, node 인자에 특정 CPU 번호를 넣으면 그 CPU에 친밀성 (affinity)를 부여하여 해당 CPU에서 수행될 가능성을 높인다. 어느 core에 할당되든 상관이 없을 때는 NUMA_NO_NODE 상수를 사용한다. 다음은 kthread_create_on_node()의 프로토타입이다.

```
struct task_struct *kthread_create_on_node(
        int (*threadfn)(void *data),
        void *data,
        int node,
        const char namefmt[], ...);
```

이 함수를 통해 해당 스레드가 만들어지지만, runqueue에 들어가지 않은 상태이므로 대기 상태라고 볼 수 있다. 다만, 이벤트를 기다리는 것은 아니고 커널 코드가 wake_up_process() 함수를 사용하여 runqueue에 넣는다. 커널 스레드를 만들고 바로 실행하기를 원하는 경우가 많으므로 생성과 실행을 같이 할 수 있는 매크로가 제공된다. 그림 25의 kthread_run() 매크로는 kthread_run()와 wake_up_process()를 연속으로 수행함으로써 해당 태스크가 바로 runqueue로 들어가도록 한다.

```
#define kthread_run(threadfn, data, namefmt, ...)                ₩
({                                                              ₩
    struct task_struct *__k                                     ₩
    = kthread_create(threadfn, data, namefmt, ## __VA_ARGS__);₩
    if (!IS_ERR(__k))                                           ₩
    wake_up_process(__k);                                       ₩
    __k;                                                        ₩
})
```

그림 25 kthread_run() 매크로 (include/linux/kthread.h)

3.2.2 태스크 종료

커널 스레드를 더 이상 수행하지 않을 때는 아래의 kthread_stop() 함수를 수행한다. 이 함수는 include/linux/kthread.h에 선언되어 있다.

```
int kthread_stop(struct task_struct *k);
```

kthread_stop()은 커널 스레드 k를 바로 종료처리 하지 않고, 스레드 k가 kthread_should_stop()을 호출했는지 확인한다. 그 경우 do_exit()를 호출해서 스레드 k를 종료시킨다. do_exit() 함수는 사용자 태스크의 종료에도 사용된다.

사용자 태스크의 종료도 커널의 주요 기능 중의 하나이며 다양한 자료구조가 관련되어 있다. 태스크를 종료하는 경우는 두 가지로 나눌 수 있다. 하나는 프로그램 코드에서 exit() 함수를 호출시키는 자발적인 종료이다. 프로그램 코드에 exit() 호출이 없더라도 컴파일러가 exit()에 해당하는 코드를 삽입한다. 다른 하나는 시그널이나 예외가 발생함에 따라 종료되는 경우이다. 스레드를 종료시키려는 시그널이 도착하면 해당 시그널 핸들러에 있는 exit() 함수가 수행됨으로써 그 스레드는 종료된다. 사용자 태스크에서 exit() 시스템 콜을 호출하면 커널에서 do_exit() 함수가 호출된다. 이 함수는 kernel/exit.c에 정의되어 있으며 아래의 작업을 순서대로 수행한다.

- acct_update_integrals() 함수를 수행시켜 계정 정보를 갱신한다.
- 태스크 종료 코드를 task_struct 구조체의 exit_code에 저장한다.
- exit_mm() 함수를 수행시켜 할당받은 페이지들을 반환한다.
- exit_sem() 함수를 수행시켜 대기 중인 semaphore가 있으면 해제한다.
- exit_files()를 수행시켜 열린 파일들을 닫는다.
- exit_fs()를 수행시켜 열린 디렉터리와 같은 자원을 닫고 반환한다.
- exit_notify()를 수행시켜 부모 태스크에게 시그널을 보낸다.
- 마지막으로 do_task_dead()를 수행시켜 스케줄을 수행한다.

태스크가 exit() 호출로 종료되면 그 태스크를 위해 할당되었던 대부분의 자원과 자료구조가 반환되지만, task_struct 구조체는 여전히 존재한다. 그 이유는 이 구조체에 필요한 정보가 담겨있고 이를 나중에 참조할 수가 있기 때문이다. 예를 들어, 부모 태스크가 자식 태스크의 종료를 기다리는 wait() 함수는 자식 태스크의 task_struct 구조체에 저장된 반환 값을 받아 지정한 위치에 저장한다. 하지만, 커널이 더 이상 task_struct를 유지할 필요가 없다고 판단되면 release_task() 함수를 호출하여 남은 자료구조들을 모두 삭제한다. kernel/exit.c에 정의된 release_task() 함수는 __exit_signal() 함수를 호출하여 그 태스크의 시그널 정보를 갱신하고, 태스크를 pidhash와 태스크 리스트에서 제거한다.

한 태스크가 종료될 때 그 태스크에게 자식 태스크가 있으면, 리눅스에서는 다음 순서에 따라 새로운 부모 태스크를 찾아주려고 한다.

1. 그 태스크가 한 스레드 그룹에 속해있고 그 그룹에 다른 태스크가 있는 경우, 자식 태스크는 그 그룹 내의 다른 태스크 중 하나의 자식으로 할당된다. 스레드 그룹은 pthread_create()와 같은 함수를 통해 생성된 스레드들의 집합이다. 만약 태스크 t_1이 pthread t_2와 t_3을 생성하면 t_1, t_2, t_3은 하나의 스레드 그룹을 구성한다.
2. 그 태스크의 조상 태스크들 중에 subreaper가 있다면 가장 가까운 subreaper가 새로운 부모 태스크가 된다. Subreaper는 pid가 1인 init 태스크처럼 다른 태스크를 자식으로 삼아서 wait()를 수행할 수 있는 태스크를 말한다. 태스크는 prctl() 시스템 콜을 호출함으로써 subreaper가 될 수 있다.
3. init 태스크에게 자식 태스크로 할당된다.

위의 과정은 kernel/exit.c에 있는 find_new_reaper() 함수에서 진행하는데 do_exit() 함수로부터 다음과 같은 함수 호출을 통해 find_new_reaper()가 수행된다.

```
do_exit()
 └ exit_notify()
    └ forget_original_parent()
       └ find_new_reaper()
```

3.3 태스크 스케줄링

3.3.1 스케줄링을 위한 기본 자료구조

리눅스는 여러 개의 태스크가 메모리에 적재되어 수행되는 멀티프로그래밍 (multi-programming) 환경일 뿐만 아니라 이 태스크들이 조금씩 CPU를 나눠 쓰는 멀티태스킹 (multitasking) 환경이다. 리눅스는 사용자 태스크뿐만 아니라 시스템 콜 처리 중이거나 커널 스레드 실행 중에도 선점 (preemption)이 가능하다. 실행 중이던 태스크가 I/O나

이벤트를 기다리며 휴면 상태가 되거나 선점되면 CPU 또는 core가 비게 되고 이 core에서 수행할 태스크를 TASK_RUNNING 상태 또는 runqueue에 있는 태스크에서 선택해야 한다. 이 선택을 *태스크 스케줄링*이라고 한다. *Runqueue*는 CPU마다 존재하며, 그 CPU를 사용할 기회를 기다리며 대기하는 태스크들의 모임을 말한다. Runqueue는 다양한 자료구조로 구현될 수 있지만, 우선순위가 같은 태스크의 경우 먼저 도착한 태스크가 먼저 실행되며 대부분의 사용자 태스크는 같은 우선순위라서 queue라는 명칭을 사용한다. Runqueue에 태스크가 있다는 것은 그 태스크의 sched_entity 구조체가 runqueue 자료구조 내에 하나의 노드로 존재한다는 의미이다. 그림 20의 6째 줄에 se라는 sched_entity 구조체를 가리키는 포인터가 있다. 그림 26에 sched_entity 구조체가 소개되어 있으며 코드를 간단하기 보이기 위해 지시문들은 생략하였다.

```
struct sched_entity {
    struct load_weight          load;
    unsigned long               runnable_weight;
    struct rb_node              run_node;
    struct list_head            group_node;
    unsigned int                on_rq;
    u64                         exec_start;
    u64                         sum_exec_runtime;
    u64                         vruntime;
    u64                         prev_sum_exec_runtime;
    u64                         nr_migrations;
    struct sched_statistics     statistics;
    int                         depth;
    struct sched_entity         *parent;
    struct cfs_rq               *cfs_rq;
    struct cfs_rq               *my_q;
    struct sched_avg            avg;
};
```

그림 26 sched_entity 구조체 (include/linux/sched.h)

멀티태스킹 환경에서는 각 태스크가 CPU를 할당받을 때 time slice가 주어지고 중간에 다른 이유로 선점되지 않는다면 그 시간 동안 CPU를 사용한다. *Time slice*는 태스크에게 주어진 CPU를 사용할 수 있는 시간을 말한다. Time slice를 모두 소모하면 타이머 인터럽트에 의해 선점되고 다음 태스크가 스케줄러에 의해 선택된다. 디스패쳐(dispatcher)는 선택된 태스크의 thread_info (그림 16) 구조체에 있는 cpu_context 필드에 저장된 값들을 레지스터에 적재한다. 그림 27은 arch/arm/include/asm/thread_info.h에 선언된 cpu_context_save 구조체를 보여준다.

```
struct cpu_context_save {
    __u32   r4;
    __u32   r5;
    __u32   r6;
    __u32   r7;
    __u32   r8;
    __u32   r9;
    __u32   sl;
    __u32   fp;
    __u32   sp;
    __u32   pc;
    __u32   extra[2];   /* Xscale 'acc' register, etc */
};
```

그림 27 레지스터 값을 저장하는 자료구조 (arch/arm/include/asm/thread_info.h)

리눅스의 태스크 스케줄러는 커널이 개발됨에 따라 다양한 변화를 겪어왔다. 버전 2.4까지는 1개의 프로세서만 지원하였고 생성할 수 있는 태스크의 개수도 제한적이었다. 버전 2.5로 올라오면서 O(1) 스케줄러로 변경되었고, CPU core마다 1개의 runqueue를 두고, 태스크 개수 제한도 거의 없어졌다. 이름 그대로 시간 복잡도가 상수 시간이었지만 사용자별 공평성을 고려하지 못한 단점이 있다는 것도 발견되었다. 이후 버전 2.6.23부터 Completely Fair Scheduler (CFS)로 스케줄러가 변경되었고 현재까지 CFS 스케줄러가 적용되고 있다.

태스크의 종류는 크게 I/O-지향적 태스크와 CPU-지향적 태스크로 나눌 수 있다. I/O-지향적 태스크는 I/O가 빈번히 발생하는 태스크인데, 편집 기능이 있는 에디터나, 실시간으로 값의 변화를 보여주는 모니터링 프로그램과 같은 GUI 프로그램들이 이에 해당한다. CPU-지향적 태스크는 처음에 입력을 받고, 대부분 시간을 계산에 보낸 뒤, 결과를 저장하거나 출력하는 공개키 생성 프로그램, MATLAB 등이 이에 해당한다. 이 둘의 중간 위치에 해당하는 태스크로 워드 프로세서나 에디터와 같은 프로그램들이 있다.

태스크 스케줄러는 이렇게 다양한 성질의 태스크들을 관리하면서 응답시간 (response time)을 최소화하고 시스템 이용률(system utilization)을 최대화하고자 한다. 정책적인 측면에서 유닉스 계열의 운영체제들은 I/O-지향적 태스크에게 높은 우선순위 (priority)를 주는 경향이 있다. 우선순위는 각 태스크에게 부여하는 정숫값인데 그 값이 작을수록 높은 우선순위를 가진다. 태스크 스케줄러는 runqueue에 있는 태스크 중 우선순위가 가장 높은 태스크를 선택하여 CPU를 사용하게 한다. 만약 우선순위가 가장 높은 태스크들이 여러 개가 있다면 runqueue의 맨 앞에 있는 태스크를 선택한다.

3.3.2 스케줄러 종류

리눅스 커널에서는 다음과 같이 3개의 스케줄러가 명시적으로 제공되며 각 스케줄러가 지원할 수 있는 스케줄러 정책이 주어진다.

- Deadline 스케줄러
    - SCHED_DEADLINE
- RT (real-time) 스케줄러
    - SCHED_FIFO
    - SCHED_RR
- CFS 스케줄러
    - SCHED_NORMAL
    - SCHED_BATCH
    - SCHED_IDLE

Deadline 스케줄러와 RT 스케줄러는 실시간 태스크 우선순위로 분류되며 커널 태스크를 스케줄한다. CFS 스케줄러는 비실시간 태스크 우선순위로서 사용자 태스크를 스케줄한다. Deadline 스케줄러는 한가지 스케줄 정책인 SCHED_DEADLINE만 사용하지만 RT 스케줄러는 SCHED_RR과 SCHED_FIFO 정책을 사용하며, CFS 스케줄러는 SCHED_NORMAL, SCHED_BATCH, 그리고 SCHED_IDLE 정책을 사용한다. 태스크가 생성될 때 어떤 스케줄 정책을 따를 것인지 결정할 수 있다. 리눅스는 0부터 139까지의 우선순위가 있으며 RT 스케줄러는 0에서 99까지 우선순위를 가진 커널 태스크들을 스케줄한다. SCHED_FIFO 정책이 적용된 커널 태스크는 우선순위 기반으로 CPU를 잡고 스스로 CPU를 양보하지 않는 이상 계속 CPU를 점유할 수 있다. 이 경우 동일한 정책과 우선순위를 가진 다른 커널 태스크도 CPU를 양보해 주기만을 기다려야 한다. SCHED_RR 정책이 적용된 여러 개의 태스크가 같은 우선순위일 때 100ms의 time slice로 라운드 로빈 (Round Robin) 방식으로 스케줄된다.

CFS 스케줄러의 스케줄 정책 중 SCHED_NORMAL은 나중에 설명할 일반적인 CFS 스케줄링을 수행한다. SCHED_BATCH는 I/O 회수가 적고 CPU 작업 시간이 많은 태스크에게 적합한 정책이며 상대적으로 긴 time slice를 할당한다. 이 정책을 적용한 태스크는 기본적으로 time slice가 1.5초이며, 가급적 작업량이 적은 CPU core에게 스케줄된다. SCHED_IDLE 정책이 적용된 태스크는 20의 nice를 가진 채로 수행된다. *Nice*란 태스크마다 가진 값인데 -20 ~ 19 사이의 값을 가지며 기본값은 0이다. Nice가 높을수록 다른 태스크에게 친절하다는 의미이며 그만큼 자신의 우선순위는 낮게 취급된다. 사용자가 설정할 수 있는 최대 nice가 19이므로 이 태스크는 가장 우선순위가 낮은 태스크로 취급된다.

Time slice는 스케줄링 정책의 주요 요소이며 태스크의 성질에 따라 그 길이가 조절된다. 긴 time slice는 CPU-지향적 태스크에게 적합하며, 길어질수록 응답시간 (response time)이 증가하기 때문에 상호작용이 빈번한 I/O-지향적 태스크에는 적합하지 않다. 반면, 짧은 time slice는 I/O-지향적 태스크에 적합하며, 짧아질수록 문맥 교환 비용 (context switch overhead)가 증가한다. 현재 많은 운영체제에서 time slice를 10ms로 설정한다.

CFS 스케줄러의 특징 중 하나는 time slice를 태스크의 nice에 따라 다르게 할당하지만 우선순위는 같게 관리한다는 것이다. 기본적으로는 우선순위가 높을수록, 즉 nice 값이 낮을수록 긴 time slice를 할당한다. 그리고 새로 runqueue에 들어온 태스크가 실행중인 태스크보다 nice가 작더라도 수행 중인 태스크를 선점하지 않는다. 하지만 그 태스크가 긴 time slice를 가졌다면 다음 기회에 스케줄러에 의해 선택될 가능성이 크다.

3.3.3 CFS 스케줄러의 필요성

CFS 스케줄러의 동작을 이해하기 위해 몇 가지 경우를 보자. Nice 값과 반비례하는 time slice를 결정하기 위해 nice가 0일 때 time slice를 100ms로 정하고 nice가 1씩 증가하면 time slice는 5ms씩 감소하도록 정했다고 가정하자. 그럼 다음 식 1과 같이 time slice가 결정될 것이다.

$$\text{time slice} = 100 - 5 \times \text{nice (ms)}. \quad (1)$$

태스크 P_1는 키보드와 콘솔을 이용하는 상호작용적이고, 태스크 P_2는 사용자의 입출력 없이 CPU를 주로 사용한다고 가정하자. 태스크 P_1의 응답 시간을 최소화하기 위해 nice를 0으로 두고, 태스크 P_2의 nice를 19로 설정하면 표 2와 같이 time slice가 계산된다.

표 2 두 태스크의 nice 값에 따른 time slice의 문제점

태스크	nice	time slice	태스크 타입	문맥 교환 주기
P_1	0	100ms	상호작용, foreground	100ms
P_2	19	5ms	배치, background	5ms

이와 같은 구성에서 nice가 0인 태스크 P_1과 nice가 19인 태스크 P_2가 있다면 P_2가 CPU를 사용하고 있더라도 최대 5ms내에 P_1이 CPU를 사용하게 되므로 P_1은 짧은 응답 시간을 보장받게 된다. 된다. 그런데, 배치 (batch) 작업을 해서 nice 값이 19로 배정된 두 태스크 P_{21}과 P_{22}가 수행되는 상황을 고려하자. 식 1에 의해 두 태스크의 time slice는 5ms가 된다. 두 태스크는 CPU를 많이 사용하기 때문에 될 수 있으면 문맥 교환이 없어야 하지만 time slice가 5ms라서 일반적일 때보다 빈번하게 문맥 교환이 발생해서 비용이 증가한다. 즉, 상호작용 태스크에게는 적당하지만, 배치 작업용 태스크에게는 적합하지 않다.

식 1과 같이 time slice를 결정하면 다른 문제도 발생한다. 표 3은 두 태스크 P_1과 P_2의 상대적 nice 차이가 1로 유지되는 데도 값 자체가 달라서 CPU를 사용하는 비중이 바뀌는 문제를 보여준다. 표 3(a)는 두 태스크의 nice가 각각 0과 1이라서 time slice가 100ms과 95ms로 정해진 경우를 보여주며 사용자의 의도가 제대로 반영된다. 하지만 표

표 3 Nice의 차이가 같을 때 생기는 비율 차이

태스크	nice	time slice	비율
P_1	0	100ms	100%
P_2	1	95ms	95%

(a)

태스크	nice	time slice	비율
P_1	18	10ms	100%
P_2	19	5ms	50%

(b)

3(b)와 같이 두 태스크의 nice가 각각 18, 19인 경우 time slice가 10ms와 5ms가 되어 P_1이 CPU를 차지하는 비율이 P_2의 2배가 되어버린다. 이는 nice가 의도한 대로 작용하지 않음을 보여준다.

3.3.4 CFS 스케줄러

이러한 문제점 때문에 CFS 스케줄러는 가상 실행 시간 (virtual runtime)이란 개념을 적용한다. 이상적으로 설계한다면 단위 시간 동안 n개의 nice가 동일한 태스크가 각각 $1/n$의 CPU 시간을 할당받는 것이 가장 공평하게 스케줄된 것이다. 이를 nice가 다른 두 개의 태스크에 적용하여 nice에 따라 각각 T_a와 T_b만큼 시간을 할당받는다면, 단위 시간 동안 각각 T_a / (T_a + T_b)와 T_b / (T_a + T_b)만큼 시간을 할당받으면 된다. 하지만 실제로 이런 CPU 시간을 태스크에게 할당하면 문맥 교환 비용이 커진다.

이를 현실적으로 변경하여 각 태스크에게 문맥 교환 비용을 감당할 수 있는 크기로 nice에 맞추어 time slice를 할당한다. nice가 작으면 큰 time slice를 할당하고, 할당받은 time slice를 모두 소모하면 일정한 가상 CPU 시간을 사용했다고 정한다. nice가 크면 작은 time slice를 할당하고, 할당받은 time slice를 모두 소모하면 역시 일정한 가상 CPU 시간을 사용했다고 정한다. 따라서, nice가 작을수록 큰 time slice를 할당받는다. 공정하게 time slice가 배당되면 태스크들은 동일한 가상 CPU 시간을 사용한 것이 된다. 그런데 문맥 교환 비용을 고려해서 최소의 time slice는 일정한 크기라야 한다. 이로 인해 할당받은 time slice가 공평하지 않을 가능성이 크다. 이를 보완하기 위해 다음에 선택될 태스크는 가장 적은 시간을 실행한, 다른 말로는 가상 실행 시간이 가장 적은 태스크를 선택함으로써 CPU 점유시간의 불균형을 줄이는 방법을 사용한다.

이제 구체적인 CFS 스케줄링의 내용으로 들어가자. 우선 스케줄링 단위인 targeted latency를 정하며 이는 응답시간의 최대치가 된다. 즉, 태스크가 runqueue에 들어가고 늦어도 targeted latency만 기다리면 CPU를 사용할 수 있다는 것이다. 따라서 targeted latency는 각 태스크가 CPU를 할당받는 주기 (period)와 같은 값이 된다. 한 period p 안에 n개의 동일한 우선순위를 가진 태스크가 있으면 각 태스크는 p/n CPU 시간을 할당받는다. 예를 들어, targeted latency 또는 period가 20ms이고 같은 우선순위 태스크가 2개 있다면 각 태스크는 10ms를 할당받고, 10개가 있다면 2ms를 할당받는다. 하지만 태스크의 개수에 맞춰 period를 나누면 문맥 교환 비용 (context switch overhead)가 높아지기 때문에 각 태스크의 최저 CPU 시간은 minimum granularity로 제한한다. 보통

minimum granularity는 1ms로서 p/n이 이보다 작은 경우 minimum granularity를 1ms로 설정하고 targeted latency를 이에 맞추어 조정한다. 예를 들어, p = 20, n = 30이면 각 태스크에는 1ms = max(1ms, 20ms / 30)이 할당되고 targeted latency는 30ms (= 1ms × 30)으로 변경된다. Period도 변경된 targeted latency를 따라 30ms로 바뀐다.

이제 각 태스크에 할당할 time slice를 정해보자. 리눅스에서 태스크의 우선순위는 높을수록 nice가 작은 값이지만 CFS 스케줄링에서는 nice가 높을수록 period 내에서 더 많은 CPU 시간을 할당받도록 태스크 t_i의 nice n_i를 식 2에 따라 weight w_i로 변환한다.

$$w_i = round(\frac{1024}{1.25^{n_i}}) \tag{2}$$

이렇게 변환된 w_i는 표 4와 같은 값을 가진다. 이 표에서 nice가 -7이라면 -10열에서 +3행에 해당하는 4883이 weight가 된다. Nice가 0이면 1024, nice가 -3이면 2000, nice가 6이면 268임을 알 수 있다.

표 4 태스크의 nice가 weight로 변환된 값

nice	+0	+1	+2	+3	+4
-20	88818	71054	56843	45475	36380
-15	29104	23283	18626	14901	11921
-10	9537	7629	6104	4883	3906
-5	3125	2500	2000	1600	1280
0	1024	819	655	524	419
5	336	268	215	172	137
10	110	88	70	56	45
15	36	29	23	18	15

Runqueue에 있는, 즉 실행 가능한 태스크들의 weight가 구해지면 각 태스크 i의 time slice t_i를 식 3을 사용하여 구한다. 여기서 p는 period이며 $\sum_j w_j$는 태스크 weight의 합이다. ⌊ ⌋ 기호는 floor 함수, 즉 소수점 이하는 버린다는 것을 뜻한다.

$$t_i = \left\lfloor p \cdot \frac{w_i}{\sum_j w_j} \right\rfloor \tag{3}$$

식 2와 3을 이용하여 표 3에 적용해보자. Targeted latency와 period는 100ms로 가정

한다. 표 5는 CFS의 time slice를 구한 예이다. 두 태스크의 nice가 0과 1일 때는 55:44의 time slice 또는 CPU 할당 비율을 보이고, 두 태스크의 nice가 18과 19일 때는 54:45의 time slice를 보임으로써 두 경우의 CPU 할당 비율의 차이가 미미함을 알 수 있다. 여기서 두 time slice의 합이 period인 100이 되지 않는 이유는 round 함수 적용으로 인해 소수점 이하를 버렸기 때문이다.

표 5 CFS 스케줄링에서 nice의 차이가 같을 때 생기는 비율 차이

태스크	n_i	w_i	t_i
P_1	0	1024	55=⌊100*1024/(1024+819)⌋
P_2	1	819	44=⌊100*819/(1024+819)⌋

(a)

태스크	n_i	w_i	t_i
P_1	18	18	54=⌊100*18/(18+15)⌋
P_2	19	15	45=⌊100*15/(18+15)⌋

(b)

태스크들의 가상 실행 시간은 sched_entity 구조체에서 vruntime이라는 필드 (그림 26의 9째 줄)로 CFS 스케줄링에서 다음 태스크를 선택하는 핵심 요소이다. 실행될 수 있는 태스크들은 CPU core마다 가지고 있는 runqueue에서 vruntime이라는 키 (key)의 오름차순으로 정렬되어 있다. CFS 스케줄러는 vruntime이 가장 작은 태스크를 runqueue에서 선택한다. 태스크 i가 자신의 time slice를 사용함에 따라 증가되는 vruntime의 증가치 v_i는 태스크 weight의 상대비에 의해서 진행속도가 바뀌며 식을 통해 결정된다. 여기서 w_i는 태스크 i의 weight이며 t_i는 사용한 time slice이다.

$$v_i = \left\lfloor t_i \cdot \frac{1024}{w_i} \right\rfloor \tag{4}$$

예를 들어, time slice를 10ms만큼 얻어 CPU를 사용했을 때 weight가 1024 (즉, nice가 0)라면 vruntime은 10 (= ⌊10 * 1024 / 1024⌋)가 된다. 이 경우 가상 실행 시간이 실제 실행 시간과 동일하다. weight가 524 (즉, nice가 3)라면 vruntime은 19 (= ⌊10 * 1024 / 524⌋)가 된다. 즉, nice값이 클수록 가상 실행 시간은 더 빨리 진행된다. 이로 인해 충분한 시간을 실행하면 각 태스크는 자신의 weight와 비례하는 CPU 사용시간을 가지게 된다.

vruntime이 갱신되는 것을 구체적으로 이해하기 위해 period가 20ms이며 3개의 태스크가 ready 상태 (TASK_RUNNING)에 있는 예제를 보도록 하자. 표 6은 각각 nice가 0, 5, 그리고 7인 세 태스크의 time slice와 스케줄링이 발생하는 시점에서 갱신되는

vruntime 값을 나타낸다. 각 태스크가 자신에게 할당된 time slice 13, 4, 그리고 2를 모두 사용하면 증가되는 vruntime은 식 4에 따라 다음과 같다.

- P_1: $\lfloor 13 \times 1024 / 1024 \rfloor = 13$
- P_2: $\lfloor 4 \times 1024 / 336 \rfloor = 12$
- P_3: $\lfloor 2 \times 1024 / 215 \rfloor = 9$

시각 0일 때 태스크 P_1, P_2, 그리고 P_3은 vruntime이 모두 0으로 초기화되어 있고, 이 순서대로 runqueue에 있다고 하자. Queue의 가장 앞에 있는 P_1이 먼저 선택되어 time slice 13을 할당받는다. Time slice를 모두 소모하여 시각 13일 때, 태스크 P_1은 선점되고 vruntime은 13으로 갱신된다. 다음 태스크로 P_2가 선택된다. Time slice 4를 소모하여 시각 17일 때, 태스크 P_2는 선점되고 vruntime은 12로 갱신된다. 다음 태스크로 P_3가 선택된다. Time slice 2를 소모하여 시각 19일 때, 태스크 P_3은 선점되고 vruntime은 9로 갱신된다. vruntime이 0인 태스크가 이제 없는 상황에서 vruntime이 가장 작은 태스크는 9인 P_3이다. 따라서 P_3이 선택된다. 시각 21일 때, 태스크 P_3은 선점되고 vruntime은 18로 갱신된다. vruntime이 가장 적은 태스크는 P_2이므로 P_2가 선택된다. 시각 25에서 P_2는 선점되고 vruntime은 24로 갱신된다. 다음 태스크는 vruntime이 13인 P_1이 선택된다.

표 6 3개 태스크의 vruntime 변화 계산

task	nice	weight	time slice	vruntime				
				t=13	t=17	t=19	t=21	t=25
P_1	0	1024	$13 = \left\lfloor 20 \times \frac{1024}{1024+336+215} \right\rfloor$	**13**	13	13	13	13
P_2	5	336	$4 = \left\lfloor 20 \times \frac{336}{1024+336+215} \right\rfloor$	0	**12**	12	12	**24**
P_3	7	215	$2 = \left\lfloor 20 \times \frac{215}{1024+336+215} \right\rfloor$	0	0	**9**	**18**	18

이 예에서는 모든 태스크가 CPU만 사용했기 때문에 time slice와 vruntime에 변경이 없었다. 실제로는 태스크가 실행 도중 I/O를 위해 CPU에서 나가 대기 상태가 되기 때문에 TASK_RUNNING 상태의 태스크 개수가 감소한다. 또한 I/O의 완료로 인해 대기 상태이던 태스크가 다시 runqueue로 이동하게 되면 태스크 개수가 증가한다. 따라서, 이럴 때마다 runqueue에 있는 태스크들의 time slice와 vruntime 증가치도 변경된다.

3.4 태스크 스케줄링의 구현

3.4.1 스케줄 함수

그림 28은 스케줄을 수행하는 schedule() 함수이다. preempt_disable() 함수로 다른 커널 스레드가 CPU를 선점하는 것을 막고 __schedule() 함수를 호출한다. __schedule()의 인자로 false를 넘긴 것은 선점을 막은 상태라는 것을 이 함수에게 알리기 위해서이다. __schedule()이 실행되면 스케줄링이 호출되어야 함을 알리는 resched 플래그가 리셋되어 need_resched()의 결과가 false가 된다. 그런데 10째 줄에 need_resched() 함수가 호출되는 것은 9째 줄과 10째 줄 사이에 발생할 수 있는 스케줄을 처리하기 위해서이다.

```
1   asmlinkage __visible void __sched schedule(void)
2   {
3       struct task_struct *tsk = current;
4
5       sched_submit_work(tsk);
6       do {
7           preempt_disable();
8           __schedule(false);
9           sched_preempt_enable_no_resched();
10      } while (need_resched());
11  }
```

그림 28 schedule 함수 (kernel/sched/core.c)

그림 28 1째 줄의 asmlinkage 키워드는 다음에 나오는 함수가 어셈블리 코드에서 직접 호출할 수 있는 함수라는 것을 뜻한다. 이 경우 i386에서는 인자를 stack으로 전달하고, ARM에서는 register를 사용한다. 따라서, ARM에서는 asmlinkage 키워드가 차이를 만들지 않는다. 그런데 굳이 asmlinkage를 쓰는 이유는 호환성을 유지하기 위해서이다.

리눅스는 파일 시스템에 *plug*란 자료구조를 두어 I/O 요청을 바로 저장 장치로 보내지 않고 잠시 지연시킨다. 그동안 새로운 I/O가 발생하면 plug에 있던 I/O와 같이 모은 뒤, 충분히 모았다고 판단되면 저장 장치에 보냄으로써 작은 여러 개의 쓰기를 하나의 쓰기로 모아 I/O 성능을 높인다. 5째 줄의 sched_submit_work() 함수는 스케줄이 발생하기 전에 plug에 남아 있는 I/O들을 모두 디스크 드라이버에 보낸다. schedule이 발생하기 전에 I/O들을 보내지 않으면 이 I/O들이 계속 plug에 남게 되고 I/O가 중단된 상황이 될 수 있다. 이런 상황은 마치 세마포어로 락이 걸린 상황과 같아서, 데드락이 생길 수 있다.

커널에서 I/O 요청을 보낼 때는 2개 이상의 저장 장치 블록에 I/O가 요청될 가능성이 크다. 이때 한 I/O 요청만 처리되면 파일 시스템의 일관성이 손상된다. 이런 확률을 줄이기 위해 I/O 요청들을 디바이스 드라이버로 모두 보내기 전까지는 다른 커널 태스크가 선점 (preemption)을 하지 못하게 할 필요가 있다. 하지만 이 태스크가 __schedule()을 호출한다는 것은 현재 CPU를 양보하겠다는 것이므로 I/O 요청은 모두 보내진 상태라고 볼 수 있다. 따라서 이전에 걸었던 선점 금지를 푸는 함수가 이 sched_preempt_enable_no_resched() 함수이다.

그림 30은 문맥 교환을 포함하는 __schedule() 함수이며 주요 부분들만 표시하였다. 이 함수는 크게 다음과 같은 작업들을 수행한다.

- 주요 자료구조 처리를 위한 동기화 (mutext, semaphore 등)
- pick_next_task()를 이용해서 runqueue의 가장 앞에서 기다리는 다음 태스크를 선택 (12째 줄)

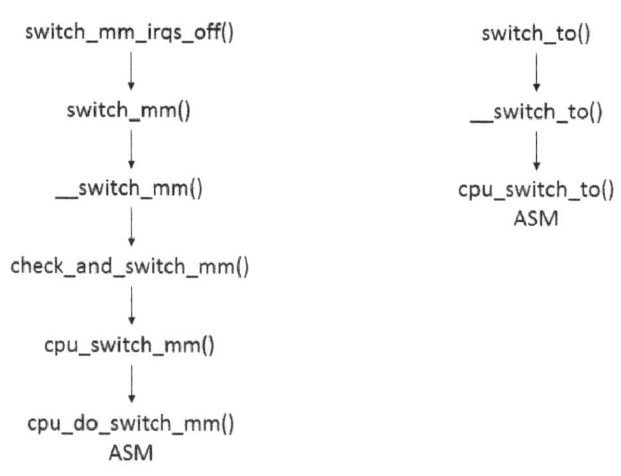

그림 29 페이지 테이블 교환 함수와 레지스터 교환 함수

- TIF_NEED_RESCHED 플래그를 클리어 (13째 줄)
- 문맥 교환 (20째 줄)

20째 줄의 context_switch() 함수에서는 switch_mm_irqs_off() 함수와 switch_to() 함수를 호출한다. switch_mm_irqs_off() 함수는 페이지 테이블 (page table)관련 레지스터들의 내용을 다음 태스크의 페이지 테이블로 바꾸는 작업을 한다. 64-bit ARM에서 두 함수가 어셈블리어로 구현된 페이지 테이블 교환과 레지스터 교환을 수행하는 함수를 호출하는 경로는 그림 29가 보여준다. 여기서 __switch_to()라는 어셈블리 코드로 구현된 함수는 현재 태스크의 문맥을 struct task_info에 있는 struct cpu_context_save에 저장하

```
1   static void __sched notrace __schedule(bool preempt)
2   {
3       cpu = smp_processor_id();
4       rq = cpu_rq(cpu);
5       prev = rq->curr;
6       ...
7       local_irq_disable();
8       rcu_note_context_switch(preempt);
9       rq_lock(rq, &rf);
10      smp_mb__after_spinlock();
11      ...
12      next = pick_next_task(rq, prev, &rf);
13      clear_tsk_need_resched(prev);
14      clear_preempt_need_resched();
15      if (likely(prev != next)) {
16          rq->nr_switches++;
17          rq->curr = next;
18          ++*switch_count;
19          trace_sched_switch(preempt, prev, next);
20          rq = context_switch(rq, prev, next, &rf);
21      } else {
22          ...
23      }
24      ...
25  }
```

그림 30 __schedule() 함수 (kernel/sched/core.c)

고, 다음 태스크의 struct cpu_context_save의 내용을 레지스터로 옮긴다.

3.4.2 가상 시간 (vruntime) 관리

CFS 스케줄링의 핵심 중 하나는 실행 중인 태스크의 time slice와 vruntime 관리이다. 태스크의 time slice는 타이머 인터럽트 핸들러가 한 tick마다 깨어나서 감소시킨다. 리눅스에서는 한 tick은 10ms가 기본값이다. 실행 중인 태스크의 time slice가 0이 되면, 그 태스크는 선점되고 vruntime이 재계산되어 그 값에 따라 runqueue에서 재배치된다. CFS 스케줄러는 runqueue에서 vruntime이 가장 작은 태스크를 선택하여 CPU를 할당한다. Runqueue에 있는 태스크를 선택하는 행위는 그림 26의 sched_entity 구조체를 하나 선

```
static void update_curr(struct cfs_rq *cfs_rq)
{
    struct sched_entity *curr = cfs_rq->curr;
    u64 now = rq_clock_task(rq_of(cfs_rq));
    u64 delta_exec;
    if (unlikely(!curr)) return;
    delta_exec = now - curr->exec_start;
    if (unlikely((s64)delta_exec <= 0)) return;
    curr->exec_start = now;
    schedstat_set(curr->statistics.exec_max,
        max(delta_exec, curr->statistics.exec_max));
    curr->sum_exec_runtime += delta_exec;
    schedstat_add(cfs_rq->exec_clock, delta_exec);
    curr->vruntime += calc_delta_fair(delta_exec, curr);
    update_min_vruntime(cfs_rq);
    if (entity_is_task(curr)) {
        struct task_struct *curtask = task_of(curr);
        trace_sched_stat_runtime(curtask, delta_exec, curr->vruntime);
        cgroup_account_cputime(curtask, delta_exec);
        account_group_exec_runtime(curtask, delta_exec);
    }
    account_cfs_rq_runtime(cfs_rq, delta_exec);
}
```

그림 31 update_curr() 함수 (kernel/sched/fair.c)

택하는 것이며 한 태스크의 sched_entity 구조체 위치는 그림 20의 task_struct 구조체 10째 줄에 있는 se 필드가 가지고 있다.

vruntime을 관리하는 update_curr() 함수는 그림 30의 __schedule() 함수에서 호출하는 pick_next_task() 함수에서 호출된다. 이외에도 runqueue에 태스크를 넣을 때나 뺄 때도 호출된다. update_curr() 함수의 인자인 cfs_rq는 runqueue이며, 현재 실행 중인 태스크의 vruntime을 갱신하고, CPU 통계와 태스크 그룹 정보를 조정한다.

그림 31의 6째 줄과 8째 줄의 unlikely() 매크로는 컴파일러에게 이 조건문은 거짓이 되기 쉬우니 거짓 쪽 명령어로 분기 예측을 해도 될 거라는 것을 알린다. 분기 예측은 파이프라인에서 분기 명령어의 다음 클락 사이클 (clock cycle)에서 수행될 명령어들이 무엇이 되리라는 것을 예측하고 그 예측한 위치에 있는 명령어들을 수행하는 것이다. 예측이 성공하면 파이프라인의 클락 사이클 낭비를 줄여 성능을 향상시키고, 예측이 실패하면 수행 중인 명령어들을 모두 취소하고 바른 위치에 있는 명령어들을 다시 수행해야 하므로 성능이 감소한다. 프로그래머가 조건문의 참 / 거짓 통계를 잘 아는 경우 이러한 매크로는 성능 향상에 도움을 준다.

14째 줄의 calc_delta_fair(*a*, *b*) 함수는 현재 태스크의 스케줄 정보 구조체인 *b*에서 이 태스크의 nice 값을 얻은 뒤 식 4의 결과인 가상 실행 시간 또는 vruntime의 증가치를 반환한다. 지금까지 사용한 CPU 시간 delta_exec에 가상 시간 변환 함수인 calc_delta_fair(delta_exe, curr)를 적용하여 현재 태스크의 가상 시간에 더해진다. 현재 타스크의 nice가 클수록 가상 시간은 빨리 진행되고, nice가 작을수록 가상 시간은 천천히 진행된다.

현재 태스크의 vruntime이 변경되면 이 태스크는 더 이상 vruntime이 가장 작은 태스크가 아닐 수 있다. 따라서 15째 줄의 update_min_vruntime() 함수를 수행시켜 현재 runqueue인 cfs_rq에서 vruntime이 가장 작은 태스크를 찾아 둔다. 마지막으로 22째 줄에서 현재 태스크의 계정 정보를 갱신한다. 주의할 점은 여기서 schedule()이 호출되지는 않는다는 점이다. 단지 runqueue에서 가장 vruntime이 작은 태스크에 대한 포인터만 vruntime에 맞추어 갱신된다.

16째 줄부터 시작되는 if (entity_is_task(curr)) { ... } 블록은 현재 CPU를 사용 중인 curr 태스크가 포함된 태스크 그룹이 사용한 CPU 시간을 갱신한다. Linux v2.6.23 이후부터는 태스크 단위가 아닌 태스크 그룹 (task group) 단위로 CPU 할당 균형을 조절한다.

태스크 그룹 (task group)은 사용자들 사이에 CPU 사용의 균등함을 보장하기 위해 만든 개념이다. 사용자가 ssh와 같은 방법으로 리눅스 시스템에 접근하면 새로운 세션 id인 sid를 얻게 되고 이 ssh 태스크가 새로운 태스크 그룹의 첫 번째 태스크가 된다. 이 ssh의 자식 태스크들은 모두 이 태스크 그룹에 속하며 같은 sid를 가진다. 자신이 어떤 태스크 그룹에 있는지를 확인하려면 다음과 같은 명령어를 수행시킨다.

```
pi $ cat /proc/self/autogroup
/autogroup-82 nice 0
```

이 예에서 해당 터미널은 82번 태스크 그룹에 포함되어 있음을 알 수 있다. CPU 스케줄러는 각 태스크 그룹을 하나의 스케줄 단위로 인식하며 태스크 그룹 간의 우선순위는 동일하다. 따라서 2개의 태스크 그룹이 있으면 각각 50%씩의 CPU 시간을 차지하고, *n*개의 태스크 그룹이 있다면 각각 100 / *n* %의 CPU 시간을 할당받는다. 한 태스크의 CPU 시간은 해당 태스크 그룹 내의 태스크들과의 nice 값과 그 태스크 그룹이 할당받은 CPU 시간에 의해 결정된다.

3.4.3 Red-Black Tree

리눅스 커널의 runqueue는 각 CPU core마다 하나씩 존재한다. 리눅스의 runqueue는 레드-블랙 트리 (red-black tree) 로 구성되므로 레드-블랙 트리에 대해 알아보자. *레드-블랙 트리*는 이진 트리 (binary tree)의 일종이다. *트리* (tree)는 노드가 부모-자식 관계를 맺으며 자식 노드를 계속 따라갔을 때 자기 자신에게 도달할 수 있는 경로인 *사이클* (cycle)은 존재하지 않는 연결 구조체를 말한다. 트리의 노드 중 자식이 없는 노드를 *리프 노드* (leaf node)라고 한다. 여기서 리프 노드들은 모두 데이터가 없는 빈 노드들만을 고려한다. 데이터가 있으면 항상 두 개의 자식 노드들이 있다. 반대로 부모가 없는 노드를 *루트 노드* (root node)라고 한다. 한 노드에서 루트 노드로 가는 경로에 있는 노드들의 개수에서 1을 뺀 값이 그 노드의 *깊이* (depth)이다. 한 노드에서 이진 트리는 각 노드의 자식 노드 개수가 최대 2개인 트리이다. *이진 탐색 트리* (binary search tree)는 왼쪽 자식 노드의 키 값이 자신보다 작거나 같고, 오른쪽 자식 노드의 키 값이 자신보다 크도록 구성된 이진 트리이다. 엄격한 *균형 이진 탐색 트리* (balanced binary search tree)는 모든 리프 노드들의 깊이들의 차이가 최대 1 이하인 이진 탐색 트리를 말한다. 새로운 노드를 균형 이진 탐색 트리에 삽입하거나 기존 노드를 삭제하면 더는 균형 이진 탐색 트리가 아닐 수 있으므로 균형을 유지하기 위해 트리를 조금씩 변형시킨다. 이러한 트리를 *자가 균형 이진 탐색 트리* (self-balancing binary search tree)라고 한다.

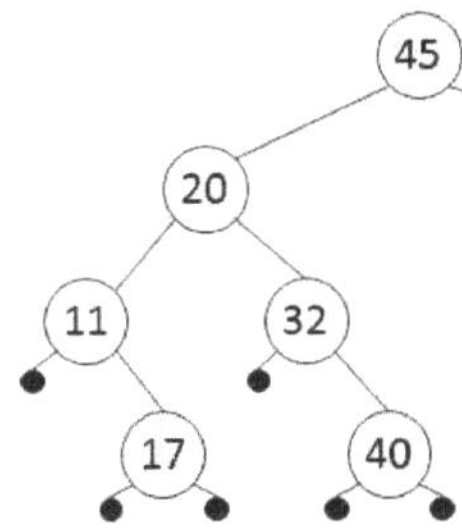

그림 32 균형 이진 탐색 트리의 예

그림 32는 균형 이진 탐색 트리의 한 예이다. 리프 노드들은 모두 작은 검은 원으로 표시되어 있으며, 노드 17의 왼쪽 자식 노드의 깊이는 4, 노드 72의 오른쪽 자식 노드의 깊이는 3이다. 만약 노드 18이 추가된다면 노드 17의 오른쪽 자식 노드가 되어 노드 18의 자식 노드는 그 깊이가 5가 된다. 따라서 균형 이진 탐색 트리가 아니게 된다.

엄격한 자가 균형 이진 탐식 트리는 아니지만 리프 노드의 깊이 차이가 2배 이하인 자가 균형 이진 탐식 트리로 레드-블랙 트리가 있다. 레드-블랙 트리는 다음의 조건들을 모두 만족하는 트리이다.

1. 모든 노드는 레드 또는 블랙의 색을 가진다.
2. 모든 리프 노드는 블랙이다.
3. 리프 노드에는 데이터가 없다.
4. 모든 리프가 아닌 노드들은 두 개의 자식 노드가 있다.
5. 레드 노드의 자식 노드는 모두 블랙이다.
6. 한 노드에서 리프 노드로 가는 모든 경로에는 같은 개수의 블랙 노드가 있다.

레드-블랙 트리는 엄격한 자가 균형 이진 탐색 트리는 아니지만, 평균 검색 시간이 $O(\log n)$으로 엄격한 자가 균형 이진 탐색 트리와 같다. 또한 균형을 유지하기 위해 수행되는 트리 회전의 회수가 더 적기 때문에 전체적인 실행 시간은 더 짧다. 그림 33은 그림 32의 트리가 레드-블랙 트리로 구성된 모양을 보여준다. 레드-블랙 트리의 조건들 중 1 ~ 5번은 모두 만족한다는 것은 쉽게 알 수 있어서, 남은 6번 조건의 경우를 확인해 보자. 루트 노드인 45에서는 모든 리프 노드의 경로에 있는 블랙 노드들의 개수가 3개이다. 중간에 있는 노드 20이나 32의 경우는 블랙 노드들의 개수가 2개이다. 우리가 눈으로 6번 조건이 만족하는지를 하나씩 확인했는데, 레드 노드가 그 위에 있는 블랙 노드에 합쳐졌고 레드 노드의 자식 노드들은 모두 위의 블랙 노드의 자식 노드가 된다고 가정하자. 그럼 깊이가 0인 노드 45, 깊이가 1인 노드 11, 32, 65, 깊이가 2인 리프 노드들로 트리가 변경되어 깊이에 있어서 완전히 균형을 이룬다는 것을 알 수 있다. 두 블랙 노드 사이에는 최대 1개의 레드 노드만 놓일 수 있으므로 (조건 5), 레드 노드로 트리 일부가 더 깊어진다고 하더라도 노드의 깊이가 2배 이상인 리프 노드는 생기지 않는다. 루고 그리고 따라서 6번의 조건이 만족된다면 리프 노드에서 루트 노드까지의 거리 차이는 최대 2배인 것을 알 수 있다.

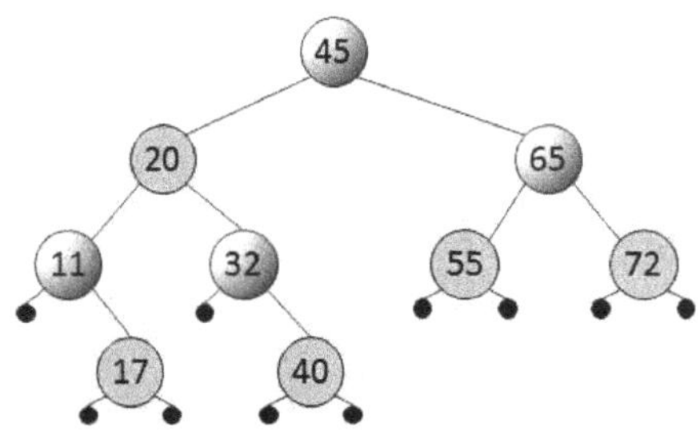

그림 33 레드-블랙 트리

그림 34는 리눅스 커널에서 레드-블랙 트리를 구성하는 노드 rb_node 구조체와 루트 노드를 가리키는 rb_root 구조체를 보여준다.

```
struct rb_node {
    unsigned long __rb_parent_color;
    struct rb_node *rb_right;
    struct rb_node *rb_left;
} __attribute__((aligned(sizeof(long))));

struct rb_root {
    struct rb_node *rb_node;
};
```

그림 34 레드-블랙 트리의 자료구조 (include/linux/rbtree.h)

레드-블랙 트리를 사용하기 위한 함수 프로토타입과 매크로는 include/linux/rbtree.h에 선언되어 있다. rbtree root를 초기화하는 방법은 다음과 같다.

```
RB_ROOT root;
```

rbtree root에 새로운 노드 node를 추가하는 함수는 rb_link_node()이다. 이 함수에서 node의 부모 노드로 parent가 정해지고, node의 양 자식 노드에 대한 포인터는 NULL로 초기화된다. 세 번째 argument인 rb_link는 node를 가리키며 반환된다.

```
static inline void rb_link_node(struct rb_node *node, struct rb_node *parent, struct rb_node **rb_link);
```

그런데, 막 노드가 삽입된 트리는 rbtree가 아닐 수 있으므로 아래의 rb_insert_color()를 사용하여 트리의 조건을 만족하도록 색의 변경과 회전을 수행한다.

```
void rb_insert_color(struct rb_node *node, struct rb_root *root);
```

3.4.4 Runqueue의 태스크 관리

CFS 스케줄링을 위해 runqueue 자료구조를 다루는 리눅스 코드를 보도록 하자. Runqueue는 각 CPU core의 각 스케줄 클래스마다 존재한다. 스케줄 클래스가 3개가 있고 CPU core가 2개라면 총 6개의 runqueue가 존재한다.

그림 30의 __schedule() 함수는 스케줄을 위해 12째 줄에서 pick_next_task() 함수를 호출한다. 그림 35는 pick_next_task() 함수의 코드를 보여준다. 두 번째 인자인 prev는 스케줄러가 호출되기 전에 실행되던 태스크의 sched_entity를 가리키는 포인터이며 8째 줄과 같이 이 태스크의 스케줄링 클래스가 idle_sched_class이면 이 CPU에 실행 중인 태스크가 없어 다른 CPU의 runqueue로부터 가져왔음을 의미한다. 10째 줄의 nr_running은 실행될 수 있는 TASK_RUNNING 상태의 태스크들 개수이고, h_nr_running은 지금 runqueue에 있는 태스크들의 개수인데, 두 값이 같다는 것은 CFS 클래스 이외의 다른 runqueue에는 태스크들이 없다는 것을 의미한다. 따라서, 이 경우에는 CFS runqueue에서 태스크를 선택하면 된다. 그렇지 않은 경우에는 19~26째 줄과 같이 다른 클래스의 runqueue에서 태스크를 선택한다. pick_next_task()를 이용하여 선택한 태스크가 없는 경우에는, 즉 NULL이 리턴되는 경우에는 15째 줄과 같이 idle 태스크가 선택된다. idle 태스크는 폴링을 수행하거나 시스템을 절전상태로 변경한다.

11째 줄에 함수 포인터로 선언된 pick_next_task()에는 다음과 같은 스케줄 클래스 구조체에 선언된 함수 포인터가 할당된다. 이 구조체는 kernel/sched/fair.c에 선언되어 있

```
static inline struct task_struct *
pick_next_task(struct rq *rq, struct task_struct *prev, struct rq_flags
*rf)
{
   const struct sched_class *class;
   struct task_struct *p;

   if (likely((prev->sched_class == &idle_sched_class ||
      prev->sched_class == &fair_sched_class) &&
      rq->nr_running == rq->cfs.h_nr_running)) {
      p = fair_sched_class.pick_next_task(rq, prev, rf);
      if (unlikely(p == RETRY_TASK))
         goto again;
      if (unlikely(!p))
         p = idle_sched_class.pick_next_task(rq, prev, rf);
      return p;
   }
again:
   for_each_class(class) {
      p = class->pick_next_task(rq, prev, rf);
      if (p) {
         if (unlikely(p == RETRY_TASK))
            goto again;
         return p;
      }
   }
   BUG();
}
```

그림 35 pick_next_task() 함수 (kernel/sched/core.c)

다. 따라서, p = fair_sched_class.pick_next_task(rq, prev, rf) 코드는 아래의 pick_next_task_fair() 함수의 결과를 p에 할당한다. 이 함수는 CFS readyqueue의 수행중인 태스크 curr의 가상 시간과 태스크 그룹의 쓰로틀을 갱신하고, 다음에 수행할 태스크의 구조체 포인터를 반환한다.

```
const struct sched_class fair_sched_class = {
   ...
```

```
    .pick_next_task     = pick_next_task_fair,
    ...
};
```

```
static struct task_struct *
pick_next_task_fair(struct rq *rq, struct task_struct *prev, struct
rq_flags *rf)
{
    struct cfs_rq *cfs_rq = &rq->cfs;
    do {
    struct sched_entity *curr = cfs_rq->curr;
    if (curr) {
        if (curr->on_rq)
            update_curr(cfs_rq);
        else
            curr = NULL;
        if (unlikely(check_cfs_rq_runtime(cfs_rq))) {
            cfs_rq = &rq->cfs;

            if (!cfs_rq->nr_running)
                goto idle;
            goto simple;
        }
    }
    se = pick_next_entity(cfs_rq, curr);
    cfs_rq = group_cfs_rq(se);
    } while (cfs_rq);
    p = task_of(se);
simple:
    ...
    return p;
idle:
    ...
    return NULL;
}
```

그림 36 pick_next_task_fair() 함수 (kernel/sched/fair.c)

그림 36의 13째 줄에 있는 check_cfs_rq_runtime()은 이 태스크의 태스크 그룹에게 할당된 CPU 시간이 모두 소모되었는지를 체크해서 그런 경우 true(1)를 반환한다. 22째 줄의 group_cfs_rq()는 이 태스크가 속한 태스크 그룹의 runqueue에 대한 포인터를 반환한다. 수행할 태스크가 없는 경우 NULL을 반환한다.

그림 36의 pick_next_task_fair()에서 21째 줄에서 호출하는 pick_next_entity()는 해당 runqueue에서 가장 우선순위가 높은, 또는 vruntime이 가장 작은 태스크를 선택하여 그 sched_entity 구조체의 포인터를 반환한다. 그림 37의 pick_next_entity()는 4째 줄에서 __pick_first_entity()를 호출하여 그 태스크를 반환받는다.

```
1  static struct sched_entity *
2  pick_next_entity(struct cfs_rq *cfs_rq, struct sched_entity *curr)
3  {
4     struct sched_entity *left = __pick_first_entity(cfs_rq);
5     ...
6     se = left; /* ideally we run the leftmost entity */
7     ...
8   return se;
9  }
```

그림 37 pick_next_entity() 함수 (kernel/sched/fair.c)

그림 38의 __pick_first_entity() 함수는 rb_first_cached() 매크로를 이용하여 해당 태스크의 구조체 포인터를 반환하는데 이 매크로는 아래 코드와 같이 단순히 red-black tree로 구성된 자료구조에서 가장 왼쪽 노드를 가리키는 포인터를 반환한다. 이 매크로는 include/linux/rbtree.h에 선언되어 있다.

```
struct sched_entity *__pick_first_entity(struct cfs_rq *cfs_rq)
{
   struct rb_node *left = rb_first_cached(&cfs_rq->tasks_timeline);
   if (!left)
      return NULL;
   return rb_entry(left, struct sched_entity, run_node);
}
```

그림 38 __pick_first_entity() 함수 (kernel/sched/fair.c)

```c
static void
enqueue_entity(struct cfs_rq *cfs_rq, struct sched_entity *se, int flags)
{
    bool renorm = !(flags & ENQUEUE_WAKEUP) ||
                  (flags & ENQUEUE_MIGRATED);
    bool curr = cfs_rq->curr == se;

    if (renorm && curr)
        se->vruntime += cfs_rq->min_vruntime;
    update_curr(cfs_rq);
    if (renorm && !curr)
        se->vruntime += cfs_rq->min_vruntime;

    update_load_avg(cfs_rq, se, UPDATE_TG | DO_ATTACH);
    update_cfs_group(se);
    enqueue_runnable_load_avg(cfs_rq, se);
    account_entity_enqueue(cfs_rq, se);

    if (flags & ENQUEUE_WAKEUP)
        place_entity(cfs_rq, se, 0);

    check_schedstat_required();
    update_stats_enqueue(cfs_rq, se, flags);
    check_spread(cfs_rq, se);
    if (!curr)
        __enqueue_entity(cfs_rq, se);
    se->on_rq = 1;

    if (cfs_rq->nr_running == 1) {
        list_add_leaf_cfs_rq(cfs_rq);
        check_enqueue_throttle(cfs_rq);
    }
}
```

그림 39 enqueue_entity() 함수 (kernel/sched/fair.c)

```c
#define rb_first_cached(root) (root)->rb_leftmost
```

fork() 시스템콜을 통해 생성된 태스크는 ready queue 또는 runqueue에 적재된다. 이를 구체적으로 표현하면, 이 태스크의 sched_entity 구조체가 red-black tree로 구성된 rbtree에 그림 39에 나온 enqueue_entity() 함수를 통해 적재된다고 할 수 있다.

그림 39의 enqueue_entity() 함수는 태스크가 새로 생성되었을 때뿐만 아니라 CPU가 여러 개 있는 시스템에서 한 CPU의 runqueue에 있는 태스크가 다른 CPU의 runqueue로 이동했을 때도 호출된다. 한 태스크의 vruntime은 runqueue에서 선택되는 순서를 결정하는 중요한 요소인데, 동일한 태스크가 어떤 runqueue에 있는가에 따라 일정 시간이 지난 후의 vruntime이 달라진다. 예를 들어, nice가 동일한 두 태스크 $task_0$과 $task_1$이 각각 CPU_0과 CPU_1의 CFS runqueue에 있고, CPU_0의 runqueue에는 $task_0$보다 nice 값이 낮은 태스크들이 많고, CPU_1의 runqueue에는 $task_1$보다 nice 값이 높은 태스크들이 많다고 하자. 일정한 시간이 지난 후에 자신이 CPU를 차지할 시간은 다를지라도 각 태스크의 vruntime은 비슷하다. 그런데, 각 runqueue의 vruntime 최소값을 비교해보자. CPU_0의 runqueue에서는 nice가 낮은 태스크들이 timeslice를 오랜 기간 사용하면서 vruntime이 느리게 증가하기 때문에 vruntime의 최소값이 작은 편이다. 반면 CPU_1의 runqueue에서는 nice가 높은 태스크들이 timeslice를 짧게 사용하면서 vruntime이 빠르게 증가하기 때문에 vruntime의 최소값이 큰 편이다. CPU0에서는 태스크들의 nice가 작아서 vruntime이 작은 태스크들이 많으므로 $task_0$이 수행될 기회가 뒤로 밀려있는 상황이고 기다린 만큼 다른 태스크들보다는 덜 기다린다고 볼 수 있다. 이는 CPU_0의 vruntime의 최소값과 task0의 vruntime의 차이가 적다는 말이다. 이제 CPU_1에서는 nice가 큰 태스크들이 vruntime을 많이 진행했고, nice가 더 적은 $task_1$은 상대적으로 CPU1을 사용할 기회가 많아서 다음 timeslice를 얻기 위해서는 좀 더 기다려야 한다.

$task_0$이 CPU_0에서 CPU_1로 이동할 때 CPU를 기다린 시간을 보상하려면 $task_0$의 vruntime과 CPU_0의 vruntime의 최솟값의 차이만큼 $task_0$의 vruntime과 CPU_1의 vruntime의 최솟값의 차이가 같아지도록 만들어주어야 한다. 즉, 다음과 같은 식이 적용된다.

$$task_0\text{의 } CPU_1\text{에서의 vruntime} = (CPU_0\text{에서의 vruntime} - CPU_0\text{의 vruntime 최소값}) + CPU_1\text{의 vruntime 최소값}. \quad (5)$$

이를 실제 값에 적용한 것이 그림 40이다. CPU_0은 nice가 작은 태스크들로 인해 vruntime의 최소값이 25로 작고, CPU_1은 vruntime의 최소값이 32이다. CPU_0의 runqueue에 있는 $task_0$의 vruntime이 30이면 해당 runqueue에 있는 다른 태스크들과의 상대적인 대기 거리가 5 (= 30 - 25)가 된다. 반면에 CPU_1의 runqueue에 있는 $task_1$의 vruntime

은 이미 여러 번 timeslice를 사용했기 때문에 vruntime이 45가 되었고, 다른 태스크들도 여러 번 CPU를 사용하여 vruntime의 최소값이 증가된 상태이다. $task_0$이 CPU_0에서 vruntime이 5만큼의 차이로 자신의 차례를 기다린다는 의미가 유지되도록 현재 자신의 vruntime 30에서 CPU_0의 vruntime 최소값 25를 빼서 5로 만든 뒤 CPU_1로 이동하여 5에 CPU_1의 vruntime 최소값 32를 더하면 37이 된다. 따라서, $task_0$는 CPU를 이동한 이후에도 여전히 vruntime이 5만큼의 차이로 차례를 기다린다.

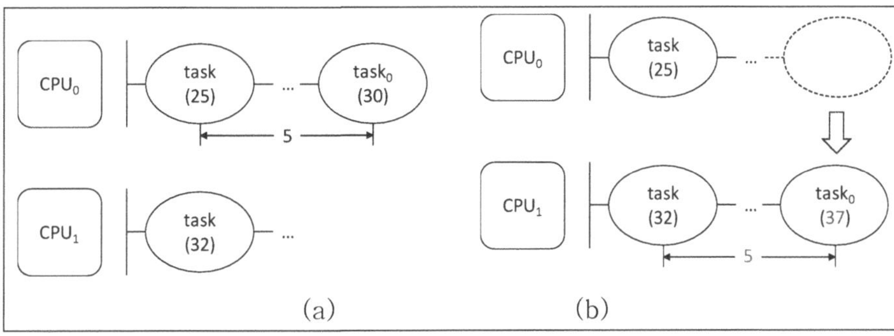

그림 40 태스크 이전 시 vruntime의 변화 (괄호 안의 숫자는 각 태스크의 vruntime): (a) CPU0에 있는 태스크 task0 (b) CPU1로 이동한 task0

그림 39의 4째 줄에 있는 bool 변수인 renorm은 이처럼 vruntime을 조절할 필요가 있는 다른 CPU에서 이전한 태스크일 때 true값을 가지며, 뒤따르는 2개의 if-문에서 renorm의 상태에 따라 태스크의 vruntime을 조절한다. 뒤따라 나오는 명령어들은 부하 균등화를 위한 부하 통계수집과 태스크 그룹 관리를 수행한다. 현재 태스크 curr의 스케줄 구조체인 se를 지금 CPU의 runqueue에 넣는 작업은 26째 줄의 __enqueue_entity() 함수에서 수행한다.

그림 41의 __enqueue_entity(rq, se)함수는 스케줄 구조체 se를 rbtree (red black tree)에 vruntime을 키 값으로 오름차순으로 적재한다. 전체 코드는 포인터 link를 rbtree의 root인 &cfs_rq->tasks_timeline.rb_root.rb_node부터 시작해서 자신의 vruntime에 적합한 위치까지 내려간다. 12째 줄의 entity_before() 함수는 삽입하려는 태스크의 se에 있는 vruntime과 rbtree node인 entry에 있는 vruntime을 비교해서 se에 있는 값이 더 작으면 true를 반환한다. NULL 노드에 도착하면 이 vruntime을 가진 새로운 노드를 만들고 (19째 줄) rbtree를 재조정한다 (20째 줄). Linux 커널에서는 rbtree에 새로운 노드를 추가하는 함수가 제공되지 않는다. 그 이유는 __enqueue_entity() 함수처럼 rbtree의 검색 조건

이나 leftmost를 지정하는 추가 작업이 필요하며 이 작업이 경우에 따라 다르기 때문이다.

```
1  static void __enqueue_entity(struct cfs_rq *cfs_rq, struct sched_entity
2  *se)
3  {
4      struct rb_node **link = &cfs_rq->tasks_timeline.rb_root.rb_node;
5      struct rb_node *parent = NULL;
6      struct sched_entity *entry;
7      bool leftmost = true;
8  
9      while (*link) {
10         parent = *link;
11         entry = rb_entry(parent, struct sched_entity, run_node);
12         if (entity_before(se, entry)) {
13             link = &parent->rb_left;
14         } else {
15             link = &parent->rb_right;
16             leftmost = false;
17         }
18     }
19     rb_link_node(&se->run_node, parent, link);
20     rb_insert_color_cached(&se->run_node, &cfs_rq->tasks_timeline,
21                            leftmost);
22 }
```

그림 41 __enqueue_entity() 함수 (kernel/sched/fair.c)

그림 41 11째 줄의 rb_entry(parent, type, field) 매크로는 포인터 parent 가리키는 곳이 type 구조체의 field라는 멤버일 때 그 구조체의 시작 위치를 반환한다. Rbtree는 구조체에 있는 run_node라는 멤버들이 rbtree의 노드로서 구성된다. 따라서, rbtree에서 검색, 순회, 삽입, 또는 삭제를 할 때는 run_node에 있는 (rb_left, rb_right) 연결리스트에 대한 연산이 수행되며, 각 run_node가 가진 값을 참조해야 할 때는 rb_entry() 매크로를 이용하여 그 반환값이 가리키는 구조체를 사용한다. 19째 줄의 rb_link_node() 함수는 rbtree에 새로운 노드를 만들어 넣으며, 20째 줄의 rb_insert_color_cached() 함수는 삽입된 노

드가 rbtree의 규칙을 어겼을 때 트리 회전을 통해 규칙에 맞는 rbtree로 바꾸는 작업을 수행한다.

수행 중이던 태스크가 I/O를 위해 휴면 상태가 되거나, 시그널을 기다리거나, 일정 시간을 기다리거나, 다른 CPU로 이전하는 경우 runqueue인 rbtree에서 그 태스크의 sched_entity 구조체를 꺼낸다. 이 작업은 그림 42의 dequeue_entity() 함수를 통해 수행된다.

```
static void
dequeue_entity(struct cfs_rq *cfs_rq, struct sched_entity *se, int flags)
{
    update_curr(cfs_rq);
    update_load_avg(cfs_rq, se, UPDATE_TG);
    dequeue_runnable_load_avg(cfs_rq, se);
    update_stats_dequeue(cfs_rq, se, flags);
    clear_buddies(cfs_rq, se);

    if (se != cfs_rq->curr)
    __dequeue_entity(cfs_rq, se);
    se->on_rq = 0;
    account_entity_dequeue(cfs_rq, se);

    if (!(flags & DEQUEUE_SLEEP))
        se->vruntime -= cfs_rq->min_vruntime;
    return_cfs_rq_runtime(cfs_rq);
    update_cfs_group(se);
    if ((flags & (DEQUEUE_SAVE | DEQUEUE_MOVE)) !=
        DEQUEUE_SAVE)
    update_min_vruntime(cfs_rq);
}

static void __dequeue_entity(struct cfs_rq *cfs_rq, struct sched_entity
*se)
{
    rb_erase_cached(&se->run_node, &cfs_rq->tasks_timeline);
}
```

그림 42 dequeue_entity() 함수 (kernel/sched/fair.c)

그림 42 5째 줄의 update_load_avg() 함수는 현 runqueue인 cfs_rq의 load를 갱신하여 이후 load balancing에 사용하며, 6째 줄의 dequeue_runnable_load_ave() 함수는 해당 태스크가 runqueue에서 빠진 만큼 평균 부하 (load)를 감소시킨다. Rbtree인 runqueue에서 스케줄 개체인 se를 직접 제외하는 작업은 11째 줄의 __dequeue_entity() 함수에서 수행한다. 15째 줄의 if-문에서 빠져나가는 태스크의 vruntime에서 runqueue의 최소 vruntime을 빼줌으로써 다른 runqueue로 갔을 때 지금의 상대적 vruntime 거리를 유지하도록 한다.

__enqueue_entity() 함수와는 달리 그림 42 11째 줄의 __dequeue_entity() 함수는 커널에서 제공하는 rbtree 함수 중의 하나인 rb_erase_cached() 함수 하나만을 사용하여 rbtree에서 스케줄 개체를 제거한다. Rbtree에서 노드를 제거할 때에는 부가 작업이 필요하지 않기 때문이다. rb_erase_cached() 함수에서는 해당 노드를 rbtree에서 꺼내고 남은 rbtree가 조건에 맞는지 검사한 후, 그렇지 않으면 회전을 수행하여 조건에 맞는 rbtree로 만드는 작업이 진행된다.

3.5 대기 상태와 깨어남

3.5.1 대기 상태 들어가기

그림 21에서와 같이 CPU-지향적 태스크들은 TASK_RUNNING 생태에 머물러 있는 경우가 많지만, 대부분의 태스크는 I/O를 요청하게 되고 이를 처리할 때까지 대기 상태, 즉 TASK_INTERRUPTIBLE 상태나 TASK_UNINTERRUPTIBLE 상태에 머무른다. 이 태스크들은 I/O가 끝나는 이벤트가 발생하면 다시 TASK_RUNNING 상태로 바뀐다. TASK_RUNNING 상태의 태스크는 자신의 sched_entity (그림 26)가 runqueue에 있다면, TASK_INTERRUPTIBLE 상태나 TASK_UNINTERRUPTIBLE 상태의 태스크들은 동일한 이벤트를 기다리는 태스크들과 같이 한 대기열 (waiting queue)에 자신을 대표하는 구조체를 둔다.

많은 디바이스들은 자신에게 요청한 작업이 끝나기를 기다리는 태스크들을 위해 device queue를 두며 이는 다양한 대기열 중 한 종류이다. 대기 상태가 될 수 있는 경우와 관련된 대기열을 아래에 나열하였다.

- 일정 시간 대기: timer_list (include/linux/timer.h)

- I/O 요청: request_queue (include/linux/blkdev.h)
- 디바이스 이벤트 대기: 각 디바이스 드라이버가 구현한 queue
- 동기화: 세마포어의 경우 wait_queue_head (include/linux/wait.h)

대기열을 적용하기 위해서는 대기열에 추가할 구조체를 만들고, 태스크를 대기 상태로 만든 뒤, 깨어났을 때 기다린 조건을 만족하지 않으면 다시 대기 상태로 들어가는 과정을 반복한다. 조건을 만족하는 태스크만 깨우지 않고 대기열에 있는 태스크를 깨운 다음에 그 조건을 만족하는지 검사하는 이유는 조건이 무엇인지 대기열에 있는 노드에 만들고 이를 검사하기가 쉽지 않기 때문이다. 노드에 저장된 조건은 간단한 조건문이라야 검사할 수 있어서 다양하고 복잡한 조건을 사용해야 하면 노드에 저장할 수가 없다. 즉, 가능한 모든 깨어나는 조건을 만족하기 위해서 번거로워 보이는 구조로 대기열에 넣는 작업을 구성한다.

3.5.2 대기 함수의 구조

그림 43은 대기해야 하는 태스크를 대기열에 저장하고 schedule() 함수를 호출하여 다른 태스크에게 CPU을 넘기는 wait() 함수의 전형적인 구조를 보여준다. 실제 코드는 아니므로 개념만 이해하도록 하자. 2째 줄의 add_wait_queue()에서 wait 노드를 리스트인 wq_head에 추가한다. 3째 줄부터 시작하는 for-반복문은 조건인 condition이 만족될 때까지 계속 깨우기와 재우기를 반복하겠다는 것이다. 4째 줄의 조건인 condition이 참이 되면 비로소 반복문에서 빠져나가고 더는 기다리지 않는다. 빠져나가기 직전 14째 줄에서 리스트에서 해당 태스크를 대표하는 노드인 wait를 제거한다.

6째 줄의 p는 현재 태스크를 가리킨다. 6째 줄에서 태스크의 상태를 mode로 바꾼다. 여기서 mode는 TASK_INTERRUPTIBLE이나 TASK_UNINTERRUPTIBLE이 된다. 이 태스크가 깨어나면 10째 줄에서 TASK_RUNNING으로 상태를 바꾼다. 7째 줄과 12째 줄의 smp_mb()는 캐시를 클리어시켜 여러 CPU 간의 캐시 일관성을 유지시키는 배리어 명령이다. schedule() 함수를 이 명령어들로 감싸서 캐시 비일관성 문제가 발생하는 것을 막는 것이 목적이다. 8 ~ 9째 줄은 플래그가 셋 (1)되어 있지 않으면 스케줄러를 호출한다. 이 플래그는 11째 줄에서 항상 리셋 (0)된다. 그런데, 그림 44의 깨우는 함수인 woken()에서 이 플래그를 셋시켜 스케줄을 호출하지 않고 wait()를 종료하도록 유도한다.

```
1  DEFINE_WAIT_FUNC(wait, woken_wake_func);
2     add_wait_queue(&wq_head, &wait);
3     for (;;) {
4        if (condition)
5           break;
6        p->state = mode;
7        smp_mb(); // A
8        if (!(wq_entry->flags & WQ_FLAG_WOKEN))
9           schedule()
10       p->state = TASK_RUNNING;
11       wq_entry->flags &= ~WQ_FLAG_WOKEN;
12       smp_mb(); // B
13    }
14    remove_wait_queue(&wq_head, &wait);
```

그림 43 태스크를 대기시키는 wait 계열 함수의 구조

그림 44는 그림 43의 wait()에 의해 대기하는 태스크를 깨우는 woken() 함수의 전형적인 구조를 보여준다. 2째 줄에서 플래그를 셋하여 그림 43의 9째 줄이 실행되지 않도록 한다. 3째 줄을 풀어 쓴 것이 4 ~ 6째 줄이며 TASK_RUNNING 상태로 변경한다. 또한, 7째 줄에서 condition을 true로 바꿔 그림 43의 4 ~ 5째 줄 if-문과 break를 통해 for-반복문에서 빠져나가도록 한다.

```
1  DEFINE_WOKEN_FUNC(wait, woken_wake_func);
2     wq_entry->flags |= WQ_FLAG_WOKEN;
3     try_to_wake_up():
4        <full barrier>
5        if (p->state & mode)
6           p->state = TASK_RUNNING;
7     condition = true;
8     smp_mb(); // C
9     wq_entry->flags |= WQ_FLAG_WOKEN;
```

그림 44 태스크를 깨우는 woken 계열 함수의 구조

Wait 계열의 함수들 중 하나인 inotify_read() 함수를 통해 wait가 어떻게 구현되는지

```
static ssize_t inotify_read(struct file *file, char __user *buf,
            size_t count, loff_t *pos)
{
    struct fsnotify_group *group;
    struct fsnotify_event *kevent;
    char __user *start;
    int ret;
    DEFINE_WAIT_FUNC(wait, woken_wake_function);
    start = buf;
    group = file->private_data;
    add_wait_queue(&group->notification_waitq, &wait);
    while (1) {
        kevent = get_one_event(group, count); /* protected by spinlock */
        if (kevent) {
            ret = PTR_ERR(kevent);
            if (IS_ERR(kevent)) break;
            ret = copy_event_to_user(group, kevent, buf);
            fsnotify_destroy_event(group, kevent);
            if (ret < 0) break;
            buf += ret;
            count -= ret;
            continue;
        }
        ret = -EAGAIN;
        if (file->f_flags & O_NONBLOCK) break;
        ret = -ERESTARTSYS;
        if (signal_pending(current)) break;
        if (start != buf) break;
        wait_woken(&wait, TASK_INTERRUPTIBLE, MAX_SCHEDULE_TIMEOUT);
    }
    remove_wait_queue(&group->notification_waitq, &wait);
    if (start != buf && ret != -EFAULT)
    ret = buf - start;
    return ret;
}
```

그림 45 inotify_read() 함수 (fs/notify/inotify/inotify_user.c)

보도록 하자. 그림 45의 inotify_read() 함수는 한 파일에 read와 관련된 이벤트가 발생할 때까지 한 태스크를 블록 상태로 만들어 대기열에 넣는 함수이다. Read에 관련된 에러가 발생했거나, 데이터 카피에 실패했거나, 대기하는 read가 아니거나, 기다리던 시그널이 있거나, 자신이 기다리던 파일과 같은 객체로부터 데이터를 읽었는데, 더는 읽을 내용이 없는 경우 대기열에서 빠져나온다. 실제로 이 태스크가 대기 상태로 되는 것은 29째 줄의 wait_woken() 함수이며, 이 함수를 만나기 전에 앞에서 언급한 상황 또는 조건이 만족되면 대기 상태가 되지 않고 while-루프에서 빠져나온 뒤 대기열에서 구조체를 삭제한다.

현재 태스크를 대기열에 넣기 위해서는 대기열 리스트에 넣을 구조체를 만들어야 한다. 그림 45의 8째 줄의 DEFINE_WAIT_FUNC() 매크로는 이러한 구조체를 생성한다.

```
DEFINE_WAIT_FUNC(name, function);
```

이 매크로는 include/linux/wait.h에 선언되어 있으며 첫 번째 인자인 name은 wait_queue_entry 구조체의 변수명이고, 두 번째 인자인 function은 깨어났을 때 수행될 함수이다. 그림 45의 8째 줄에 있는 DEFINE_WAIT_FUNC() 매크로의 두 번째 인자인 woken_wake_function()은 그림 46의 7 ~ 13째 줄에 나와 있으며 default_wake_function() 함수를 부르는 것이 주요 내용이다. 그림 46의 1 ~ 5째 줄에 있는 default_wake_function() 함수는 다시 try_to_wake_up() 함수를 부른다. try_to_wake_up() 함수는 그림

```
1   int default_wake_function(wait_queue_entry_t *curr, unsigned mode,
2                             int wake_flags, void *key)
3   {
4           return try_to_wake_up(curr->private, mode, wake_flags);
5   }
6
7   int woken_wake_function(struct wait_queue_entry *wq_entry,
8                             unsigned mode, int sync, void *key)
9   {
10          smp_mb(); /* C */
11          wq_entry->flags |= WQ_FLAG_WOKEN;
12          return default_wake_function(wq_entry, mode, sync, key);
13  }
```

그림 46 woken_wake_function() 함수 (kernel/sched/wait.c)

48에 나와 있다. 이 함수는 해당 태스크를 runqueue로 올리는 작업을 한다.

이 wait_queue_entry 구조체를 대기열에 넣는 작업은 11째 줄의 add_wait_queue() 함수를 사용한다. 구조체를 대기열에 넣었지만 이 태스크는 여전히 CPU를 사용 중이며 스케줄되어 CPU에서 나가기 전까지 자신이 기다리는 이벤트가 발생했는지 또는 블록될 필요가 없는지 확인한다. inotify_read() 함수는 read에 관련된 이벤트를 기다리던 태스크에게 그 이벤트에 관련된 정보를 전달하는데 이 정보는 13째 줄의 kevent가 가리키는 구조체에 포함되어 있다. 12째 줄에 while-문이 존재하는 이유는 대기하는 태스크에게 여러 개의 이벤트가 도착했을 수 있으므로 이를 모두 전달하기 위해서이다. 여러 번의 전달을 고려해서 if-문의 가장 아래 22째 줄에 continue 키워드가 있다. 16째 줄처럼 만약 이벤트에 에러가 있는 경우에는 이벤트가 발생한 것으로 판단하여 블록되지 않고 이 함수에서 빠져나간다. 따라서, 16이나 19째 줄처럼 break-문을 사용하여 while-루프에서 나간다. 이외에도 25~28째 줄의 세 if-문처럼 대기 하지 않는 파일이거나, 기다리는 이벤트가 있거나, 그동안 읽은 이벤트는 있지만 더는 이벤트가 없는 경우에는 while-루프에서 나간다. 29째 줄인 while-루프의 마지막에는 wait_woken() 함수가 있는데, 여기서 이 태스크는 스케줄되어 CPU에서 나가게 된다.

3.5.3 깨우기 함수의 구조

대기 상태에 있던 태스크가 이를 깨우는 woken 계열의 함수에 의해 runqueue로 돌아온 후 CPU를 얻게 되면 다시 while-문의 처음으로 돌아간다. Linux kernel에서는 블록된 태스크를 깨우는 이벤트가 발생하면 그 이벤트를 기다리는 대기열의 첫 번째 태스크만을 깨우는 대신 대기열의 모든 태스크를 깨운다. 깨어난 태스크들은 runqueue에 자신들의 vruntime 순서대로 삽입되고, 가장 vruntime이 적은 태스크가 그 이벤트를 가진다. 이벤트를 알리는 구조체는 대기 리스트에 포함되어 있으며 13째 줄의 get_one_event() 함수를 이용하여 하나씩 가져온다. 따라서, 처음으로 get_one_event()를 수행한 태스크는 그 이벤트를 가져가서 while-루프에서 빠져나갈 수 있지만, 이후의 태스크들은 가져올 이벤트가 없어 다시 wait_woken()을 수행하고 블록된다. while-루프에서 빠져나온 태스크는 31째 줄의 remove_wait_queue() 함수를 수행하여 대기열에서 자신의 구조체를 제거한다.

그림 47은 그림 45의 29째 줄에서 호출한 wait_woken() 함수이다. 이 함수의 핵심 내용은 태스크의 상태를 두 번째 인자값으로 바꾸고 (4째 줄), schedule_timeout()을 호출

```
1  long wait_woken(struct wait_queue_entry *wq_entry, unsigned mode,
2  long timeout)
3  {
4      set_current_state(mode);
5      if (!(wq_entry->flags & WQ_FLAG_WOKEN) && !is_kthread_should_stop())
6          timeout = schedule_timeout(timeout);
7      __set_current_state(TASK_RUNNING);
8      smp_store_mb(wq_entry->flags, wq_entry->flags & ~WQ_FLAG_WOKEN);
9      return timeout;
10 }
```

그림 47 wait_woken() 함수 (kernel/time/timer.c)

하여 세 번째 인자인 timeout만큼 블록되도록 한 뒤 (6째 줄), 깨어나면 상태를 TASK_RUNNING으로 바꾸는 것이다. 그런데 inotify_read()에서 이 함수를 호출할 때, 세 번째 인자인 timeout이 최대 정수라서 거의 무한에 가까운 시간을 블록되도록 하며, 두 번째 인자인 mode가 TASK_INTERRUPTIBLE이라 시그널에 의해 블록에서 빠져나오게 된다.

그림 48의 try_to_wake_up() 함수는 그림 44의 3째 줄에 있는 함수로서 깨우려는 태스크의 sched_entity 구조체를 runqueue에 넣고 태스크 상태를 TASK_RUNNING으로 변

```
static int
try_to_wake_up(struct task_struct *p, unsigned int state, int wake_flags)
{
    unsigned long flags;
    int cpu, success = 0;
    raw_spin_lock_irqsave(&p->pi_lock, flags);
    smp_mb__after_spinlock();
    success = 1;
    smp_rmb();
    ttwu_queue(p, cpu, wake_flags);
    ttwu_stat(p, cpu, wake_flags);
    raw_spin_unlock_irqrestore(&p->pi_lock, flags);
    return success;
}
```

그림 48 간략화한 try_to_wake_up() 함수 (kernel/sched/core.c)

경한다. Runqueue에 넣는 과정과 태스크 상태를 변경하는 작업은 10째 줄의 ttwu_queue()를 통해 그림 49의 함수 호출 경로를 거쳐 수행한다. 왼쪽 아래의 enqueue_entity() 함수는 그림 39에서 sched_entity 구조체를 runqueue에 넣는 작업이다.

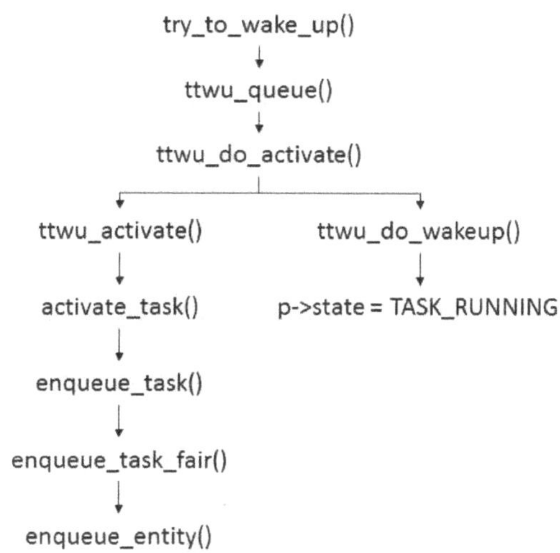

그림 49 try_to_wake_up() 함수에서 runqueue에 태스크를 넣고, 상태를 변경하기 위한 함수 호출 과정

3.6 스케줄 관련 기능

3.6.1 커널 선점

리눅스 커널은 선점이 가능한 시스템이므로 시스템 콜이 수행되는 도중에 더 높은 우선순위의 커널 스레드나 인터럽트에 의해 선점될 수 있다. 하지만 선점이 항상 가능한 것은 아니고 안전 상태 (safe state)에서만 가능하다. 안전 상태란 lock을 걸지 않은 상태를 말한다. Lock이 걸린 상태에서 선점되면, 선점한 스레드나 인터럽트 핸들러가 동일한 lock을 시도할 수 있고 커널이 무한히 블록될 수 있기 때문이다. 현재 시스템의 안전 상태 유무를 관리하기 위해 해당 태스크의 thread_info 구조체에 preempt_count 필드를 둔다. 이 필드는 초기값이 0이며 lock을 걸 때마다 1씩 증가하고 lock을 풀 때마다 1씩

감소한다. preempt_count가 0이면 안전 상태이며 커널 선점이 가능하다.

3.6.2 프로세서 지속성

리눅스에서 태스크들은 각 CPU에 대한 지속성 (affinity)를 가지도록 설계되어 있다. 태스크의 task_struct 구조체에는 cpus_allowed라는 필드가 있으며 (그림 20의 6째 줄) CPU마다 1비트씩 할당된다. 값이 0인 비트에 해당하는 CPU에는 이 태스크가 할당될 수 없고, 값이 1인 비트에 해당하는 CPU에는 이 태스크가 할당될 수 있다. 여러 비트가 1로 세팅되어 있으면 부하균등화가 적용되어 runqueue가 긴 CPU에서 runqueue가 짧은 CPU로 태스크가 이동할 수 있다. 태스크의 지속성은 커널에서 sched_setaffinity() 함수 (include/linux/sched.h에 선언, kernel/sched/core.c에 정의)로 설정할 수 있으며 sched_getaffinity() 함수로 현재 설정된 지속성을 확인할 수 있다. 한 CPU에서 수행 중인 태스크가 sched_setaffinity() 함수로 인해 그 CPU에서의 지속성이 리셋되면 다른 CPU로 이동한다. 자식 태스크는 부모 태스크의 프로세서 지속성을 상속받는다.

참고문헌

[1] 개인의 남는 컴퓨터 자원 일부를 어려운 문제를 푸는 데 사용하는 그리드 컴퓨팅의 일종 https://foldingathome.org/home/

제3장 연습문제

3-1. 그림 22에서 Q의 parent와 real_parent는 각각 무엇인가?

3-2. 그림 2의 디바이스 드라이버에 다음과 같은 기능을 추가한 디바이스 드라이버를 작성하고, 컴파일 후 실행하여 그 결과를 확인하라. 추가한 기능은 모듈 초기화 코드에서 동작하도록 하라.

1) 다음과 같은 구조체를 선언하라: struct foo { int myID; struct list_head list;}

2) 헤더 노드 포인터 head를 선언하고 이 포인터가 가리키는 노드를 만들어 list_head 리스트를 초기화를 하라.

3) 3개의 노드를 만들어 하나씩 head가 대표하는 리스트에 list_add(, head->list)를 이용하여 삽입하라. 각 노드의 myID값은 1, 2, 그리고 3이다.

4) 리스트를 순회하면서 myID값을 출력하라. 어떤 순서로 값이 출력되는가?

5) 삽입한 순서대로 값들이 출력되려면 어떻게 코드를 수정해야 하는가?

6) 수정된 코드를 컴파일하고 실행하여 그 결과를 확인하라.

3-3. 그림 2의 디바이스 드라이버에 전체 프로세스를 순회하면서 자신의 pid와 이름, 부모 태스크의 pid와 이름, 그리고 현재 태스크의 개수를 출력하는 코드를 추가하시오.

3-4. exit() 호출로 태스크를 종료할 때 task_struct 구조체는 여전히 유지되는 이유를 설명하시오.

3-5. 다음 각 태스크에게 가장 적합한 스케줄러 정책을 선정하고 그 이유를 설명하시오.

- 슈팅 게임 프로그램
- vi editor
- mp3 재생 프로그램
- 주기적으로 실행되는 작업량은 작은 커널 스레드
- 매우 중요한 커널 스레드
- folding@home [1]
- 처음과 끝에만 I/O가 있는 deep learning 프로그램
- 가끔 실행되지만 작업량이 어느 정도 있는 커널 스레드

3-6. 표 6에서 새로운 태스크 P_4가 추가되어 총 4개의 태스크가 실행된다고 가정하

자. P_4는 I/O-지향성 태스크로서 nice는 0이지만 2의 CPU 시간을 사용하면 I/O에 의해 유휴 상태가 되고 20시간이 지난 후에 다시 TASK_RUNNING 상태가 되어 runqueue로 돌아온다. 태스크 P_4를 포함한 표 6을 구성하시오.

3-7. Period 또는 targeted latency가 20ms인 리눅스 시스템이 있다. 아래와 같이 태스크가 주어질 때 태스크의 time slice, time slice를 소모했을 때의 vruntime 값, 시각 0 ~ 30 동안 발생하는 스케줄링 이벤트와 그 이벤트 시각에서의 태스크들의 vruntime을 구하시오. 이 경우는 태스크가 중간에 runqueue로 들어오고, 나가는 경우가 있음을 유의하시오. Runqueue에 새로 들어오는 태스크의 vruntime은 그 시점에서 runqueue에 있는 태스크 중 가장 작은 vruntime으로 주어진다고 가정한다.

task	nice	start time	finish time	weight	time slice	time slice에 대한 vruntime	schedule event별 vruntime				
							t=0	t=	t=	t=	t=
P_1	0	10	40								
P_2	5	0	40				**0**				
P_3	7	0	25				0				

3-8. 그림 31 6번째 줄의 unlike()와 같이 컴파일러에게 영향을 주는 커널 함수 / 매크로가 더 있는지 찾아보고 그 기능을 기술하시오.

3-9. 한 사용자가 두 개의 ssh를 이용하여 리눅스 서버에 접근하면 이들 ssh와 그 자식 태스크들은 같은 태스크 그룹에 속하는가? 이를 확인할 방법은 무엇인가?

3-10. Period 또는 targeted latency가 20ms인 리눅스 시스템이 있다. 아래와 같이 두 개의 태스크 그룹이 주어질 때 태스크의 weight, time slice, 그리고 주어진 time slice를 모두 소모했을 때의 vruntime 값을 구하시오.

task group	task	nice	weight	time slice	time slice에 대한 vruntime
24	P_1	0			
	P_2	2			
26	P_3	0			
	P_4	5			
	P_5	5			

3-11. 아래 그림은 두 CPU의 runqueue를 각각 보여주며 각 태스크에 있는 숫자는 현재 runqueue에서의 vruntime을 가리킨다. Runqueue의 가장 왼편에 있는 태스크는 vruntime이 가장 작은 태스크이다. CPU_0에 있는 $task_0$을 CPU1로 옮기면 $task_0$의 vruntime이 어떻게 변경되는가?

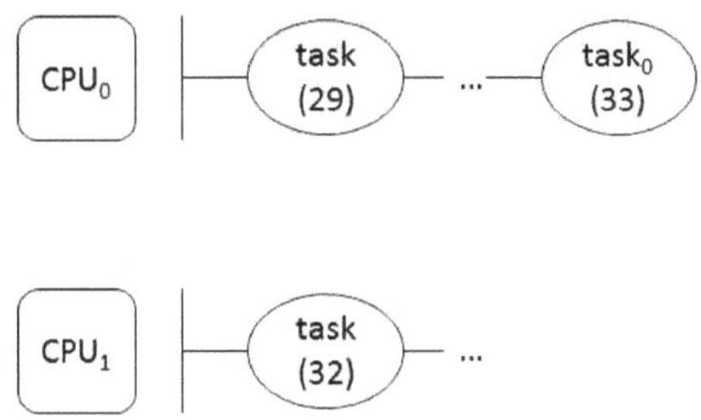
CPU$_0$
task
(29)
...
task$_0$
(33)
CPU$_1$
task
(32)
...

제3장 프로그래밍 과제

문제:

그림 2의 mydrv_init() 함수에 다음 기능들을 추가하시오.

- Current task의 process id와 priority 출력
- Parent task의 process id 출력
    - 이 parent task의 모든 child task들의 process id 출력
    - Current task가 이들 child task들 중의 하나인지 확인한 후 결과를 Yes 또는 No로 출력
- Grand parent (parent의 parent) task의 process id 출력
- 이 디바이스 드라이버 모듈을 여러 번 적재와 추출했을 때 current task, parent task, grand parent task들 중 어떤 것이 그대로이며 어떤 것이 바뀌었는지 확인하시오.
- 실행한 스냅샷을 통해 그 결과가 나온 이유를 추측하시오.

힌트:

- struct task_struct 구조체는 <linux/sched.h>에 정의되어 있다.
- current 매크로를 쓰기 위해 <linux/init.h>를 포함할 필요가 있다.
- list_for_each() 매크로를 사용하면 list_head list로 연결된 구조체들에게 접근하기 쉽다.
- struct task_struct의 comm 필드는 현재 task의 이름을 가리키는 pointer이다.

제4장 시스템 콜

4.1 리눅스의 시스템 콜

시스템 콜 (system call)은 사용자 태스크와 운영체제 사이에 있는 계층으로 사용자 태스크가 운영체제에서 제공하는 서비스나 하드웨어의 기능을 사용하고자 할 때 반드시 거쳐야 한다. 사용자 태스크는 시스템 콜을 통해 하드웨어 인터페이스에 추상적인 형태로 접근하도록 한다. 예를 들어, 가상 파일 시스템 (VFS)는 모든 디바이스를 하나의 파일처럼 접근할 수 있게 해준다. 또한, 각 사용자 태스크가 시스템의 디바이스를 공유하지 않고 자신이 혼자 사용하는 것처럼 보이도록 만든다. 덕택에 사용자 태스크는 여러 태스크가 한 디바이스를 공유할 때 어떤 문제가 발생할 수 있는지를 고민할 필요가 없다.

BSD, System V, Sun OS, AIX, Sco Xenix 등 유닉스 (UNIX) 기반의 운영체제들은 Bell Lab의 유닉스로부터 분파되기는 했지만 개발되는 과정에서 그 차이가 너무 벌어졌기 때문에 호환성에 대한 우려가 커졌다. 이러한 문제를 해결하기 위해 유닉스 진영에서 POSIX 표준 (Portable Operating System Interface standard)를 공표했고, 이후 각 유닉스 시스템은 POSIX 표준 함수들을 제공하기 시작했으며, POSIX 표준 함수들을 이용해 구현된 응용 프로그램은 이를 지원하는 어떤 UNIX 시스템에서도 큰 문제 없이 포팅되어 수행할 수 있게 되었다. POSIX 표준을 따라 만든 함수 명세서를 POSIX API (Application Programming Interface)라고 한다. 현재 POSIX 표준의 최신 버전은 IEEE Std 1003.1-2017이다 [1].

POSIX 표준에서 API를 구성하는 함수들을 어떻게 구현할지는 지정하지 않았기 때문에 각 운영체제 개발자들이 자신들의 운영체제를 기반으로 POSIX API들을 제공한다. POSIX API의 중심은 시스템 콜이다. 프로그래머는 시스템 콜을 안다면 그 시스템에서 수행되는 프로그램을 작성할 수 있다. 물론, 프로그래밍의 편의를 위해 C standard library를 만들어 사용할 수 있지만, 이들도 시스템 콜을 사용하여 구현된다. 따라서, POSIX API의 시스템 콜을 기반으로 만들어진 프로그램 소스는 POSIX 표준을 따르는 운영체제에서 컴파일되고 수행될 수 있다.

리눅스에서는 시스템 콜을 syscall이라고 부르며 시스템 콜에 따라 0개 이상의 인자를 받는다. 시스템 콜의 반환값 타입은 항상 long int인데, 보통 정상적이면 0이고 오류가 발생하면 음수 값이다. 이 음수 값은 보통 오류 코드에 -1을 곱한 값인데, 전역 변수인

errno에도 오류 코드가 기록되며, perror() 함수를 사용해서 문자열 형태의 오류 메시지를 받을 수 있다. 그림 50는 getpid syscall을 커널이 지원하기 위해 정의된 형태를 보여준다.

```
SYSCALL_DEFINE0(getpid)
{
        return task_tgid_vnr(current);
}
```

그림 50 syscall getpid 정의 (kernel/sys.c)

그림 50의 SYSCALL_DEFINE0는 매크로로서 64-bit ARM의 경우 선언문이 아래와 같이 변경된다.

```
asmlinkage long __arm64_sys_getpid(void);
```

4.2 ARM 리눅스의 시스템 콜 처리 과정

리눅스의 각 syscall에는 고유 번호가 할당되며 태스크가 그 시스템 콜을 호출하면 그 고유 번호를 통해 해당 시스템 콜을 처리하는 함수를 찾게 된다. 고유 번호에 따른 시스템 콜의 매핑은 asm/unistd.h에 선언된 sys_call_table[ ]을 통해 이루어진다. sys_call_table은 syscall 함수들의 목록을 담고있는 배열로서 64-bit ARM의 경우 arch/arm64/kernel/sys.c에 아래와 같이 선언된다.

```
const syscall_fn_t sys_call_table[__NR_syscalls] = {
    [0 ... __NR_syscalls-1] = __arm64_sys_ni_syscall,
};
```

이 배열의 초기값은 __arm64_sys_ni_syscall()이라는 더미 함수이며 이 함수는 -ENOSYS라는 에러 코드를 반환하는 기능만 수행한다. 시스템이 부팅되는 과정에서 이 배열에 각 번호에 해당하는 syscall 처리 함수들의 포인터가 할당된다. 예를 들어, getpid()에 해당하는 함수는 다음과 같이 할당된다.

```
sys_call_table[20] = __arm64_sys_getpid;
```

사용자 태스크가 getpid() syscall을 호출하면 ARM CPU의 경우 r7 레지스터에 20을 넣고 어셈블러 "svc #0"을 호출한다. 이 명령이 실행되면 소프트웨어 예외가 발생해서 그림 51의 SGI 분배기 (Software Generated Interrupts Distributor)가 GIC (Generic Interrupt Controller)에게 예외가 발생했음을 알린다. GIC는 사용 가능한 CPU를 선택한 뒤 그 CPU의 CPU Interface에게 예외 처리를 요청한다. 해당 CPU는 커널 모드로 변경되고 sys_call_table[r7]()을 호출한다.

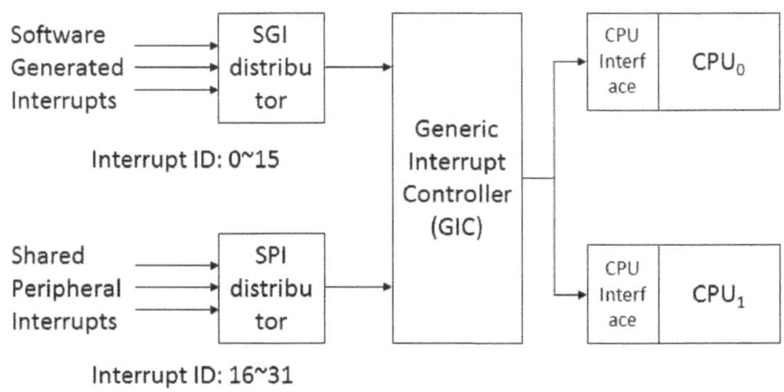

그림 51 ARM 프로세서의 인터럽트 처리 구조

sys_call_table[r7]()와 동일한 __arm64_sys_getpid()가 실행되면 그 결과가 r0 레지스터에 저장되어 반환된다. getpid() 함수 내에서는 r0의 값을 반환함으로써 syscall이 완료된다.

4.3 시스템 콜의 안전성

시스템 콜은 모든 사용자 태스크들의 요청을 처리하는 위치이므로 정상적인 호출뿐만 아니라 실수로 인해 잘못된 값이라든지 악의적으로 시스템을 엿보거나 망가트리기 위한 값들을 인자로 받을 가능성이 크다. 이 때문에 시스템 콜은 인자들을 엄격히 검사해야 한다. 시스템 콜이 진행하는 핵심 검사 중 두 가지에 대해 다뤄보도록 하자. 첫 번째는 포인터 인자의 유효성과 범위를 확인하는 것이고, 두 번째는 이 함수에 대한 요청에 적합한 자격을 가졌는지를 검사하는 것이다.

첫 번째인 포인터 인자의 유효성은 커널 영역에 대한 포인터일 경우에 접근할 수 있는 영역인지, 그리고 접근할 수 있더라도 원하는 동작이 허락되는지 확인해야 한다. 예를 들어, 읽기만 가능한 영역에 쓰기를 시도하는 경우는 허락되지 않는 동작이므로 더 이상의 작동이 진행되지 않게 한다. 인자인 포인터가 접근 가능한 범위를 확인한 후 그 범위를 벗어나는 경우에는 다음 동작을 제어해야 한다. 사용자 영역의 경우, 가상 공간을 사용하더라도 접근하지 않아야 하는 영역이 있다. 예를 들어, 가상 메모리의 상위 영역에 할당받은 커널 공간이 이에 해당한다. 커널의 대부분 함수는 더는 진행하지 않고 에러 코드를 반환하는 정도로 제어한다. 이는 사용자 영역에서 수행되는 태스크가 범위를 벗어난 메모리에 접근했을 때 그 태스크를 종료시키는 것과 비교하면 상당히 온화한

```
SYSCALL_DEFINE2(sethostname, char __user *, name, int, len)
{
    int errno;
    char tmp[__NEW_UTS_LEN];

    if (!ns_capable(current->nsproxy->uts_ns->user_ns,
                    CAP_SYS_ADMIN))
        return -EPERM;

    if (len < 0 || len > __NEW_UTS_LEN)
        return -EINVAL;
    errno = -EFAULT;
    if (!copy_from_user(tmp, name, len)) {
        struct new_utsname *u;

        down_write(&uts_sem);
        u = utsname();
        memcpy(u->nodename, tmp, len);
        memset(u->nodename + len, 0, sizeof(u->nodename) - len);
        errno = 0;
        uts_proc_notify(UTS_PROC_HOSTNAME);
        up_write(&uts_sem);
    }
    return errno;
}
```

그림 52 sys_sethostname() syscall 처리함수의 일부 (kernel/sys.c)

처리 방식이다.

두 번째인 적합한 자격 검사는 ns_capable(flag) 함수를 이용한다.

```
bool ns_capable(struct user_namespace *ns, int cap)
```

이 함수는 현재 namespace에서 이 태스크가 flag에 해당하는 작업을 수행할 자격이 있는지 확인하여, 있는 경우 0이 아닌 값을 반환하고 없는 경우 0을 반환한다. 두 번째 인자인 cap은 capability를 말하는 것으로 현재 함수를 수행하려는 주체의 능력을 말하며 해당 함수와 연관된 능력을 사용한다. Capability의 종류는 include/uapi/linux/capability.h에 열거되어 있다.

Namespace란 가벼운 가상화 (lightweight virtualization) 기술 중 하나로서 고립된 사용환경 하나를 의미한다. 보통 가상화라면 컴퓨터 하드웨어를 가상화하여 그 위에 다양한 운영체제를 올릴 수 있는 기능이지만 namespace는 동일한 운영체제 위에 다른 사용환경을 제공한다. 한 사용환경에 있는 태스크는 다른 사용환경에 있는 태스크를 인식할 수는 있지만 다른 hostname을 가진 컴퓨터에 있는 태스크로 인식하거나 (UTS namespace), 서로 다른 파일 시스템상에 있는 태스크로 인식 (NS namespace) 하도록 설정할 수 있다. Docker가 대표적인 namespace의 일종이다. 그림 52의 6 ~ 7째 줄은 sys_sethostname() 시스템 콜 함수에서 ns_capable() 함수를 통해 flag인 current->nsproxy->uts_ns->user_ns에 CAP_SYS_ADMIN capability가 있는지를 확인한다. CAP_SYS_ADMIN는 시스템 관리를 위한 다양한 능력들을 포함한다.

4.4 인터럽트 문맥

사용자 태스크가 시스템 콜을 요청하여 커널에서 시스템 콜 코드가 수행 중이면 이때 커널은 '프로세스 문맥 (process context)에 있다'고 한다. 태스크에게 있어서 문맥 (context)은 일반 레지스터와 스택 포인터 (sp)나 프로그램 카운터 (pc)를 포함하는 특별 레지스터들을 말한다. 이 중 스택 포인터는 사용자 공간에서 수행될 때와 시스템 콜에 의해 커널 공간에서 수행될 때가 다르다. 태스크가 사용자 공간에서 수행될 때는 해당 태스크에게 할당된 스택 공간에서 top의 위치를 가리키지만, 시스템 콜에 의해 커널 공간으로 이동하면 사용자 공간의 스택은 사용할 수 없다. 따라서, 커널에서 실행되는 코드를 위해 *커널 스택* (kernel stack)을 제공한다. 태스크마다 사용자 공간에서 스택이 있듯이 커널 공간에도 스택이 존재한다. 결국, 커널 스택은 현재 태스크의 개수만큼 있다.

시스템 콜이 수행되면 그 시스템 콜의 코드는 시스템 콜을 호출한 태스크의 커널 스택을 사용한다. 따라서, 커널 코드가 프로세스 문맥에 있는 경우에는 그 태스크에 지정된 커널 스택을 사용하고 그 태스크의 task_struct 구조체에 current라는 포인터를 사용하여 접근할 수 있다. 또한, 안전 상태라면 블록 되거나 선점될 수 있다. 시스템 콜이 끝나게 되면 시스템 콜의 남은 코드를 거쳐 사용자 공간의 태스크로 복귀한다. 사용자 공간의 태스크에 있을 때도 프로세스 문맥에 있다고 부른다. 반면 인터럽트가 발생해서 인터럽트 핸들러에 해당하는 커널 코드가 수행 중이면 '인터럽트 문맥 (interrupt context)에 있다'고 한다. 이 경우 지금 상태에 해당하는 태스크가 없으므로 함수 호출 시 태스크의 커널 스택을 사용할 수 없고 현재 CPU를 위해 할당한 *CPU 스택* (CPU stack)을 사용한다. CPU 스택은 CPU마다 하나씩 할당된다.

4.5 시스템 콜 제작의 문제점

디바이스 드라이버 제작자 입장에서 디바이스에게 서비스를 요청하고 그 결과를 받는 방법으로 시스템 호출을 생각할 수 있다. 하지만 이 방법은 다음의 문제점을 가지고 있다.

- 다른 하드웨어나 다른 리눅스 배포판마다 시스템 호출을 등록하고 지원해야 한다. 하드웨어와 배포판이 다양해질수록 개발과 관리에 큰 비용이 소모된다.
- 리눅스 커널의 버전이 바뀌면 새로 시스템 콜을 추가해야 한다. 버전이 바뀌면 시스템 콜을 추가하기 위한 파일들과 그 위치가 변경될 가능성이 크다. 이런 비용을 줄이려면 공식적으로 번호를 할당받아야 한다. 많은 수의 시스템 콜은 커널의 유지 관리를 어렵게 하므로 커널 개발의 주관자는 시스템 콜의 추가를 좋아하지 않는다.

이에 대한 대안으로 제안된 것이 장치 파일이다. 디바이스 드라이버 개발자는 자신이 담당하는 디바이스를 파일처럼 접근할 수 있도록 wrapper와 core 함수들을 구현하고 장치 파일을 작성한다. 프로그래머에게 제공하는 API는 open()이나 ioctl() 같은 시스템 콜을 바탕으로 만들 수 있다. 2.2장에서 디바이스 드라이버를 만들고 이에 대한 read()와 write() 시스템 콜을 작성하였다. 대부분의 디바이스 드라이버는 입력과 출력에 의해 동작한다. 로봇 팔과 같이 행동을 취하는 디바이스는 write()를 통해 명령을 내릴 수 있으며, 센서 디바이스는 read()를 통해 센서 데이터를 읽을 수 있다. 새로운 디바이스를 시스템에 올리려는 개발자가 해야 할 일은 이러한 시스템 콜을 포함한 디바이스 드라이버 모듈을 작성하고, 이 디바이스를 대표하는 디바이스 파일을 만드는 것이다.

참고문헌

[1] The Open Group Base Specifications Issue 7, 2018 edition, IEEE Std 1003.1-2017, https://pubs.opengroup.org/onlinepubs/9699919799/

제4장 연습문제

4-1. uapi/linux/capability.h 파일을 코멘트들을 조사하여 CAP_SYS_ADMIN capability가 어떤 능력을 포함하고 있는지 열거하시오. 또한 CAP_SYS_BOOT capability가 가진 능력도 열거하시오.

4-2. 디바이스 드라이버 모듈을 insmod를 사용하여 삽입할 때, 모듈의 초기화 함수는 여러 가지 함수를 호출한다. 즉, 스택을 사용하고 있다는 것인데, 이 스택은 어떤 스택인가? 그리고 이 모듈의 초기화 함수는 어떤 문맥에서 실행되나?

제5장 인터럽트

5.1 인터럽트 처리 구조

인터럽트 (interrupt)는 보통 하드웨어인 디바이스 컨트롤러가 발생한 요청을 처리하기 위해 수행 중이던 태스크를 잠시 중단하고 하드웨어 요청을 처리한 뒤 원래 태스크로 복귀하는 메커니즘이다. ARM 프로세서는 그림 51과 같이 하드웨어에서 발생하는 인터럽트, 소프트웨어에서 발생하는 시스템 콜, 그리고 예외를 모두 Generic Interrupt Controller (GIC)를 통해 인터럽트로 처리한다. 소프트웨어에서 발생하는 인터럽트들은 0에서 15 사이의 값을 CPU interface에게 전달하며 하드웨어에서 발생하는 인터럽트들은 16에서 31 사이의 값을 전달함으로써 어떤 형태의 인터럽트가 발생했는지를 CPU에게 알린다.

ARM 프로세서는 그림 51과 같은 구조로 인터럽트를 처리한다. GPIO와 같은 하드웨어에서 발생하는 인터럽트는 Shared Peripheral Interrupt (SPI)의 일종이며, SPI distributor (SPI 분배기)를 통해 수집된다. 하드웨어마다 interrupt ID가 있으며 하드웨어 인터럽트가 발생할 때 이 값이 GIC에게 전달된다. GIC는 ARM 컴퓨터 구조에서 인터럽트를 모아 CPU에게 전달하는 역할을 한다. GIC는 이 ID를 기반으로 어떤 CPU에게 인터럽트를 전달할지 결정한다. 인터럽트가 한 CPU core에 전달되면 그 인터럽트는 마스크 (mask)되어 다시 인터럽트가 발생해도 계류 (pending) 상태가 된다. 그 인터럽트가 인터럽트 핸들러에 의해 처리가 끝나면 계류 상태가 풀리게 된다.

인터럽트를 전달받은 CPU는 interrupt ID와 예외 레벨 (exception level)의 종류에 따라 정해진 예외 코드 또는 인터럽트 핸들러를 수행한다. 리눅스에서는 각 인터럽트 핸들러마다 IRQ action이라는 연결리스트를 둔다. 이 연결리스트의 각 노드는 해당 인터럽트가 발생했을 때 수행되어야 하는 함수를 가지키는 포인터를 가진다. ARM CPU에서는 소프트웨어가 발생시키는 인터럽트와 하드웨어가 발생시키는 인터럽트를 통틀어 예외 (exception)이라 부른다. 소프트웨어 인터럽트는 시스템 콜을 부를 때 주로 발생하지만 잘못된 명령어를 수행하거나 메모리에 대해 허가되지 않은 접근이 시도될 때도 발생한다. 그림 51처럼 소프트웨어 인터럽트는 SGI 분배자가 인터럽트 컨트롤러 (Generic Interrupt Controller, GIC)에게 보내며 하드웨어 인터럽트는 SPI 분배자가 인터럽트 컨트롤러에게 보낸다.

한 사용자 태스크가 실행 중일 때 인터럽트가 발생하면 추가 인터럽트가 금지되고 스택 포인터 (sp)와 같은 레지스터들이 저장된다. 다시 인터럽트가 가능해지고 IRQ (Interrupt Request) handler가 이 인터럽트의 값에 따라 적합한 함수를 호출한다. 이들 함수가 수행될 동안에는 다시 인터럽트가 발생할 수 있어서 ARM 프로세서는 nested interrupt를 지원한다. 함수 수행이 끝나면 다시 인터럽트가 금지되고 레지스터들이 복구된다. 이를 그림으로 표현하면 그림 53와 같다. 현재 리눅스에서는 FIQ (Fast Interrupt reQuest) 인터럽트만 nested interrupt가 될 수 있다. FIQ는 우선순위가 높은 인터럽트 요청인데, FIQ로 설정된 인터럽트는 기본적으로는 제공되지 않는다. 하지만, 디바이스 드라이버 개발자는 자신의 인터럽트를 FIQ로 등록할 수 있다. 인터럽트 자체가 빠른 처리를 해야 하므로 FIQ로 등록된 인터럽트는 처리 시간이 길지 않도록 설계되어야 한다.

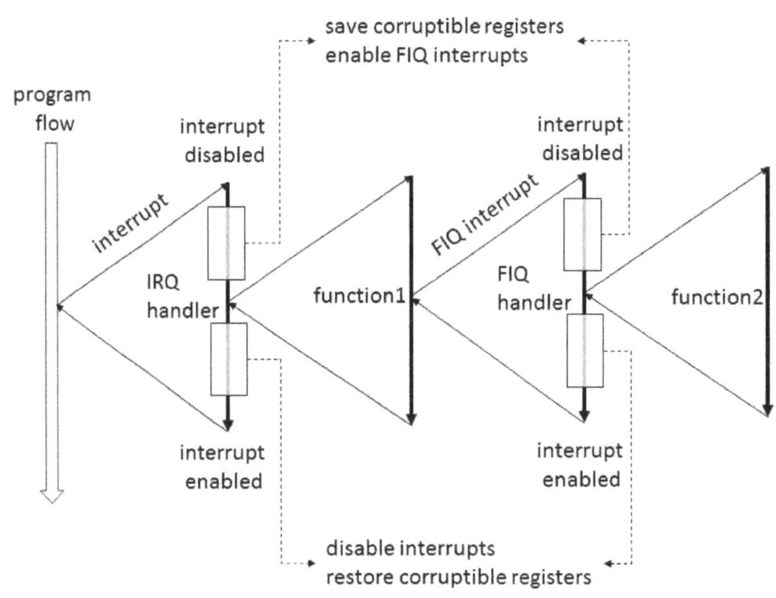

그림 53 ARM 프로세서의 nested interrupt

5.2 인터럽트 핸들러

인터럽트 핸들러 (interrupt handler)는 인터럽트를 처리하는 함수이며 그림 53의 IRQ handler와 FIQ handler가 이에 해당한다. ARM 프로세서에는 인터럽트 벡터 (interrupt vector)가 16개의 인터럽트 핸들러 코드를 담고 있다. 핸들러 코드를 담을 수 있는 공간의 크기가 정해져 있어서 실제 인터럽트가 처리되는 함수를 부르는 작업을 이 핸들러 코드가 수행한다. 따라서 인터럽트 벡터에 있는 코드들은 IRQ / FIQ handler라고 부르고, 이들이 호출한 함수를 *인터럽트 핸들러*라고 부르기로 한다.

인터럽트 핸들러는 인터럽트 문맥 (interrupt context)에서 실행되므로 현재 할당된 CPU의 CPU 스택을 사용한다. 인터럽트 핸들러는 커널 스레드보다 우선순위가 높으므로 이들에 의해 선점이 발생하지는 않는다. 인터럽트 핸들러의 우선순위를 높게 주는 이유는 인터럽트 핸들러가 하드웨어의 요청을 빨리 처리해야 그 하드웨어가 다음 요청을 보낼 수 있기 때문이다. 인터럽트 핸들러가 수행되는 동안 그 인터럽트에 해당하는 하드웨어는 요청을 보낼 수 있지만 계류 상태가 된다. 그 하드웨어가 네트워크 어댑터라면, 계류 상태에서 다음 네트워크 패킷이 도착할 수 있고 그 패킷은 처리되지 못하고 분실된다.

그런데, 네트워크 디바이스의 요청을 처리하는 인터럽트 핸들러는 상당히 많은 작업을 수행해야 하므로 다른 인터럽트 핸들러처럼 짧은 시간 내에 작업을 마칠 수 없다. 예를 들어, 네트워크 디바이스의 인터럽트 핸들러가 네트워크 패킷을 받으면 패킷을 받았다는 승인 (acknowledgement)을 디바이스에게 보내고, 받은 네트워크 패킷에서 헤더 정보를 읽어 올바른 패킷인지 확인해야 하며, 헤더와 꼬리 정보를 걷어낸 알맹이 정보를 사용자 태스크의 메모리나 프로토콜 스택 (protocol stack)으로 옮겨야 한다. 만약 이들 패킷이 여러 데이터가 나눠어 보내진 것이라면 순서를 맞추어 통합하는 작업을 수행할 수도 있다. 이러한 작업을 인터럽트 핸들러에서 모두 수행하면 네트워크 디바이스의 계류로 인해 다음 패킷이 손실될 가능성이 커진다.

이런 문제를 해결하기 위해서 리눅스에서는 인터럽트 핸들러가 모두 처리하기 어려운 분량의 작업을 두 부분으로 나누어 앞쪽은 인터럽트 핸들러가, 뒤쪽은 후반부 처리 (bottom half)가 담당한다. Bottom half에 대응되는 용어로 인터럽트 핸들러를 top half라고도 부른다. 리눅스에서 후반부 처리는 softirq, tasklet, 그리고 work queue와 같이 세 가지 중의 한 방법으로 수행된다. 후반부 처리에 대해서는 다음 장에서 자세히 다룬다.

디바이스 드라이버 제작자가 자신의 디바이스를 리눅스 시스템에 연결할 때 어떤 하드웨어 인터페이스를 사용할지를 결정한다. 대표적인 하드웨어 인터페이스는 USB이며 라즈베리파이와 같은 시스템에는 GPIO와 MIPI-DSI/CSI도 많이 사용된다. 디바이스의 인터페이스가 결정되면 인터페이스의 요청을 인터럽트로 등록하고 irq 번호를 받아야 한다. 인터페이스마다 인터럽트 등록용 irq 번호를 발급하는 함수가 표 7에 소개되어 있다.

디바이스 인터페이스	irq 번호 발급 함수	헤더 파일
GPIO	gpio_to_irq()	linux/gpio.h
MIPI-CSI	devm_request_irq()	linux/interupt.h
USB	platform_get-irq()	linux/platform_device.h

표 7 irq 번호를 얻기 위한 디바이스 함수 목록

새로운 디바이스의 요청을 처리하는 인터럽트 핸들러를 작성하기 위해서는 정해진 타입의 함수로서 선언하고 정의해야 한다. 다음 타입을 가진 인터럽트 핸들러 함수를 정의한다.

```
static irqreturn_t (*irq_handler_t) (int irq, void *dev);
```

이 함수의 반환값과 인자들의 의미는 다음과 같다.

- 반환값: irqreturn_t 타입은 다음의 두 가지 값을 가진다.
  - IRQ_NONE: 핸들러와 디바이스가 맞지 않는 경우 에러로서 출력한다. 디바이스 개발자는 미리 상수와 조건문을 이용하여 해당 디바이스로부터의 요청인지 확인하고 그렇지 않으면 이 값을 반환한다.
  - IRQ_HANDLED: 디바이스가 핸들러와 맞으며 제대로 구성되었으면 이 값을 반환한다.
- irq: 핸들러가 처리할 인터럽트 irq 번호다. Linux kernel v2.0 이하일 때는 장치 구분을 위해 사용했다.
- dev: 인터럽트 핸들러를 request_irq() 함수를 이용하여 등록할 때 5번째 인자로 사용하던 포인터와 같은 값이다. 보통 디바이스의 한 자료구조를 가리키는 포인터를 사용한다.

하나의 irq 번호에는 여러 개의 인터럽트 핸들러가 매핑될 수 있다. 이때 해당 irq 번호의 인터럽트가 발생하면 이 인터럽트 핸들러들이 순서대로 수행된다. 한 인터럽트 핸들러가 수행되는 동안 같은 코드의 인터럽트 핸들러가 기존 인터럽트 핸들러를 선점하고 CPU를 차지하는 일은 발생하지 않으므로 인터럽트 핸들러를 재돌입 (reentrancy)이 보장되도록 작성할 필요는 없다. 또한, 인터럽트 핸들러가 수행되는 동안 그 irq 번호에 해당하는 디바이스는 계류되므로 다른 CPU에서 같은 인터럽트 핸들러가 수행되지도 않는다. 여기서 재돌입이 보장된다는 것은 한 함수가 수행되는 중간에 다른 스레드가 그 함수를 호출하여 수행을 시작하더라도 문제가 생기지 않는다는 것을 말한다. 이 함수가 지역 변수만 사용한다면 각 스레드의 스택에 있는 다른 변수를 사용하므로 문제가 발생하지 않지만, 전역 변수를 사용한다면 경쟁 상태 (race condition)가 발생할 수 있으므로 재돌입이 보장되지 않는다.

그림 89는 인터럽트 핸들러의 예제로서 HP에서 만든 HIL 키보드 드라이버를 위한 인터럽트 핸들러 hil_interrupt()이다. 인자들을 체크하는 코드는 없고 하드웨어 코어 함수들로부터 키보드 정보를 얻어 데이터를 처리한다.

```
static irqreturn_t hil_interrupt(int irq, void *handle)
{
    unsigned char s, c;

    s = hil_status();
    c = hil_read_data();

    switch (s >> 4) {
    case 0x5:
        handle_status(s, c);
        break;
    case 0x6:
        handle_data(s, c);
        break;
    case 0x4:
        hil_dev.s = s;
        hil_dev.c = c;
        mb();
        hil_dev.valid = 1;
        break;
    }
    return IRQ_HANDLED;
}
```

그림 54 HP HIL 키보드 드라이버의 인터럽트 핸들러 (drivers/input/ keyboard/hilkbd.c)

자신의 디바이스에 대응되는 irq 번호를 얻었고, 인터럽트 핸들러가 정의되었으면 아래의 request_irq() 함수를 통해 인터럽트 핸들러를 irq 번호에 등록할 수 있다. 이 함수는 include/linux/interrupt.h에 선언되어 있다.

```
static inline int __must_check
request_irq(unsigned int irq, irq_handler_t handler, unsigned long flags,
            const char *name, void *dev);
```

여기서 __must_check는 컴파일러에게 이 함수의 반환값이 검사되는지 체크해서 그렇지 않을 경우 경고 메시지를 출력하도록 하는 GCC의 키워드이다. request_irq() 함수의 반환값과 인자들의 의미는 다음과 같다.

- 반환값: 성공했을 때 0을 반환하며 오류인 경우 음수의 에러 코드를 반환한다. 많이 발생하는 에러로는 -EBUSY가 있다. 이는 다른 인터럽트 핸들러가 이미 등록한 irq 번호를 시도할 때 IRQF_SHARED 플래그를 사용하지 않았거나, 이미 등록한 인터럽트 핸들러가 irq 번호를 공유하고 싶지 않을 때 발생하는 에러이다.
- irq: 표 7에 나열된 함수들로부터 얻은 irq 번호를 여기에 사용한다.
- handler: 108쪽에 프로토타입이 있는 irq_handler_t 타입의 인터럽트 핸들러
- flags: 0이거나 다음 플래그들의 조합으로 구성된다.
    - IRQF_DISABLED: 이 플래그는 이 인터럽트 핸들러가 실행되는 동안 모든 인터럽트를 비활성화한다. 매우 빨리 완료되어야 하는 작업을 수행하는 경우에 사용한다.
    - IRQF_SAMPLE_RANDOM: 난수를 사용하는 목적은 현재까지 생성된 수열이 주어질 때 다음에 나올 수를 예측할 수 없게 하는 것이다. 하지만 유사 난수 생성기 (pseudo random number generator)를 사용하면 얼핏 보면 난수 같지만 프로그램 코드로 생성하기 때문에, 동일한 프로그램 코드를 가지고 있고 난수 시드 (random number seed)를 알고 있다면 동일한 난수 수열을 생성할 수 있어서 다음 수를 예측할 수 있다. 이런 상황을 꼭 피하고 싶을 때는 순수한 난수 (truly random)를 써야 하는데, 그러한 난수를 생성할 수 있는 것이 전자 신호의 잡음이나 사람이 키보드나 마우스를 통해 입력할 때의 그 시간 간격이다. 리눅스는 이러한 값들을 엔트로피 풀 (entropy pool)에 모아두고 재현이 필요 없는 난수를 사용할 때 이 엔트로피 풀에서 난수를 꺼내 사용한다. 이 플래그는 디바이스가 발생시킨 인터럽트 관련 난수 데이터를 리눅스 커널의

엔트로피 풀에 저장할 수 있도록 한다.

- ○ IRQF_TIMER: 이 인터럽트를 타이머 인터럽트로 사용하겠다는 것을 알린다.
- ○ IRQF_SHARED: 해당 irq 번호는 여러 인터럽트 핸들러가 공유할 수 있다는 것을 알린다. 첫 번째로 이 irq 번호에 이 플래그로 등록하는 인터럽트 핸들러가 있다면 이후에 같은 번호로 등록하는 인터럽트 핸들러는 이 플래그를 사용해야 한다. 첫 번째 인터럽트 핸들러가 이 플래그를 사용하지 않으면 다른 인터럽트 핸들러는 더는 해당 irq 번호로 등록할 수 없다.
- ○ IRQF_TRIGGER_RISING: 디바이스의 전기 신호가 0에서 높은 값 (예를 들어, 5V)으로 바뀌었을 때 인터럽트를 발생시키도록 한다.
- ○ IRQF_TRIGGER_FALLING: 디바이스의 전기 신호가 높은 값에서 0으로 바뀌었을 때 인터럽트를 발생시키도록 한다.
- ○ IRQF_TRIGGER_HIGH: 디바이스의 전기 신호가 높은 값일 동안에 인터럽트를 발생시키도록 한다. 이 플래그가 사용되는 경우는 한번 누를 때 전기가 통했다가 바로 끊어지는 스위치나 스파크가 튈 때 인터럽트를 호출하고 싶다면 사용한다.
- ○ IRQF_TRIGGER_LOW: 디바이스의 전기 신호가 낮은 값일 동안에 인터럽트를 발생시키도록 한다. IRQF_TRIGGER_HIGH와 마찬가지로 대부분 신호가 높은 값이고 짧은 시간 동안만 낮은 값이 될 때 인터럽트를 발생시킬 때에 사용한다.

- name: 디바이스의 이름을 문자열로 기입한다. 이 이름은 사용자가 디바이스를 구분할 수 있도록 해주며, ‘cat /proc/interrupts’ 명령을 사용했을 때 각 irq 번호에 등록된 인터럽트의 이름으로 출력된다.
- dev: irq 번호를 여러 인터럽트 핸들러가 공유하는 경우에, 해당 인터럽트만을 삭제한다면 그 인터럽트를 다른 공유 중인 인터럽트와 구분할 방법이 필요하다. 이 포인터는 irq 번호를 공유하는 인터럽트들을 구분하기 위해 사용한다. 보통 디바이스 드라이버의 한 자료구조에 대한 포인터를 이 인자로 설정한다. 이렇게 함으로써 다른 디바이스 드라이버의 자료구조 포인터와 겹칠 일이 없어진다. 이 인자는 인터럽트 핸들러를 제거하는 용도뿐만 아니라 108쪽과 같이 인터럽트 핸들러를 호출하는 경우에도 사용한다. 인터럽트 핸들러를 공유하지 않으면 NULL을 사용한다.

다음 코드는 request_irq() 함수를 사용하는 예를 보여준다.

```
ret = request_irq(button, hil_interrupt, IRQF_TRIGGER_RISING,
                  "mybutton", NULL);
if(ret) {
    printk(KERN_INFO "Request IRQ is failed: %d₩n", ret);
    goto fail2;
}
```

Irq 번호는 미리 발급받아 변수 button에 저장된 값을 사용하였고, 이 번호로 인터럽트가 발생했을 때 실행되는 인터럽트 핸들러는 hil_interrupt() 함수로 등록하였다. 플래그는 IRQF_ TRIGGER_RISING으로 설정하였으므로 버튼을 누른 경우 인터럽트가 발생하도록 하였고, IRQF_SHARED가 없으므로 다른 인터럽트 핸들러와 botton irq 번호를 공유하지 않겠다는 것을 의미한다. 따라서 마지막 인자도 핸들러를 구분할 필요가 없어서 NULL로 설정했다. 인터럽트 핸들러의 이름은 "mybutton"으로 제시한다. 반환값은 ret 변수로 받았으며 0이 아닌 경우 에러 코드를 커널 메시지 버퍼에 출력한다.

인터럽트 핸들러를 사용하던 디바이스 모듈이 추출될 때는 등록한 인터럽트 핸들러를 해제한다. 이를 위해 사용하는 함수는 아래의 free_req()이며 include/linux/interrupt.h에 선언되어 있다.

```
void *free_irq(unsigned int irq, void *dev);
```

이 함수에서 첫 번째 인자인 irq는 인터럽트 핸들러가 매핑된 irq 번호이며, 두 번째 인자인 dev 포인터는 110쪽의 request_irq() 함수의 다섯 번째 인자로 irq 번호를 공유하는 인터럽트 핸들러를 구분하기 위한 포인터이다. Irq 번호를 공유하지 않으면 NULL을 넣으면 된다.

5.3 인터럽트 처리 과정

이제 인터럽트가 처리되는 과정을 보도록 하자. 하드웨어 인터럽트가 발생하면 asm_do_IRQ() 함수가 호출되며 다음과 같이 함수 호출이 발생한다.

```
asm_do_IRQ(irq, )
    └ handle_IRQ(irq, )
    └ __handle_domain_irq( , irq, , )
```

└ generic_handle_irq(desc)
└ generic_handle_irq_desc(desc)
└ desc->handle_irq(desc)

각 irq 번호마다 이를 관리하는 구조체인 struct irq_desc가 있으며 __handle_domain_irq() 함수에서 각 irq 번호에 대응되는 irq_desc 구조체의 포인터인 desc를 넘겨준다. irq_desc 구조체에는 IRQ action 리스트인 action 필드와 handle_irq() 함수가 있다. desc->handle_irq() 함수는 action 필드에 등록된 action 작업들, 즉 등록된 인터럽트 핸들러들을 순서대로 수행한다.

5.4 인터럽트 핸들러를 사용하는 디바이스 드라이버 제작

5.4.1 제작할 디바이스 드라이버 개요

GPIO로 연결된 버튼을 누를 때마다 내부 변수의 값을 1 증가시키는 인터럽트 핸들러를 가진 디바이스 드라이버를 라즈베리파이에 구현해보도록 한다. 이 디바이스 드라이버는 한 캐릭터 장치 파일 /dev/mydrv와 연동한다. 응용 태스크가 이 장치 파일에 한 워드 (4 byte) 크기의 읽기 (read)를 수행하면 이 태스크는 대기 상태에 들어간다. 즉, 이 응용 태스크는 runqueue에서 나오고 TASK_INTERRUPTIBLE 형태로 디바이스 드라이버가 관리하는 wait queue에 wait 구조체로서 저장된다. 여러 개의 태스크가 실행되면 마찬가지로 이 wait queue에 삽입되어 대기 상태가 된다. 이 read() 시스템 콜은 이름만 read이지 무조건 대기 상태가 되는 함수라고 볼 수 있다. 이 대기 상태를 깨워주는 것이 GPIO로 연결된 버튼이다. 버튼을 눌렀을 때 대기 상태의 태스크가 없으면 내부 변수의 값을 1 증가시키기만 하고, 대기 상태의 태스크가 있으면 그중 하나를 깨우면서 그 태스크의 변수에 내부 변수값을 카피한다.

디바이스 드라이버를 만들면 컴파일하여 모듈 파일을 만들고 적재한다. 적재했을 때의 캐릭터 디바이스 번호를 확인하여 캐릭터 장치 파일 /dev/mydrv를 만든다. 구현한 디바이스 드라이버를 테스트하기 위해 응용프로그램을 만들어 사용자 태스크로 디바이스 드라이버를 사용한다.

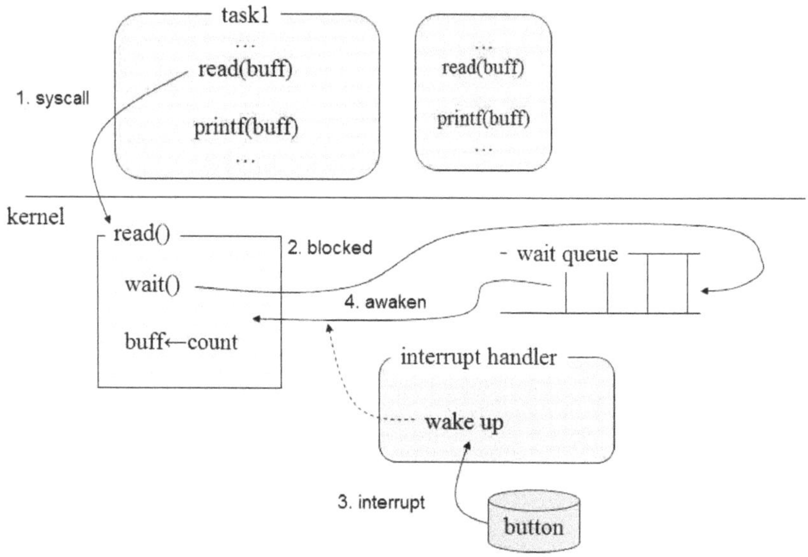

그림 55 인터럽트 핸들러를 포함한 디바이스 드라이버와 사용자 태스크

5.4.2 드라이버 구조

디바이스 드라이버와 사용자 태스크들은 그림 55와 같은 구조로 구성된다. 사용자 태스크가 read() 시스템 콜을 요청하면 (단계 1) 시스템 콜을 수행하는 커널에서 대기 상태가 되어 wait queue에 저장된다 (단계 2). 버튼이 눌려 인터럽트가 발생하면 (단계 3) 인터럽트 핸들러가 wait queue에 있는 태스크를 깨운다 (단계 4).

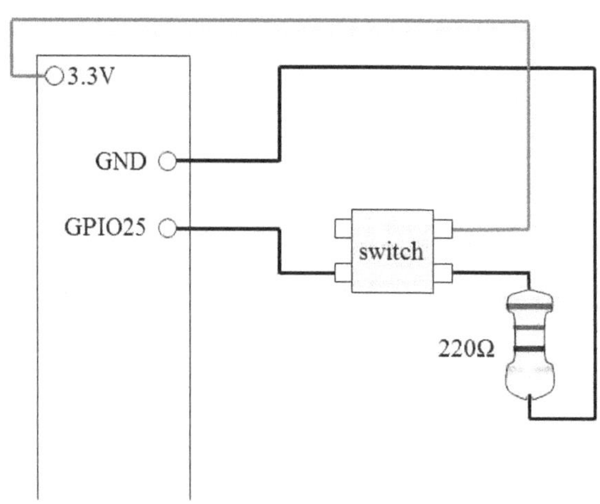

그림 56 버튼 스위치와 라즈베리파이의 GPIO 구성

라즈베리파이의 버튼 스위치는 그림 56와 같이 구성할 수 있다. 전압이 곧바로 그라운드로 가서 회로에 손상이 가는 것을 막기 위해 220Ω 저항을 연결한다.

5.4.3 GPIO 컨트롤

라즈베리파이의 리눅스 커널에서 GPIO를 컨트롤하는 방법들이 몇 가지가 있다. 우선 하나의 GPIO 핀에 이름을 부여하고 해당 핀을 설정하는 방법으로 보도록 하자. 아래의 gpio_request_one() 함수는 한 GPIO 핀에 대해 초기 설정을 하고 이름을 부여하는 함수이다.

```
int gpio_request_one(unsigned gpio, unsigned long flags, const char *label);
```

반환값과 각 인자의 의미는 다음과 같다.

- 반환값: 수행에 성공하면 0, 실패하면 음수의 에러코드
- gpio: 설정하려는 gpio 번호
- flags: 해당 gpio 핀을 어떤 용도로 사용할지를 설정 (표 8 참고)
- label: 해당 gpio 핀에 대한 문자열로 된 명칭

이 함수를 적용한 예제는 다음과 같다.

```
err = gpio_request_one(32, GPIOF_OUT_INIT_LOW, “led1”);
```

이 예제의 의미는 32번 GPIO 핀을 출력용으로 사용하며 초기값은 low로 설정하고 이름은 “led1”로 정한다는 것이다. 사용이 끝난 GPIO 핀을 해제할 때는 include/linux/gpio.h에 선언된 아래의 gpio_free() 함수를 사용한다.

```
void gpio_free(unsigned gpio);
```

여러 개의 GPIO 핀을 사용할 때는 gpio 구조체의 배열을 사용하여 GPIO 핀 마다 irq 번호를 할당하는 방법을 사용한다. gpio 구조체는 그림 57과 같다. gpio 필드는 라즈베리파이의 GPIO 번호를 의미한다. 그림 56와 같이 구성되어 있다면 이 필드는 25의 값을 가진다. flags 필드는 이 GPIO 라인의 특성을 나타낸다. label 필드는 문자열로서 프로그래머가 이 GPIO 라인에 대해 기억하기 쉽도록 부여된 이름을 나타낸다.

표 8 GPIO 플래그 (include/linux/gpio.h)

Flag	의미
GPIOF_DIR_IN	데이터 방향을 입력용으로 사용
GPIOF_DIR_OUT	데이터 방향을 출력용으로 사용
GPIOF_INIT_LOW	데이터를 출력용으로 사용하며, 초기값을 low (0)로 설정
GPIOF_INIT_HIGH	데이터를 출력용으로 사용하며, 초기값을 high (1)로 설정
GPIOF_OPEN_DRAIN	해당 핀은 low (0) 값이 출력될 때만 활성화되고 그 외에는 출력이 고정되지 않는다.
GPIOF_OPEN_SOURCE	해당 핀은 high (1) 값이 출력될 때만 활성화되고 그 외에는 출력이 고정되지 않는다.
GPIOF_IN	해당 핀을 입력으로 사용
GPIOF_OUT_INIT_LOW	해당 핀을 출력으로 사용하되 low (0) 값으로 초기화
GPIOF_OUT_INIT_HIGH	해당 핀을 출력으로 사용하되 high (1) 값으로 초기화

```
struct gpio {
    unsigned        gpio;
    unsigned long flags;
    const char    *label;
};
```

그림 57 gpio 구조체 (include/linux/gpio.h)

다음은 gpio 구조체 배열을 초기화하는 예시이다. GPIO25 핀과 GPIO26 핀은 데이터 입력 (GPIO_IN)으로 사용하겠다는 플래그를 설정했으며 각각 "BUTTON 1"과 "BUTTON 2"의 이름을 부여하였다. gpio.h에서 제공하는 GPIO 플러그는 표 8과 같다.

```
static struct gpio buttons[] = {
  { 25, GPIOF_IN, "BUTTON 1" },
  { 26, GPIOF_IN, "BUTTON 2" },

};
```

gpio 구조체 배열은 아래의 gpio_request_array() 함수를 통해 GPIO에 설정된다.

```
int gpio_request_array(const struct gpio *array, size_t num)
```

이 함수의 반환값과 인자들의 의미는 다음과 같다.

- 반환값: 수행에 성공하면 0, 실패하면 음수의 에러 코드
- array: 내용이 채워져 있는 gpio 구조체 배열
- num: array 배열의 크기

사용이 끝난 GPIO 핀들은 다음의 gpio_free_array() 함수를 통해 반환된다.

```
int gpio_free_array(const struct gpio *array, size_tnum);
```

이 함수의 반환값과 인자들의 의미는 gpio_request_array()의 경우와 동일하다.
gpio 구조체 배열 관련 함수들을 적용시킨 예제는 그림 58과 같다.

```
1  static struct gpio leds_gpios[] = {
2      { 32, GPIOF_OUT_INIT_HIGH, "Power LED" }, /* ON */
3      { 33, GPIOF_OUT_INIT_LOW,  "Green LED" }, /* OFF */
4      { 34, GPIOF_OUT_INIT_LOW,  "Red LED"   }, /* OFF */
5      { 35, GPIOF_OUT_INIT_LOW,  "Blue LED"  }  /* OFF */
6  };
7
8  err = gpio_request_one(31, GPIOF_IN, "Reset Button");
9  if (err)
10     ...
11 err = gpio_request_array(leds_gpios, ARRAY_SIZE(leds_gpios));
12 if (err)
13     ...
14 gpio_free_array(leds_gpios, ARRAY_SIZE(leds_gpios));
```

그림 58 gpio 구조체를 이용하는 코드 예시

그림 58의 1 ~ 6째 줄에서 4개의 GPIO 핀인 32번, 33번, 34번, 그리고 35번을 모두 출력용 핀으로 사용하였다. 그중 32번 핀은 high 값으로 초기화하고 나머지는 low 값으로 설정함으로써 해당 모듈이 실행될 때 32번 핀에 해당하는 부품은 동작을 시작하고, 나머지 부품은 바로 동작하지는 않도록 한다. 8째 줄에서 31번 GPIO 핀을 단독으로 입력으로 설정하였으며, 11째 줄에서는 앞에서 선언한 gpio 구조체 배열을 설정하였다. 마지막 14째 줄에서는 필요 없어진 gpio 구조체 배열을 해제한다.

GPIO 핀의 설정이 끝나면 입력용 핀을 IRQ 번호와 매핑할 수 있다. 아래 gpio_to_

req() 함수는 GPIO 번호를 IRQ에 등록하고 사용 가능한 번호를 받는다.

```
int gpio_to_irq(unsigned gpio);
```

이 함수의 반환값과 인자의 의미는 다음과 같다.

- 반환값: 할당에 성공하면 할당한 irq 번호를, 실패하면 음수의 에러 코드를 반환한다. 할당받은 irq 번호는 request_irq()에서 사용할 수 있다.
- gpio: IRQ에 매핑하려는 GPIO 번호. 해당 GPIO 번호를 입력 (input) 관련 플래그로 설정하지 않았을 때 에러가 발생할 수 있다.

그림 59은 116쪽의 gpio 구조체 배열인 buttons[ ]의 0번째 요소를 인터럽트 핸들러인 button_irq()와 연결하는 예제 코드이다. 1째 줄에서 irq 번호를 할당받은 뒤, 8째 줄에서 그 irq 번호로 request_irq() 함수를 호출하여 두 번째 인자인 button_isr() 인터럽트 핸들러와 연결한다. request_irq() 함수의 세 번째 인자가 IRQF_TRIGGER_RISING 플래그이므로 buttons[0]에 해당하는 버튼이 눌러지면 button_isr() 인터럽트 핸들러가 실행된다.

```
1   ret = gpio_to_irq(buttons[0].gpio);
2   if(ret < 0) {
3       printk(KERN_ERR "Unable to request IRQ: %d₩n", ret);
4       gpio_free_array(buttons, ARRAY_SIZE(buttons))
5       return ret;
6   }
7   button_irqs[0] = ret;
8   ret = request_irq(button_irqs[0], button_isr,
9           IRQF_TRIGGER_RISING, "gpiomod#button1", NULL);
10  if(ret) {
11      printk(KERN_ERR "Unable to register Int. handler: %d₩n", ret);
12      gpio_free_array(buttons, ARRAY_SIZE(buttons))
13      return ret;
14  }
```

그림 59 gpio를 인터럽트 핸들러와 연결하는 예시

5.4.4 GPIO를 제어하는 디바이스 드라이버 구현

지금까지 다룬 내용을 바탕으로 GPIO 25번 핀에 버튼을, GPIO 23번 핀에 LED 램프를 연결한 라즈베리파이 시스템에서 버튼을 누르면 LED 램프가 토글되는 디바이스 드라이버를 작성해보자.

그림 60의 7 ~ 9째 줄은 LED가 연결된 GPIO 23번 핀을 설정하기 위한 gpio 구조체를 선언하고, 11 ~ 13째 줄은 버튼이 연결된 GPIO 25번 핀을 설정하기 위한 gpio 구조체를 선언한다. 18 ~ 29째 줄은 인터럽트 핸들러인 button_isr() 함수이다. 이 함수의 동

```
1   #include <linux/module.h>
2   #include <linux/kernel.h>
3   #include <linux/gpio.h>
4   #include <linux/interrupt.h>
5
6   /* Define GPIOs for LEDs */
7   static struct gpio leds[] = {
8     { 23, GPIOF_OUT_INIT_LOW, "LED 1" },
9   };
10  /* Define GPIOs for BUTTONS */
11  static struct gpio buttons[] = {
12    { 25, GPIOF_IN, "BUTTON 1" },
13  };
14
15  /* The assigned IRQ numbers for the button will be stored here */
16  static int button_irqs[] = { -1 };
17
18  static irqreturn_t button_isr(int irq, void *data)
19  {
20    int value;
21
22    value = gpio_get_value(leds[0].gpio);
23    if (value != 0)
24      value = 0;
25    else
26      value = 1;
27    gpio_set_value(leds[0].gpio, value);
28    return IRQ_HANDLED;
29  }
```

그림 60 GPIO와 인터럽트를 이용하는 디바이스 드라이버 예제 (1)

```
static int __init gpiomode_init(void)
{
    int ret = 0;

    printk(KERN_INFO "%s₩n", __func__);
    ret = gpio_request_array(leds, ARRAY_SIZE(leds));
    if (ret) {
        printk(KERN_ERR "Error to GPIOs for LEDs: %d₩n", ret);
        return ret;
    }
    ret = gpio_request_array(buttons, ARRAY_SIZE(buttons));
    if (ret) {
        printk(KERN_ERR "Error to GPIOs for BUTTONs: %d₩n", ret);
        goto fail1;
    }
    ret = gpio_to_irq(buttons[0].gpio);
    if(ret < 0) {
        printk(KERN_ERR "Unable to request IRQ: %d₩n", ret);
        goto fail2;
    }
    button_irqs[0] = ret;
    ret = request_irq(button_irqs[0], button_isr, IRQF_TRIGGER_RISING,
                      "gpiomod#button1", NULL);
    if(ret) {
        printk(KERN_ERR "Unable to request IRQ: %d₩n", ret);
        goto fail2;
    }
    return 0;

    // cleanup what has been setup so far
fail2:
    gpio_free_array(buttons, ARRAY_SIZE(leds));
fail1:
    gpio_free_array(leds, ARRAY_SIZE(leds));
    return ret;
}
```

그림 61 GPIO와 인터럽트를 이용하는 디바이스 드라이버 예제 (2)

작은 LED의 GPIO로부터 값을 읽어 0인 경우 1로, 1인 경우 0으로 바꾼다. 27째 줄은 바꾼 값을 다시 LED의 GPIO로 써서 LED의 점등 상태를 바꾼다. 이 인터럽트 핸들러는 특별히 문제가 발생할 여지가 없으므로 정상적으로 동작했다는 IRQ_HANDLED를 반환한다.

그림 61의 gpiomode_init()함수는 디바이스 드라이버 모듈이 적재되었을 때 실행된다. 이 함수에서 GPIO 핀을 설정하고 (6 ~ 15째 줄), GPIO 핀 중 인터럽트와 연관되는 핀을 IRQ 번호와 연결하며 (16째 줄), IRQ 번호에 인터럽트 핸들러를 등록한다 (22 ~ 23째 줄). 이 과정이 중간에 실패하면 이전에 수행했던 작업을 복원한다. 즉, GPIO를 설정한 뒤 GPIO 핀을 IRQ 번호에 매핑하는 과정이 실패하면 설정한 GPIO를 해제한다.

```
static void __exit gpiomode_exit(void)
{
    int i;

    printk(KERN_INFO "%s₩n", __func__);
    // free irqs
    for (i = 0; i < ARRAY_SIZE(buttons); i++)
        free_irq(button_irqs[i], NULL);

    // turn all LEDs off
    for(i = 0; i < ARRAY_SIZE(leds); i++) {
        gpio_set_value(leds[i].gpio, 0);
    }

    // unregister
    gpio_free_array(leds, ARRAY_SIZE(leds));
    gpio_free_array(buttons, ARRAY_SIZE(buttons));
}
module_init(gpiomode_init);
module_exit(gpiomode_exit);
MODULE_LICENSE("GPL");
MODULE_AUTHOR("Hansan Books");
MODULE_DESCRIPTION("Device Driver with Interrupt Example");
MODULE_INFO(intree, "Y");
```

그림 62 GPIO와 인터럽트를 이용하는 디바이스 드라이버 예제 (3)

그림 62은 디바이스 드라이버 모듈을 해제할 때 수행되는 gpiomode_exit() 함수를 보여준다. 우선 7 ~ 8째 줄에서 등록했던 IRQ들을 모두 해제하고, 11 ~ 12째 줄에서 LED 램프를 모두 끈다. 마지막으로 16 ~ 17째 줄에서 설정했던 GPIO들을 모두 해제한다.

5.4.5 read() 시스템콜 호출을 대기 상태로 만들기

디바이스나 파일로부터 값을 읽는 read() 시스템 콜은 그 디바이스가 하드웨어 작업을 끝날 때까지 기다리는 경우가 많다. 작은 크기의 하드디스크 블록이나 파일을 읽을 때 10 ~ 12ms의 시간이 걸리는데, 이는 nice가 0인 태스크의 time slice가 100ms라면 그 시간의 10%에 해당하는 긴 시간이다. 따라서, read()를 요청한 태스크는 runqueue에서 추출되어, read()가 끝나기를 기다리는 태스크들이 대기하는 wait queue에 옮겨진다. read() 작업이 완료되면 디바이스 드라이버는 태스크를 다시 runqueue로 옮긴다.

보통 각 장치 파일마다 wait queue가 있으므로 해당 디바이스 드라이버는 read()의 wait queue를 만들어 관리한다. Wait queue를 만드는 매크로는 include/linux/wait.h에 선언되어 있으며 다음과 같다. 여기서 name은 wait_queue_head 구조체의 변수 이름이다.

```
DECLARE_WAIT_QUEUE_HEAD(name)
```

wait_queue_head 구조체는 include/linux/wait.h에 다음과 같이 선언되어 있다.

```
struct wait_queue_head {
  spinlock_t          lock;
  struct list_head    head;
};
```

태스크를 TASK_INTERRUPTIBLE 상태로 만들어 wait queue인 wq_queue에 저장하는 함수는 include/linux/wait.h에 선언된 wait_event_interruptible() 매크로이다.

```
long wait_event_interruptible(struct list_head wq_head, int condition);
```

이 함수의 반환값과 인자는 다음과 같다.

- 반환값: 두 번째 인자 condition이 참일 때 0을 반환하며, Ctrl+C와 같은 시그널에 의해 블록이 해제되면 -ERESTARTSYS을 반환한다.
- wq_head: 대기 상태의 태스크를 저장하는 리스트
- condition: C 표현식이며 참일 경우 이 매크로는 대기 상태가 되지 않고 반환된다.

```
1  static DECLARE_WAIT_QUEUE_HEAD(wq);
2  static int flag = 0;
3
4  ssize_t mydrv_read(struct file *filp, char __user *buf, size_t count,
5                     loff_t *pos)
6  {
7      printk(KERN_DEBUG "process %i (%s) going to sleep₩n",
8             current->pid, current->comm);
9      wait_event_interruptible(wq, flag != 0);
10     flag = 0;
11     printk(KERN_DEBUG "awoken %i (%s)₩n", current->pid,
12            current->comm);
13     return 0; /* EOF */
14 }
```

그림 63 wait_event_interruptible() 매크로를 적용한 mydrv_read()

TASK_INTERRUPTIBLE 상태로 블록된 태스크를 깨우는 매크로는 include/linux/wait.h에 선언된 wake_up_interruptible()이다.

void wake_up_interruptible(struct wait_queue_head *x)

주의할 점은 이 매크로는 wait queue인 x->head에 있는 모든 태스크들을 깨운다는 것이다. 이 때, wait_event_interruptible() 매크로가 두 번째 인자인 condition이 참인 첫 번째 태스크만 깨워서 빠져나간다. Condition 조건문이 참으로 유지되는 동안은 다음 태스크들도 wait_event_interruptible() 매크로에서 빠져나가므로, wait queue의 첫 번째 태스크만 깨어나도록 하려면 첫 번째 태스크가 condition 조건문을 거짓으로 만들 필요가 있다. 그림 63는 wait_event_interruptible() 매크로를 이용하여 간단한 blocked read()를 구현한 예제 코드이고, 그림 64는 wake_up_interruptible() 매크로를 이용하여 read()로 인해 블록된 태스크를 깨워주는 write() 예제 코드이다.

그림 63을 수행하는 두 태스크 t1과 t2가 있고, 그림 64를 수행하는 태스크 t3이 다음과 같은 순서로 실행될 수 있다.

- 그림 63의 9째 줄에서 태스크 t1이 블록된다.
- 그림 63의 9째 줄에서 태스크 t2가 블록된다.
- 그림 64의 6째 줄에서 태스크 t3가 flag를 1로 만든다.

```
ssize_t mydrv_write(struct file *filp, const char __user *buf,
                      size_t count, loff_t *pos)
{
    printk(KERN_DEBUG "process %i (%s) awakening the readers...₩n",
            current->pid, current->comm);
    flag = 1;
    wake_up_interruptible(&wq);
    return count; /* succeed, to avoid retrial */
}
```

그림 64 wake_up_interruptible() 매크로를 적용한 mydrv_write()

```
#include <stdio.h>
#include <unistd.h>
#include <stdlib.h>
#include <sys/stat.h>
#include <fcntl.h>

int main(int argc, char *argv[]){
  int fd, res, count;

  if (argc < 2){
    fprintf(stderr, "FORMAT: %s <my-num>₩n", argv[0]);
    exit(1);
  }
  if ((fd = open("/dev/mydrv", O_RDWR)) < 0){
    perror("open error");
    return -1;
  }
  res = read(fd, &count, sizeof(count));
  if (res==sizeof(count))
    printf("Read size matches.₩n");
  printf("Task-%s is awakened at %d-th order.₩n", argv[1], count);
  close(fd);
  return(0);
}
```

그림 65 Blocked read()를 테스트하는 응용 프로그램 코드 (testApp.c)

- 그림 64의 7째 줄에서 태스크 t3가 t1과 t2를 깨운다.
- 그림 63의 9째 줄에서 태스크 t1과 t2가 매크로 내부에서 깨어난다.
- 그림 63의 10째 줄에서 태스크 t1이 매크로를 빠져나와 flag를 0으로 만든다.
- 그림 63의 9째 줄에서 태스크 t2는 다시 블록된다.

전체 코드는 그림 10, 11, 그리고 13의 캐릭터 디바이스 드라이버 코드에서 mydrv_read()를 그림 63의 mydrv_read()로 대체하고 와 mydrv_write()를 대체하면 된다. 이 디바이스 드라이버를 테스트하기 위해 응용 프로그램을 그림 65와 같이 작성한다. 이 프로그램은 명령어 인자로부터 자신의 번호를 받고 /dev/mydrv 장치 파일을 열어 read()를 수행한다. 읽은 데이터의 크기가 정수 크기 (4 byte)이면 정상적으로 처리되었음을 출력하고 파일을 close()한 뒤 종료한다.

5.5 인터럽트 관리

5.5.1 인터럽트 관리의 필요성

인터럽트 핸들러는 인터럽트에 대한 관리, 즉 특정 번호의 인터럽트를 활성화하거나, 활성화한 라인을 다시 비활성화하거나, 해당 CPU가 인터럽트를 처리하지 못하도록 하는 등의 작업을 할 필요가 있다. 왜냐하면, 커널에는 여러 개의 인터럽트 핸들러들이 공유하는 자료구조들이 있으며, 한 인터럽트 핸들러가 그 자료구조를 바꾸거나 읽고 있을 때, 다른 인터럽트 핸들러가 동작하여 그 자료구조에 접근한다면, 자료구조의 일관성이 손상될 수 있기 때문이다. 흔히 말하는 경쟁 상태 (race condition)가 인터럽트 핸들러에서도 발생할 수 있으므로 이를 막기 위해 인터럽트 핸들러는 다른 인터럽트를 관리할 필요성이 있다.

앞에서도 언급했지만, 인터럽트 관리의 대상은 다음과 같이 크게 두 가지로 나뉜다.

- 인터럽트 번호 (irq)
- CPU core

인터럽트 번호는 하드웨어 디바이스 종류마다 할당되며 다음과 같이 확인할 수 있다.

```
pi $ cat /proc/interrupts
   CPU0 CPU1 CPU2 CPU3
```

```
17:   396    0    0    0  ARMCTRL-level   1 Edge 3f00b880.mailbox
18:    36    0    0    0  ARMCTRL-level   2 Edge   VCHIQ doorbell
...
FIQ:       usb_fiq
IPI0:    0    0    0     0   CPU wakeup interrupts
IPI1:    0    0    0     0   Timer broadcast interrupts
IPI2: 2851 3202 9324 11853  Rescheduling interrupts
IPI3:  562 1414  939   936   Function call interrupts
IPI4:    0    0    0     0   CPU stop interrupts
IPI5: 1959  116  572  1198  IRQ work interrupts
IPI6:    0    0    0     0   completion interrupts
Err:     0
```

여기서 인터럽트 번호에 해당하는 것은 위쪽의 17과 18이다. 현재 4개의 CPU core가 있는데, 다음 4개의 숫자는 각 CPU core에서 처리한 인터럽트의 개수를 나타낸다. 대부분은 CPU0가 인터럽트를 처리했다는 것을 알 수 있다. 중반부터 후반부의 IPI (interprocessor interrupt)는 CPU가 여러 개 있는 다중 컴퓨터에서 한 CPU에서 수행되는 태스크가 다른 CPU로 보내는 인터럽트이다.

5.5.2 인터럽트 관리 함수

한 하드웨어에 의해 연결된 irq 번호로 인터럽트가 발생하면 자동으로 그 irq 번호의 인터럽트가 막힌다. 그 irq 번호와 연결된 하드웨어가 인터럽트를 또 발생시키면 그 하드웨어는 계류된다. CPU core에 대한 인터럽트는 보통 열려있다. 그림 51에 나온 GIC는 인터럽트가 발생했을 때 인터럽트가 열린 CPU core에 인터럽트 처리를 요청한다. 커널 코드나 인터럽트 핸들러가 필요에 따라 그 CPU core에 대한 인터럽트를 열거나 막을 수 있으며, 막았을 경우 GIC는 그 core에 인터럽트 처리를 요청하지 않는다. include/linux/irqflags.h에 선언된 아래의 local_irq_disable() 매크로는 지금 코드를 수행하는 CPU core에 대한 인터럽트를 막으며, local_irq_enable() 매크로는 인터럽트를 푼다.

```
local_irq_disable();
/* 인터럽트가 막힘 */
```

```
local_irq_enable();
/* 인터럽트가 풀림 */
```

그런데, 이 두 매크로는 사용 시에 주의할 필요가 있다. 그림 66는 local_irq_disable()을 사용하는 함수가 local_irq_enable()을 호출하기 전에 부른 함수 foo()에서 다시 local_irq_disable()과 local_irq_enable()을 부르는 네스티드 호출을 시도하는 모습을 보여준다. *네스티드 호출*(nested call)이란 무엇인가를 시작하는 시작 함수 fbegin()과 그것을 끝내는 종료 함수 fend()가 있으면 그 사이에 아래와 같이 fbegin()와 fend()쌍을 호출하는 것을 말한다.

```
fbegin();
...
fbegin();
```

```
void foo(void)
{
    local_irq_disable();
    ...
    local_irq_enable();
}

void doo(void)
{
    /* 인터럽트가 닫힌 상태에서 수행되어야 하는 코드 */
}

int goo(void)
{
    ...
    local_irq_disable();
    foo();
    doo();
    local_irq_enable();
    ...
}
```

그림 66 Nested irq disable / enable

```
...
fend();
...
fend();
```

네스티드 호출은 바깥의 fbegin()와 fend() 사이에 다른 함수 호출이 있고 그 다른 함수 호출 내에서 fbegin()와 fend()가 쌍을 이루는 경우도 포함한다. 이 경우 프로그램의 수행이 의도한 대로 진행되면 이 두 함수는 '네스티드 호출을 제공한다' 또는 '만족한다'고 한다. 그림 66에서 프로그래머는 18째 줄의 doo() 함수를 수행할 때 인터럽트가 걸리지 않기를 기대하지만, 5째 줄의 local_irq_enable() 매크로가 인터럽트를 열어버려 예상치 못한 결과가 발생한다. 따라서 local_irq_disable()과 local_irq_enable()은 네스티드 호출을 제공하지 않는다. 이러한 문제점을 막기 위해 아래의 local_irq_save()와 local_irq_ restore() 매크로가 제공된다.

```
unsigned long flags;
local_irq_save(flags);
/* 인터럽트가 막힘 */
local_irq_restore(flags);
/* 인터럽트가 이전 상태로 돌아감 */
```

local_irq_save() 매크로는 이 코드를 수행하는 CPU core에 인터럽트가 할당되는 것을 막으며 인터럽트 상태를 flags 변수에 저장한다. local_irq_restore() 매크로는 flags 변수에 저장된 인터럽트 상태로 현재 시스템을 복원한다. 따라서, flags에 저장된 상태가 인터럽트 열림 상태라면 인터럽트 가능으로, 인터럽트 닫힘 상태라면 인터럽트 불가능으로 복원한다. 그림 66에서 local_irq_disable()을 local_irq_save()로 바꾸고 local_irq_enable()을 local_irq_restore()로 바꾸어 보자. 3째 줄에서 저장된 flags는 인터럽트 닫힘 상태를 저장하고, 5째 줄의 local_irq_restore()는 인터럽트를 닫힌 상태로 유지한다. 따라서 13째 줄의 doo() 함수는 인터럽트가 닫힌 상태에서 수행되어 문제를 일으키지 않는다.

특정 번호의 인터럽트를 닫는 것은 include/linux/interrupt.h에 선언된 다음의 disable_irq() 함수를 사용한다.

```
void disable_irq(unsigned int irq);
```

이 함수를 호출했을 때 이미 해당 irq 번호의 인터럽트 핸들러가 수행 중이면 그 수행이 끝날 때까지 대기한다. 수행이 끝나면 그 irq 번호의 인터럽트를 닫는다. 이 함수는 인터럽트 상태를 저장하는 인자가 없지만 네스티드 호출을 지원한다. disable_irq() 함수의 특이한 점은 대기 상태에 들어갈 수 있는데도 인터럽트 문맥에서 사용할 수 있다는 점이다. 하지만, 대기가 발생할 가능성이 거의 없고, 이 함수를 호출하기 전에 스핀락같은 동기화 기능을 이용하여 점유하고 있는 공유자원이 없다는 것을 확인하는 것이 안전하다. 따라서, 가급적이면 인터럽트 문맥에서는 호출하지 않는 것이 바람직하다.

매우 급한 상황이라서 수행 중인 그 인터럽트 핸들러가 끝날 때까지 기다릴 수 없는 상황이라면 아래의 disable_irq_nosync() 함수를 사용한다. 하지만, 그 인터럽트 핸들러와 이 코드가 같은 자료구조에 접근할 위험성이 없는지 확인할 필요가 있다. 이 함수도 disable_irq()와 마찬가지로 네스티드 호출을 지원한다.

```
void disable_irq_nosync(unsigned int irq);
```

닫힌 인터럽트를 열 때 아래의 enable_irq() 함수를 사용한다. 위의 두 함수와 연동하여 네스티드 호출을 지원하므로 마지막에 호출된 enable_irq()만 실제로 인터럽트를 연다.

```
void enable_irq(unsigned int irq);
```

인터럽트를 제어하지는 않지만 해당 irq 번호를 처리하는 인터럽트 핸들러가 끝나기를 기다릴 필요가 있다면 include/linux/hardirq.h에 선언된 아래의 synchronize_irq() 함수를 사용한다.

```
void synchronize_irq(unsigned int irq);
```

disable_irq()와 synchronize_irq() 함수는 인터럽트 문맥에서 호출할 수는 있지만 대기 상태가 될 수 있어서 그 위험성을 충분히 이해했을 때만 호출하는 것이 바람직하다.

현재 코드가 수행 중인 CPU가 인터럽트를 처리할 수 있는 상태인지 확인하려면 include/linux/hardirq.h에 선언된 irqs_disabled() 함수를 사용한다. 인터럽트가 가능하면 0을 반환하고 그렇지 않으면 0이 아닌 값을 반환한다.

```
int irqs_disabled(void);
```

인터럽트 핸들러 (top half)나 107쪽에서 언급한 후반부 처리 (bottom half)를 실행하고 있는 상태인지 확인하려는 경우 include/linux/preempt.h에 선언된 in_interrupt() 매크로를 사용한다.

```
int in_interrupt(void);
```

이 함수는 top half나 bottom half에 있는 경우 0이 아닌 값을 반환하고, 그렇지 않은 경우, 예를 들어 시스템 콜 처리를 하는 상황이면 0을 반환한다. 단지 인터럽트 핸들러만을 처리하고 있는 상태인지 확인할 때는 in_irq() 매크로를 사용한다.

```
int in_irq(void);
```

이 함수는 현재 코드가 인터럽트 핸들러를 처리하는 상태이면 0이 아닌 값을 반환한다.

제5장 연습문제

5-1. 네트워크 디바이스는 패킷 처리에 많은 시간을 소모하기 때문에 후반부 처리를 한다. 이 외에도 어떤 디바이스가 시간 소모 때문에 후반부 처리를 할 것으로 보이나?

5-2. 다음은 RTC (real-time clock) 디바이스에서 사용하는 인터럽트 핸들러 등록 코드이다. 인자들을 분석해서 어떤 조건으로 인터럽트 핸들러를 등록시키려는 것인지 설명하라.

```
request_irq(rtc_irq, rtc_interrupt, IRQF_SHARED, "rtc",  (void *)&rtc_port);
```

5-3. GPIO에 아래와 같이 LED 램프와 버튼을 추가하고 아래와 같이 동작할 수 있도록 그림 60 ~ 62의 코드를 변경하라.

7) 3개의 LED 램프를 GPIO에 설치하라. 3개의 램프는 이진 카운터처럼 동작한다. 램프가 모두 꺼진 상태를 000 (십진수로 0), 모두 켜진 상태를 111 (십진수로 7)이라 하자. 즉, 처음에서 000, +버튼을 1번 누르면 001, 다시 +버튼을 1번 누르면 010이 된다.

8) GPIO에 버튼을 2개 설치하라. 한 버튼은 +버튼이며, 다른 버튼은 -버튼이다.

9) LED 램프는 처음에는 모두 꺼져 있으며, +버튼을 누르면 증가한 이진수를 표시한다. 램프가 7 (또는 111)을 표시한 상태에서 +버튼을 누르면 램프는 0 (또는 000)이 된다.

10) -버튼을 누르면 램프는 감소한 이진수를 표시한다. 램프가 0을 표시한 상태에서 -버튼을 누르면 램프는 7을 표시한다.

5-4. 그림 63 ~ 64에 앞 문제 5-3의 LED 카운터 기능을 아래와 같이 추가하라.

1) 3개의 LED 램프를 GPIO에 설치한다.

2) 구현된 LED 램프는 read()에서 대기 상태에 있는 태스크의 개수를 나타내도록 만든다. 즉, 하나의 태스크가 read()를 호출하면 대기 상태가 되고 디바이스 드라이버의 카운터를 하나 증가시킨다. 그 카운터를 LED 램프에 이진수로 반영한다.

3) 태스크가 write()를 호출하면 대기 상태인 read() 하나가 준비상태가 된다. 이때 디바이스 드라이버의 카운터를 하나 감소시키고 LED 램프에 감소된 카운터 값을 반영한다.

제5장 프로그래밍 과제

문제 및 조건:

- 그림 56와 같이 GPIO 25번 핀에 버튼을 연결한다.
- 그림 60의 button_isr (18 ~ 29째 줄) 인터럽트 핸들러와 그림 64의 mydrv_write() 함수를 참고하여 버튼을 누르면 mydrv_read() 때문에 block된 태스크를 깨우는 인터럽트 핸들러 mybutton_isr()를 작성한다.
- 그림 61의 gpiomode_init()를 참고하여 GPIO 25번 핀에 연결된 버튼을 누르면 mybutton_isr()을 발생시키도록 모듈 초기화 함수 mydrv_init()를 작성한다.
- mydrv_init() 함수와 잘 연결되도록 모듈 종료 함수 mydrv_cleanup()을 작성한다.
- 그림 10, 11, 그리고 13을 참고하여 read() 함수를 지원하는 캐릭터 디바이스 드라이버 myblkread.c를 작성한다. 디바이스 드라이버를 컴파일하여 적재한 뒤, 그림 65의 응용 프로그램을 컴파일하여 다음과 같이 수행하라. GPIO의 버튼을 하나씩 눌러 그때마다 나오는 결과를 확인한다.

```
pi $ make
pi $ gcc -Wall -o testApp testApp.c
pi $ sudo insmod myblkread.ko
pi $ dmesg | tail -5
pi $ sudo mknod /dev/mydrv c 249 0
pi $ for i in `seq1 10`; do sudo ./testApp$i & done
pi $ sudo rmmod myblkread
```

- 응용 태스크들은 다음과 같이 3가지 방식으로 만들어 각각 수행한다.
  - 위의 응용프로그램을 1개 수행하고 그 결과를 확인한다.
  - 위의 응용프로그램을 3개 동시에 수행하고 그 결과를 확인한다.
  - 위의 응용프로그램을 10개 동시에 수행하고 그 결과를 확인한다.
  - 수행 결과에 대해 다음 사항을 확인한다: 한번 버튼을 눌렀을 때 하나의 태스크만 데이터를 받는가? 그렇지 않다면 이 문제를 어떻게 해결할 수 있는가?

제6장 후반부 처리

6.1 후반부 처리 개요

인터럽트 핸들러는 짧은 시간 내에 수행을 마쳐야만 이후에 연속으로 발생하는 인터럽트들을 놓칠 가능성을 줄일 수 있다. 하지만, 네트워크 카드에서 발생하는 인터럽트 같이 처리할 작업의 양이 많은 경우에는 '짧은 시간 내'라는 조건을 만족시키지 못할 수 있다. 이러한 문제를 해결하기 위해 작업의 양이 많은 인터럽트 요청은 두 부분으로 나누어 실행 시간에 민감하거나, 하드웨어와 관련된 작업이거나, 다른 인터럽트 관련 작업의 방해를 받지 않아야 하는 작업은 top half, 즉 인터럽트 핸들러에서 처리하고 나머지는 후반부 처리 (bottom half)에 맡긴다.

후반부 처리는 중요도 및 빠른 처리의 필요성 여부에 따라 다음과 같이 세 종류로 분류된다.

- softirq
- tasklet
- work queues

6.2 Softirq

6.2.1 Softirq의 구조

Softirq는 후반부 처리 중 가장 빨리 수행되어야 하며 중요한 작업을 처리할 때 사용하는 방식이다. 동일한 작업을 여러 CPU core에서 동시에 수행해도 문제가 없을 때 softirq를 쓸 수 있다. 현재 네트워크와 블록 디바이스에서 주로 softirq를 사용한다. Softirq는 0번부터 시작하여 8번에서 종료하는 9개의 항목을 가지고 있으며 0번이 가장 우선순위가 높아서 먼저 수행된다. 각 항목에서 처리하는 작업은 미리 정해져 있으며 표 9는 항목과 그 우선순위를 보여준다.

표 9의 우선순위 0과 5는 tasklet을 다룬다. 즉, tasklet이 softirq 보다 중요도가 낮다기보다는 작업들이 수행되는 구조에 따라 softirq와 tasklet을 나눈다고 보는 것이 정확하다. Softirq의 0번은 high-priority tasklet으로 tasklet들 중에서도 우선순위가 높은 것들이

실행되면 softirq도 우선순위의 순서대로 수행되므로 tasklet은 우선순위가 높게 수행될 수 있음을 알 수 있다. 이 외에는 우선순위 1번인 타이머나 우선순위 2, 3번인 네트워크 패킷이 중요도가 높으며 블록 디바이스가 4번째 우선순위임을 알 수 있다.

표 9 Softirq의 항목과 우선순위

명칭	우선순위	설명
HI_SOFTIRQ	0	High-priority tasklets
TIMER_SOFTIRQ	1	Timers
NET_TX_SOFTIRQ	2	Send network packets
NET_RX_SOFTIRQ	3	Receive network packets
BLOCK_SOFTIRQ	4	Block devices
TASKLET_SOFTIRQ	5	Normal priority tasklets
SCHED_SOFTIRQ	6	Scheduler
HRTIMER_SOFTIRQ	7	High-resolution timers
RCU_SOFTIRQ	8	RCU locking

표 9의 명칭은 enum에 의해 상수와 같이 선언되어 있으며 그 값은 우선순위 열의 값과 동일하다. enum의 마지막에는 NR_SOFTIRQS가 9의 값을 가지고 있어서 softirq 개수를 나타낸다.

6.2.2 Softirq 사용

우선 softirq가 커널에서 동작하기 위한 자료구조와 과정을 보도록 하자. Softirq의 기본 자료구조는 include/linux/interrupt.h에 선언되어 있는 softirq_action 구조체이다.

```
struct softirq_action
{
  void (*action)(struct softirq_action *);
};
```

이 구조체는 action이라는 함수 포인터만을 필드로 가지며 이 함수는 softirq_action 구조체의 포인터를 인자로 받는 자기 참조에 가까운 형태로 되어 있다. 이 구조체를 배열로 만든 것이 kernel/softirq.c에 있는 softirq_vec[ ] 배열이다.

```
static struct softirq_action softirq_vec[NR_SOFTIRQS];
```

softirq_action 구조체의 action 필드를 구성하는 함수들은 동일한 타입으로서 아래의 프로토타입을 가지며 softirq 핸들러라고 불린다.

```
void softirq_handler(struct softirq_action *);
```

만약 my_softirq가 softirq_action 구조체를 가리키는 포인터라면 다음과 같은 방식으로 softirq 핸들러를 호출한다. 여기서 softirq 핸들러의 인자는 softirq_action 구조체 변수에 대한 포인터임을 알 수 있다.

```
my_softirq->action(my_softirq);
```

softirq_vec[]을 중심으로 그림 67과 같이 모듈간의 관계가 성립된다. 디바이스 드라이버는 softirq_vec[]의 해당 항목에 어떤 softirq 핸들러를 수행시킬지를 등록한다 (그림 67의 단계 1). 이 작업은 해당 softirq을 정의하고 다루는 디바이스 드라이버가 등록되는 과정에서 이루어진다. 이 softirq와 관련된 인터럽트 핸들러도 대부분 디바이스 드라이버 초기화 코드가 수행되는 과정에서 정의되고 등록된다. 인터럽트 핸들러는 현재 발생한 인터럽트를 처리하기에는 시간이 오래 걸린다고 판단하는 경우 raise_softirq() 함수를 호출하여 softirq를 활성화한다 (그림 67의 단계 2).

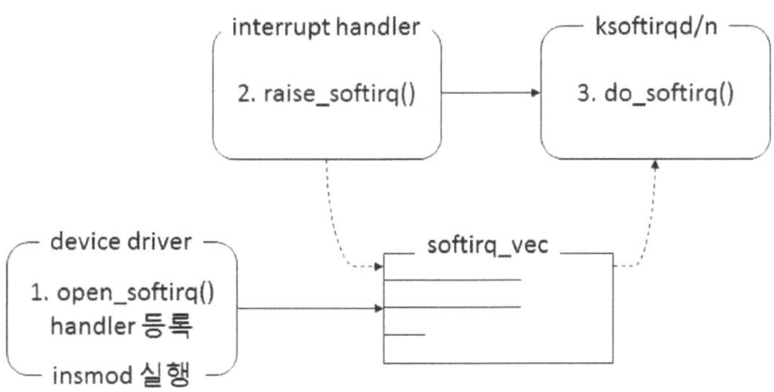

그림 67 softirq 관련 모듈과 자료구조

ksoftirqd는 커널 스레드로서 각 CPU core마다 존재하며, 각각을 구분하기 위해 번호가 할당된다. 예를 들어, 2개의 core가 있는 시스템이라면 ksoftirqd/0은 0번 core에서 수행되고, ksoftirqd/1은 1번 core에서 수행된다. 보통 *n*번째 core에서 ksoftirqd/*n*이 수행된다고 표기한다. ksoftirqd/*n*은 인터럽트 핸들러가 동작하지 않고 자신의 CPU core에 해당하는 softirq_vec[ ]에 활성화된 softirq가 있으면 대기에서 깨어나 do_softirq() 함수를 수행한다 (그림 67의 단계 3). 활성화된 softirq가 있으면 언제든지 ksoftirqd/*n*이 깨어날 수 있으므로 동일한 softirq가 연속적으로 활성화되면 두 개의 동일한 softirq 핸들러가 동시에 다른 CPU에서 수행될 수 있다. 따라서 softirq 핸들러는 이러한 경우를 염두에 두고 프로그래밍해야 한다. 이름은 같지만 프로세서마다 다른 변수 (percpu variable)를 사용하면 lock을 걸 필요가 없다. 만약 CPU core간에 반드시 공유해야 하는 변수가 있다면 lock을 걸어 사용한다. 하지만 softirq는 블록되어 스케줄링되는 것을 허용하지 않기 때문에 스핀락 (spinlock) 형태의 lock을 사용해야 한다. 스핀락은 7.3장에서 자세히 다룬다.

우선 softirq의 단계 1에 해당하는 softirq 핸들러 등록을 보자. 디바이스 드라이버 초기화 함수에서 softirq 핸들러를 등록하려면 include/linux/interrupt.h에 선언된 open_softirq() 함수를 사용한다.

```
void open_softirq(int nr, void (*action)(struct softirq_action *));
```

이 함수의 첫 번째 인자 nr은 핸들러를 등록할 표 9에 있는 softirq의 명칭 또는 우선순위이며 두 번째 인자인 action은 등록할 softirq 핸들러이다.

아래는 kernel/time/timer.c에 있는 timer를 초기화하는 모듈에서 softirq 핸들러 등록을 위해 open_softirq()를 호출하는 코드이다. 이 함수는 TIMER_SOFTIRQ, 즉 softirq_vec[1]에 run_timer_softirq() softirq 핸들러를 등록하는 과정을 보여준다.

```
void __init init_timers(void)
{
  init_timer_cpus();
  open_softirq(TIMER_SOFTIRQ, run_timer_softirq);
}
```

단계 2의 Softirq 활성화는 softirq를 올린다 (raise softirq)라고도 하며 주로 인터럽트 핸들러에서 사용한다. Softirq를 올리기 위해 include/linux/interrupt.h에 선언된 raise_softirq() 함수를 사용한다.

```
void raise_softirq(unsigned int nr);
```

이 함수의 인자인 nr은 softirq의 명칭이며 표 9를 참조하기를 바란다. 사용 예는 kernel/time/timer.c에 정의된 run_local_timers() 함수 일부를 보도록 하자.

```
void run_local_timers(void)
{
    ...
    raise_softirq(TIMER_SOFTIRQ);
}
```

raise_softirq() 함수는 시작할 때 현재 CPU core에 대한 인터럽트를 닫고 softirq를 올린 뒤 인터럽트를 열고 반환한다. 수행 중 인터럽트를 닫는 이유는 커널 전역 변수인 softirq_vec[ ] 배열을 쓰기 때문에 다른 인터럽트 핸들러에 의해 이 배열의 일관성이 손상되는 것을 막기 위해서이다. 실제로 softirq를 올리는 작업은 raise_softirq_irqoff()라는 함수를 불러 진행한다. 따라서, raise_softirq() 함수는 다음과 같이 구현되어 있다.

```
void raise_softirq(unsigned int nr)
{
  unsigned long flags;

  local_irq_save(flags);
  raise_softirq_irqoff(nr);
  local_irq_restore(flags);
}
```

따라서, raise_softirq_irqoff() 함수는 현재 CPU core의 인터럽트가 닫혀있다는 것이 확실하면 raise_softirq() 함수 대신 사용할 수 있다.

6.2.3 Softirq 실행 과정

인터럽트 핸들러는 softirq를 올리기만 하고 종료된다. 이 CPU에서 인터럽트 핸들러가 완료되고 수행해야 할 다른 인터럽트 핸들러가 없으면 단계 3으로 ksoftirqd/*n*이 동작한다. ksoftirqd/*n*은 do_softirq() 함수를 호출해서 올라간 softirq들을 아래의 함수 호출을 통해 수행한다. 이 함수들은 모두 kernel/softirq.c에 정의되어 있다.

```
do_softirq()
    └ do_softirq_own_stack()
    └ __do_softirq()
```

softirq들을 수행하는 코드는 __do_softirq()에 있으며 이를 요약한 코드는 그림 68과 같다. 이 코드의 의미는 올라온 softirq가 있는 경우 softirq_vec[0]부터 순서대로 확인하여 11째 줄의 h->action(h)을 수행하는 것이다. 실제 코드는 이보다 더 복잡해서 한차례 softriq_vec[] 벡터를 훑으며 수행하는 중에 추가로 올라온 softirq가 있으면 이를 또 처리할 수 있다. 그런데, 네트워크 패킷이 폭발적으로 도착하는 경우 이러한 처리를 반복하면 다른 태스크가 CPU를 사용할 기회를 얻지 못한다. 이를 막기 위해 softirq를 처리하는 시간이 특정 시간 (MAX_SOFTIRQ_TIME, 약 2ms)을 초과하거나, 스케줄링에 대한 요청이 들어오면 (TIF_NEED_RESCHED 플래그가 설정되면) 반복을 종료하고 ksoftireqd/*n*을 깨워 runqueue의 끝에 넣는다. 이 방식은 softirq의 처리가 일반 사용자 태스크처럼 라운드 로빈 형태로 처리되는 효과를 만들어 급한 softirq 요청은 먼저 처리되고 이후에 도착한 softirq 요청은 다른 태스크가 어느 정도 처리된 후에 처리가 시작된다.

```
1   u32 pending;
2
3   pending = local_softirq_pending();
4   if (pending) {
5       struct softirq_action *h;
6
7       set_softirq_pending(0);
8       h = softirq_vec;
9       do {
10          if (pending & 1)
11              h->action(h);
12          h++;
13          pending >>= 1;
14      } while (pending);
15  }
```

그림 68 __do_softirq() 코드 요약 (kernel/softirq.c)

6.3 태스크릿

6.3.1 태스크릿의 구조

태스크릿 (Tasklet)은 softirq의 일부로서 표 9의 HI_SOFTIRQ와 TASKLET_SOFTIRQ를 의미한다. HI_SOFTIRQ는 softirq들 중에서도 매우 높은 우선순위를 가지며 TASKLET_SOFTIRQ는 비교적 낮은 우선순위를 가진다. 이 두 항목의 softirq들을 특별히 태스크릿이라 부르며 태스크릿 관련 매크로와 함수들을 이용하여 처리된다. 태스크릿이 처리할 작업은 그림 69의 tasklet_struct 구조체에 저장된다.

```
struct tasklet_struct
{
    struct tasklet_struct *next;
    unsigned long          state;
    atomic_t               count;
    void (*func)(unsigned long);
    unsigned long          data;
};
```

그림 69 tasklet_struct 구조체 (include/linux/interrupt.h)

태스크릿의 tasklet_struct 구조체는 next 필드를 이용하여 단순 연결 리스트를 형성한다. state 필드는 이 구조체가 담고 있는 작업의 상태를 나타내며 다음 중 한 경우를 가리킨다.

- 0: 정의되지 않은 상태
- TASKLET_STATE_SCHED: 실행을 기다리는 상태
- TASKLET_STATE_RUN: 실행 중인 상태

이 state의 상태는 다중 컴퓨터에서 다른 CPU의 태스크릿이 현재 실행되고 있는 태스크릿을 건드리지 않기 위해 사용한다. Softirq는 2개 이상의 CPU가 같은 코드를 수행하는 상황이 가능하도록 구성되지만, 태스크릿은 한순간에 한 핸들러를 수행하는 CPU는

하나만 가능하도록 구성된다. count 필드는 해당 작업의 참조 여부를 나타내며 0인 경우 활성화되어 실행할 수 있으며 나머지 값은 비활성 상태를 의미하고 아직 실행될 수 없음을 나타낸다. 함수 포인터인 func는 실행될 함수를 가리키며 '태스크릿 핸들러'로 불린다. data 필드는 func의 인자로 사용될 데이터이다.

태스크릿은 softirq의 일부이므로 태스크릿의 흐름은 softirq와 거의 비슷하다. 그림 70는 태스크릿의 선언, 스케줄, 그리고 수행이라는 3개의 단계로 표현하였다. 단계 1인 선언 과정에서 태스크릿은 보통 디바이스 드라이버의 초기화 모듈에서 DECLARE_TASKLET() 매크로로 선언되고, 단계 2인 스케줄 과정에서 인터럽트 핸들러가 후반부 처리에 담당할 내용을 tasklet_schedule() 함수를 이용하여 tasklet_vec에 스케줄한다. 이 자료구조의 이름은 벡터 같지만 실제로는 연결리스트로 되어 있다. 단계 3에서 ksoftirqd/*n* 커널 태스크가 tasklet_action() 함수를 이용하여 tasklet_vec에 있는 태스크릿들을 순서대로 실행한다. 태스크릿은 HI_SOFTIRQ와 TASKLET_SOFTIRQ의 두 우선순위로 구성되어 있어서 그림 70와 같이 각각의 우선순위마다 다른 함수와 자료구조가 사용된다. 즉, 높은 우선순위의 태스크릿은 단계 2에서 tasklet_hi_schedule() 함수에 의해 tasklet_hi _vec에 스케줄되고, 단계 3에서 tasklet_hi_action() 함수에 의해 실행된다.

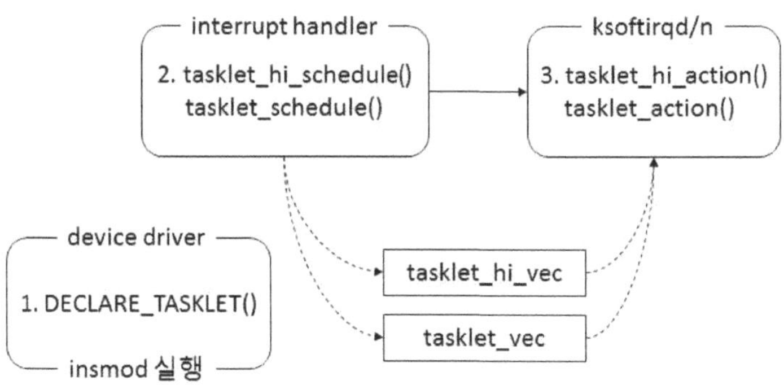

그림 70 태스크릿 사용을 위한 단계, 함수 및 자료구조

6.3.2 태스크릿 사용

우선 태스크릿 단계 1인 태스크릿 선언을 살펴보자. DECLARE_TASKLET() 매크로가 새로운 태스크릿 변수를 선언하고 초기화하는 데 사용되며 linux/interrupt.h에 아래와

같이 선언되어 있다.

```
#define DECLARE_TASKLET(name, func, data) ₩
struct tasklet_struct name = { NULL, 0, ATOMIC_INIT(0), func, data }
```

이 매크로는 그림 69의 tasklet_struct 구조체를 선언하며 그 값을 초기화한다. 첫 번째 인자인 name은 tasklet_struct 구조체의 변수명이며, func는 태스크릿 핸들러 함수 이름이다. 세 번째 인자인 data는 태스크릿 핸들러의 인자로 사용될 데이터이다. 세 번째 필드값인 count가 ATOMIC_INIT(0)으로 초기화되었기 때문에 이 매크로로 생성된 태스크릿은 활성화된 태스크릿으로 사용된다. 비활성화된 태스크릿으로 선언하려면 아래의 DECLARE_TASKLET_DISABLED()를 사용한다.

```
DECLARE_TASKLET_DISABLED(name, func, data);
```

위의 태스크릿 선언들은 정적으로 태스크릿 변수를 선언한 경우이며 동적으로 태스크릿 포인터에 초기화한 변수를 아래의 tasklet_init() 함수를 이용하여 할당할 수 있다. 이 함수가 초기화하는 값은 위의 DECLARE_TASKLET()과 동일하다.

```
void tasklet_init(struct tasklet_struct *t,
            void (*func)(unsigned long), unsigned long data);
```

태스크릿 선언에 필요한 태스크릿 핸들러는 다음의 프로토타입을 따라야 한다.

```
void tasklet_handler(unsigned long data);
```

인자인 data는 태스크릿 선언의 세 번째 인자라 입력으로 들어온다. 그림 71은 태스크릿을 선언하는 코드 일부를 보여준다.

```
struct mystruct {
    int data;
    int irq; /* 이 디바이스를 위한 irq 번호가 들어감 */
    char label[32]; /* 이 디바이스의 irq 이름이 문자열로 들어감 */
    struct tasklet_struct tasklet;
} mystruct;
static void mytasklet(unsigned long data)
{
```

```
9       int ldata = (struct mystruct *)data->data;
10      ...
11  }
12
13  static int mydev_init(void)
14  {
15      tasklet_init(&mystruct.tasklet, mytasklet, (unsigned long)&mystruct);
16      ...
17      return 0;
18  }
```

그림 71 tasklet 변수의 선언, 태스크릿 핸들러 정의 및 태스크릿 초기화

그림 71에서 태스크릿 핸들러인 mytasklet() 함수는 unsigned long 타입의 data를 인자로 받는다 (7째 줄). 이 data는 태스크릿을 초기화하는 tasklet_init() 함수의 세 번째 인자로 입력되는데, 이 코드에서는 tasklet_struct 변수인 tasklet을 가지는 구조체 변수 mystruct의 주소를 사용하였다 (15째 줄). 모듈 초기화 함수인 tasklet_init()에서는 태스크릿인 mystruct.tasklet를 태스크릿 핸들러 mytasklet()와 함께 초기화한다 (15째 줄). 태스크릿 핸들러인 mytasklet()에서는 인자가 구조체 mystruct의 주소이므로 타입캐스팅을 해서 그 구조체의 data 필드를 받아 사용한다 (9째 줄).

태스크릿 핸들러가 수행되는 환경에서는 softirq의 경우처럼 대기나 스케줄이 허용되지 않는다. 따라서, 태스크릿 핸들러를 작성할 때는 세마포어 (semaphore)같이 스케줄될 수 있는 함수들을 사용할 수 없다. 대부분 태스크릿 핸들러는 인터럽트 핸들러와 데이터를 공유하며, 그 공유 데이터에 접근할 때는 해당 인터럽트의 irq를 disable_irq() 같은 IRQ 제어 매코로로 닫는 작업이 필요하다. (5.5.2장 참고)

태스크릿과 softirq의 차이점 중 하나는 태스크릿 함수는 여러 CPU core에서 동시에 수행되지 않는다는 것이다. 그림 70의 tasklet_vec이나 tasklet_hi_vec은 전역 자료구조이므로 누구나 접근할 수 있지만 tasklet_action()이나 tasklet_hi_action()에서 태스크릿의 리스트를 가져오면 더는 tasklet_vec이나 tasklet_hi_vec에 존재하지 않기 때문에 태스크릿이 복제되어 여러 CPU core에 있는 경우는 발생하지 않는다. 대신 새로 태스크릿이 tasklet_vec에 추가되면 다른 CPU core에서 수행하는 tasklet_action() 함수가 그 태스크릿을 가져와서 수행할 수 있다. 즉, 여러 개의 다른 태스크릿은 동시에 다른 프로세서에서 수행될 수 있다.

태스크릿 단계 2에서는 인터럽트 핸들러에서 tasklet_schedule()이나 tasklet_hi_schedule()을 호출하여 태스크릿을 tasklet_vec이나 tasklet_hi_vec에 넣는 스케줄 과정을 실행한다. 여기서의 스케줄은 태스크릿 스케줄이며 태스크 스캐줄이나 스레드 스케줄과는 다르다.

```
1   static irqreturn_t my_irq_handler(int irq, void *dev_id)
2   {
3       unsigned long flags;
4       ...
5       mystruct.data = some_data;
6       spin_lock_irqsave(&mystruct.slock, flags);
7       tasklet_schedule(&mystruct.tasklet);
8       spin_unlock_lrqrestore(&mystruct.slock, flags);
9       return IRQ_HANDELED;
10  }
11
12  struct int mydev_init(void)
13  {
14      ...
15      ret = request_irq(mystruct.irq, my_irq_handler, IRQF_SHARED,
16                        mystruct.label, &mystruct);
17      ...
18  }
```

그림 72 tasklet의 등록 예시

그림 72은 태스크릿을 스케줄하는 과정의 예시를 보여준다. 그림 72은 그림 71과 연결되어 있으며 두 그림의 mydev_init()는 같은 함수이지만 각 경우의 연관된 부분만을 보여준다. 그림 72의 7째 줄에서 tasklet_schedule() 함수를 이용하여 단계 1에서 생성한 태스크릿을 스케줄한다. 태스크릿을 스케줄하는 과정은 전역 자료구조인 tasklet_ vec을 건드리기 때문에 spin_lock_irqsave()를 이용하여 락을 걸고 다른 인터럽트 핸들러를 호출하는 것도 막는다 (6, 8째 줄). 이 태스크릿이 스케줄된 함수는 my_irq_ handler()로서 mydev_init() 함수에서 15 ~ 16째줄에서 인터럽트 핸들러로 등록되었다. 여기서 mystruct 구조체 내의 irq 필드는 my_irq_handler()가 매핑될 IRQ 번호이며 label 필드는 인터럽트 핸들러의 문자열로 된 이름이 담겨있다고 가정한다. 이처럼 인터럽트 핸들러

가 등록되고 태스크릿 핸들러가 스케줄되면, 매핑된 IRQ의 인터럽트가 걸렸을 때 인터럽트 핸들러 my_irq_handler()가 동작하여 급한 작업을 수행하고 남은 작업을 mystruct.data에 남긴 뒤 태스크릿을 스케줄한다. 인터럽트 핸들러들이 모두 종료되면 softirq가 수행되고, softirq가 종료되면 태스크릿들이 수행되며 이 과정에서 스케줄된 mytasklet()도 수행된다.

태스크릿이 스케줄되는 과정을 간단하게 보면 다음과 같다. tasklet_schedule()은 아래와 같이 __tasklet_schedule()을 호출하고 이 함수는 __tasklet_schedule_common()을 호출한다. __tasklet_schedule_common()은 인자인 태스크릿 t를 tasklet list인 tasklet_vec의 맨 앞에 넣는다.

```
tasklet_schedule(t) /* include/linux/interrupt.h */
    └ __tasklet_schedule(t) /* kernel/softirq.c */
        └ __tasklet_schedule_common(t, headp, ) /* kernel/softirq.c */
```

이렇게 tasklet_vec이나 tasklet_hi_vec에 태스크릿을 넣는 과정을 태스크릿을 스케줄링한다고 부른다. 태스크릿이 스케줄되면 state 필드가 TASKLET_STATE_SCHED가 된다. 이미 스케줄된 태스크릿을 다시 스케줄하면 state 필드를 참고하여 거부되는데, 그 이유는 다른 CPU에서 동시에 수행되는 것을 막기 위해서이다. tasklet_action()이 tasklet_vec에서 태스크릿을 가져오면 실행을 위해 그 태스크릿의 state 필드를 TASKLET_STATE_RUN으로 변경한다. 한번 수행된 태스크릿은 스케줄되어 또 실행될 수 있으므로 TASKLET_STATE_RUN 상태의 태스크릿은 스케줄될 수 있다.

시스템 콜과 같이 우선순위가 비교적 낮은 코드가 태스크릿과 공유하는 자료구조에 접근하면 태스크릿을 비활성화시키고 접근이 끝나면 태스크릿을 활성화시켜야 공유하는 자료구조가 오염되지 않는다. 비활성화된 태스크릿은 스케줄이 되어도 실행되지 않는다. 태스크릿을 비활성화하는 것은 include/linux/interrupt.h에 선언된 아래의 tasklet_disable() 함수를 사용하고 다시 활성화하는 것은 아래의 tasklet_enable() 함수를 사용한다.

```
void tasklet_disable(struct tasklet_struct *t);
void tasklet_enable(struct tasklet_struct *t);
void tasklet_disable_nosync(struct tasklet_struct *t);
```

태스크릿 t가 실행 중일 때 tasklet_disable(t)을 호출하면 tasklet_disable() 함수는 태스크릿 t를 비활성화하고, 실행 중인 태스크릿 t가 완료될 때까지 기다린 뒤 반환된다. 태스크릿이 완료할 때까지 기다리지 않고 바로 반환받고 싶으면 tasklet_disable() 함수 대신 tasklet_disable_nosync() 함수를 사용한다. 이 경우 태스크릿과 이 함수를 호출한 코드가 동시에 수행될 수 있으므로 주의해야 한다.

include/linux/interrupt.h에 선언된 tasklet_kill() 함수는 수행 중인 태스크릿을 강제 종료시키는 함수의 이름처럼 보이지만 실제로는 실행이 끝날 때까지 기다리는 함수이다. tasklet_kill() 함수는 CPU를 양보하고 runqueue의 맨 끝으로 가는 yield() 함수를 반복적으로 사용하는 대기 방법을 사용하므로 스케줄링이 발생한다. 따라서, 인터럽트 핸들러, softirq, 그리고 태스크릿에서는 사용하지 않아야 한다.

```
void tasklet_kill(struct tasklet_struct *t);
```

6.3.3 태스크릿 실행 과정

태스크릿의 단계 3에서는 tasklet_action() 또는 tasklet_hi_action() 함수가 스케줄된 태스크릿을 실행한다. 두 함수는 같은 구조이고 softirq_vec[ ]의 TASKLET_SOFTIRQ에 등록된 함수인지 HI_SOFTIRQ에 등록된 함수인지의 차이만 있으므로 tasklet_action()으로 설명한다. kernel/softirq.c에 정의되어 있는 tasklet_action() 함수는 다음과 같이 tasklet_action_common() 함수를 부르며 실제 작업은 tasklet_action_common이 수행한다.

```
void tasklet_action()
    └ void tasklet_action_common()
```

그림 73는 tasklet_action_common() 함수 코드를 보여준다. 첫 번째 인자는 사용되지 않고, 두 번째 인자는 tasklet_vec 또는 tasklet_hi_vec이며, 세 번째 인자는 TASKLET_SOFTIRQ 또는 HI_SOFTIRQ이다. 7 ~ 9째 줄에서 tasklet_vec에서 list로 태스크릿들을 옮긴다. 이 과정은 tasklet_vec이라는 전역 변수를 건드리므로 local_irq_disable()로 이 CPU에 인터럽트가 걸리고 그 인터럽트 핸들러가 tasklet_vec에 접근해서 경쟁 상태가 되는 것을 막는다. 11 ~ 12째 줄에서 list에 있는 태스크릿을 하나씩 선택하고, 13째 줄에서 태스크릿의 상태를 TASKLET_STATE_RUN으로 바꾼 뒤, 14째 줄에서 활성화된 상태인지 확인하여, 16째 줄에서 태스크릿 핸들러를 수행하고, 17째 줄에서 태스크릿의 상태를 0으로 만든다. 만약 활성화되지 않았거나, 이미 TASKLET_STATE_RUN이면 22 ~ 25째 줄에서 다시 tasklet_vec에 이 태스크릿을 스케줄하고 TASKLET_SOFTIRQ에 해당하는 softirq를 올린다. 이 경우에도 인터럽트를 막기 위해

local_irq_disable()을 사용한다.

```
static void tasklet_action_common(struct softirq_action *a,
                                  struct tasklet_head *tl_head,
                                  unsigned int softirq_nr)
{
    struct tasklet_struct *list;

    local_irq_disable();
    /* 태스크릿 tl_head의 내용을 list로 이동 */
    local_irq_enable();
    while (list) {
        struct tasklet_struct *t = list;
        list = list->next;
        if (tasklet_trylock(t)) {
            if (!atomic_read(&t->count)) {
                /* t->state 확인 */
                t->func(t->data);
                tasklet_unlock(t);
                continue;
            }
            tasklet_unlock(t);
        }
        local_irq_disable();
        /* t를 tl_head의 뒤에 삽입 */
        __raise_softirq_irqoff(softirq_nr);
        local_irq_enable();
    }
}
```

그림 73 tasklet_action_common 함수 (kernel/softirq.c)

Softirq와 태스크릿을 실행하는 ksoftirqd/*n* 커널 태스크는 그림 74의 run_ksoftirqd() 함수로 구성된다. 이 함수는 현재 CPU core에 대한 인터럽트를 막은 후 (3째 줄), softirq가 올라와 있으면 (4째 줄), 그림 68의 __do_softirq()를 수행한다 (5째 줄). 이 과정에서 tasket_action() 함수가 수행된다. __do_softirq()를 수행하는 동안 어느 정도 CPU 시간을 점유했을 것으로 판단하고 cond_resched() 함수를 호출한다 (7째 줄). 이 함수는 스케줄링에 대한 요청이 있었으면 스케줄러를 호출하는 함수이다. run_ksoftirqd() 함수 마지막에는 막았던 인터럽트를 다시 연다 (10째 줄).

```
1  static void run_ksoftirqd(unsigned int cpu)
2  {
3      local_irq_disable();
4      if (local_softirq_pending()) {
5          __do_softirq();
6          local_irq_enable();
7          cond_resched();
8          return;
9      }
10     local_irq_enable();
11 }
```

그림 74 run_ksoftirqd 함수 (kernel/softirq.c)

6.4 워크큐

6.4.1 워크큐의 구조

워크큐 (workqueue)는 softirq나 태스크릿보다 낮은 우선순위를 가지는 후반부 처리 방식이며, 인터럽트 문맥에서 실행되는 softirq나 태스크릿과는 달리 프로세스 문맥에서 실행된다. 따라서 대기 상태가 되고 스케줄될 수 있으므로 페이지 폴트가 발생할 가능성이 높은 대규모 메모리 할당, 세마포어, I/O, 그리고 파일 시스템 접근 등이 허용된다. 워크큐는 주기적으로 깨어나 상태를 확인하고 그 상태에 따라 간단한 작업을 수행하는 커널 스레드를 사용하는 디바이스 드라이버에서 사용하기에 좋다. 리눅스 커널은 커널 스레드의 개수가 증가하는 것을 좋아하지 않기 때문에, 디바이스 드라이버가 주기적 작업을 필요로 하는 경우 별도의 스레드로 구현하기보다는 워크큐에 넣어 수행하기를 권장한다. Softirq를 수행하는 ksoftirqd/*n*과 마찬가지로 워크큐를 수행하는 커널 태스크인 kworker/*가 워크큐에 등록된 워크 (work)들을 수행한다. 여기서 kworker/ 뒤의 별표는 태스크의 역할에 따라 결정되는 문자열을 뜻한다.

인터럽트 핸들러 또는 디바이스 드라이버가 워크큐에게 맡기려는 함수 또는 작업을 *워크* (work)라고 부르며, 스케줄된 워크가 대기하는 자료구조를 *워크큐* (workqueue)라고 부른다. 제약이 많은 softirq나 태스크릿과는 달리 워크큐는 제약 조건이 거의 없어서 많은 후반부 처리가 워크큐에 몰린다. 많은 작업을 처리하는 워크큐의 효율을 높이기 위해서 리눅스에서는 많은 개수의 워크큐를 만들어 CPU마다 할당하거나, 전력 낭비를 줄이기 위한 다양한 기법을 적용한다.

워크큐에서 워크가 생성되어 종료되는 과정을 그림 75로 표현하였다. 0번과 4번은 워크를 담는 워크큐의 생성과 해제에 관련된 것이라 디바이스 드라이버 입장에서는 부차적이므로, 워크의 주요 동작은 1, 2, 그리고 3번 단계이다. 디바이스 드라이버 설계자는 1단계와 2단계를 구성하며, 3단계는 커널이 담당한다.

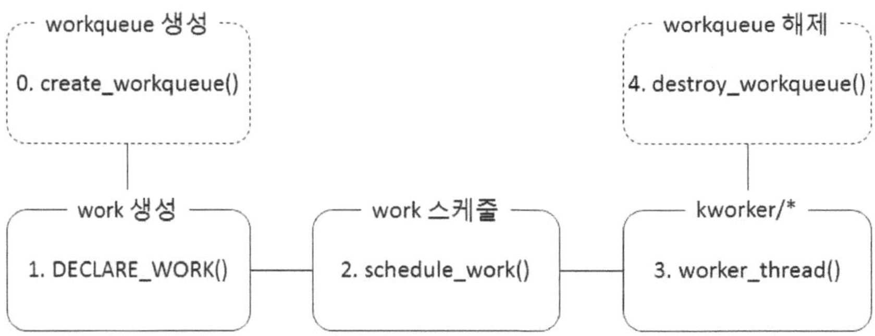

그림 75 워크큐의 처리 과정

6.4.2 워크큐 사용

워크큐에 삽입될 작업은 그림 76의 1 ~ 5줄에 선언된 work_struct 구조체의 형태를 가진다. 이 구조체 변수를 선언하고 초기화하기 위해서는 그림 76의 14째 줄에 있는 DECLARE_WORK() 매크로를 호출하여 work_struct 구조체의 워크를 생성한다.

struct work_struct * 타입의 포인터 변수 work가 있으면 include/linux/workqueue.h에 정의된 아래의 INIT_WORK() 매크로를 이용하여 구조체 할당과 초기화를 할 수 있다.

```
INIT_WORK(work, func);
```

```
1   struct work_struct {
2       atomic_long_t data;
3       struct list_head entry;
4       work_func_t func;
5   }
6   
7   #define __WORK_INITIALIZER(n, f) {                    ₩
8       .data = WORK_DATA_STATIC_INIT(),                  ₩
9       .entry= { &(n).entry, &(n).entry },               ₩
10      .func = (f),                                      ₩
11      __WORK_INIT_LOCKDEP_MAP(#n, &(n))                 ₩
12      }
13  
14  #define DECLARE_WORK(n, f)                            ₩
15      struct work_struct n = __WORK_INITIALIZER(n, f)
```

그림 76 DECLARE_WORK 매크로 (include/linux/workqueue.h)

워크를 초기화할 때는 워크큐 핸들러 함수를 포함해야 하며 이 핸들러는 아래의 프로토 타입을 가져야 한다.

void work_handler(void *data);

이 핸들러는 프로세스 문맥에서 실행되기는 하지만 사용자 태스크와 직접적인 연결점은 없으므로 사용자 공간 (user space)에 접근할 수 없다. 사용자 태스크가 사용할 데이터를 생성한다면, 생성된 데이터를 시스템 콜이 가져가도록 시스템 콜에 코드를 추가해야 한다.

커널 코드에서 생성한 워크를 워크큐에 넣기 위해 그림 76의 1 ~ 4째 줄에 있는 schedule_work() 함수를 호출한다. 이 함수는 기본적으로 존재하는 시스템 전역 워크큐인 system_wq에 삽입하려는 워크인 work를 queue_work() 함수를 통해 넣는다. system_wq는 workqueue_struct 구조체 변수이며 그림 78가 이 구조체의 일부를 보여준다. 기본 시스템 전역 워크큐가 아닌 다른 워크큐에 워크를 스케줄하는 경우에는 schedule_work() 대신 그림 76의 6째 줄에 있는 queue_work()를 사용한다.

```
static inline bool schedule_work(struct work_struct *work)
{
    return queue_work(system_wq, work);
}

static inline bool queue_work(struct workqueue_struct *wq,
                              struct work_struct *work)
{
    return queue_work_on(WORK_CPU_UNBOUND, wq, work);
}
```

그림 77 schedule_work()와 queue_work() 함수 (include/linux/workqueue.h)

아래 코드는 하나의 워크를 초기화하고 스케줄하는 예시를 보여준다.

```
static struct work_struct my_work;
void my_work_handler(struct work_struct *w)
{
    ...
}
static int __init my_drv_init(void)
{
    INIT_WORK(&my_work, my_work_handler);
    schedule_work(&my_work);
}
```

여기서 my_work가 작업하려는 워크를 대표하는 구조체 변수이며 my_work_handler()는 이 워크의 워크큐 핸들러이다. my_work는 이 디바이스 코드의 여러 함수에서 접근하는 전역 공유변수로 선언되고, 디바이스 드라이버의 초기화 코드인 my_drv_init()에서 초기화된 후 스케줄되는 상황을 보여준다. 여기서 워크 변수 선언과 초기화를 같이하는 DECLARE_WORK()를 사용하면 다음과 같이 변경된다.

```
static DECLARE_WORK(my_work, my_work_handler);
static int __init my_drv_init(void)
{
    schedule_work(&my_work);
```

```
}
```

여기서 워크큐 핸들러 my_work_handler()는 이전 코드와 동일하며, my_work 변수 선언과 INIT_WORK()만 DECLARE_WORK()로 대치되었다.

```
struct workqueue_struct {
    struct list_head pwqs;
    struct list_head list;
    struct mutex     mutex;
    char   name[WQ_NAME_LEN];
    struct rcu_head rcu;
    unsigned int     flags ____cacheline_aligned;
   ...
    struct pool_workqueue __percpu *cpu_pwqs;
    struct pool_workqueue __rcu *numa_pwq_tbl[];
};
```

그림 78 workqueue_struct 구조체 (kernel/workqueue.c)

워크큐는 struct workqueue_struct 구조체들이 struct list_head list 필드에 의해 연결된 연결리스트로 구성된다. 그림 77의 3째 줄에서 schedule_work() 함수는 queue_work() 함수를 부르는데, queue_work() 함수는 9째 줄에서 queue_work_on() 함수를 부른다.

```
bool queue_work_on(int cpu, struct workqueue_struct *wq,
            struct work_struct *work);
```

kernel/workqueue.c에 정의되어 있는 queue_work_on() 함수의 첫 번째 인자 cpu는 워크가 실행될 CPU 번호이다. 그림 77의 9째 줄에서 사용된 WORK_CPU_UNBOUND 상수는 현재 CPU core의 개수를 말하며 어느 CPU에서 수행되어도 상관없음을 의미한다.

그림 79의 queue_work_on() 함수는 현재 CPU core의 인터럽트를 닫고 (7째 줄), 스케줄하려는 워크 work가 아직 대기하지 않으면 (8 ~ 9째 줄) __queue_work() 함수를 호출하여 워크큐 wq에 work를 삽입한다 (10째 줄). 인터럽트를 다시 연 후 (13째 줄), work를 삽입했으면 true를, 실패했으면 false를 반환한다.

schedule_work() 함수가 워크를 스케줄하는 기본 함수이지만 주기적인 작업이 실행되도록 하려면 일정 시간이 지난 뒤에 실행시키는 기능이 필요하다. 이를 위해서는

work_struct 구조체 대신 delayed_work 구조체를 쓰는 지연된 워크 (delayed work)를 사용해야 한다. 그림 80의 1 ~ 6째 줄은 delayed_work 구조체를 보여준다.

```
bool queue_work_on(int cpu, struct workqueue_struct *wq,
                    struct work_struct *work)
{
    bool ret = false;
    unsigned long flags;

    local_irq_save(flags);
    if (!test_and_set_bit(WORK_STRUCT_PENDING_BIT,
                    work_data_bits(work))) {
        __queue_work(cpu, wq, work);
        ret = true;
    }
    local_irq_restore(flags);
    return ret;
}
```

그림 79 queue_work_on() 함수 (kernel/workqueue.c)

```
1   struct delayed_work {
2           struct work_struct work;
3           struct timer_list timer;
4           struct workqueue_struct *wq;
5           int cpu;
6   };
7
8   #define __DELAYED_WORK_INITIALIZER(n, f, tflags) {          ₩
9       .work = __WORK_INITIALIZER((n).work, (f)),              ₩
10      .timer = __TIMER_INITIALIZER(delayed_work_timer_fn,     ₩
11                          (tflags) | TIMER_IRQSAFE),₩
12          }
13
14  #define DECLARE_DELAYED_WORK(n, f)                          ₩
15      struct delayed_work n = __DELAYED_WORK_INITIALIZER(n, f, 0)
```

그림 80 delayed_work 구조체 (include/linux/workqueue.h)

지연된 워크 (delayed work)는 주어진 시간이 지난 후 실행을 시작하도록 설정한 워크를 말한다. 지연된 워크를 선언할 때는 그림 80의 14째 줄에 정의된 DECLARE_DELAYED_WORK() 매크로를 이용한다. 지연된 워크를 가리키는 변수 work가 있고 그 워크의 핸들러 func가 있다면 동적으로 지연된 워크의 구조체를 할당하고 초기화하는 그림 81의 9째 줄에 있는 INIT_DELAYED_WORK() 매크로를 사용할 수 있다.

다음은 지연된 워크를 선언하고 초기화하는 예시 코드이다.

```
#include <linux/workqueue.h>
static struct delayed_work my_delayed_work;
void my_delayed_work_handler(struct delayed_work *w)
{
    ...
}
static int __init my_drv_init(void)
{
    INIT_DELAYED_WORK(my_delayed_work, my_delayed_work_handler);
    schedule_delayed_work(&my_delayed_work, 10);
}
```

지연된 워크인 my_delayed_work를 전역 변수로 선언하고 모듈 초기화 함수인 my_drv_init()에서 INIT_DELAYED_WORK() 매크로를 사용하여 my_delayed_work에 핸들러 my_delayed_work_handler를 매핑시킨 후, schedule_delayed_work() 함수를 사용하여 10 tick만큼 지연시킨 후 실행되도록 스케줄하였다. 여기서 tick은 리눅스 커널에서 사용하는 시간의 단위이며 대부분 1 tick은 10msec이다. 따라서, 위 코드에서 지연된 워크 my_delayed_work는 100msec 후에 수행된다. 자세한 내용은 8.1장을 참고하기를 바란다. 지연된 워크 변수 선언과 초기화를 한 번에 하도록 코드를 변경하려면 아래와 같이 DECLARE_DELAYED_WORK() 매크로를 사용한다.

```
static DECLARE_DELAYED_WORK(my_work, my_work_handler);
static int __init my_drv_init(void)
{
    schedule_delayed_work(&my_work, 10);
```

```
}
```

지연된 워크를 지원하는 함수들을 살펴보자. 그림 81의 9 ~ 10째 줄에서 INIT_DELAYED_WORK()는 1째 줄의 __INIT_DELAYED_WORK() 매크로를 호출하는데, __INIT_DELAYED_WORK() 매크로는 3째 줄에서 INIT_WORK()를 호출한 후 __init_timer()를 호출하여 워크큐 핸들러인 delayed_work_timer_fn()를 타이머 구조체인 &(_work)->timer에 매핑한다.

```
1  #define __INIT_DELAYED_WORK(_work, _func, _tflags)          ₩
2          do {                                                ₩
3                  INIT_WORK(&(_work)->work, (_func));         ₩
4                  __init_timer(&(_work)->timer,               ₩
5                               delayed_work_timer_fn,         ₩
6                               (_tflags) | TIMER_IRQSAFE);    ₩
7          } while (0)
8
9  #define INIT_DELAYED_WORK(_work, _func)                     ₩
10         __INIT_DELAYED_WORK(_work, _func, 0)
11
12 static inline bool schedule_delayed_work(struct delayed_work *dwork,
13                                          unsigned long delay)
14 {
15    return queue_delayed_work(system_wq, dwork, delay);
16 }
17
18 static inline bool queue_delayed_work(struct workqueue_struct *wq,
19                                       struct delayed_work *dwork,
20                                       unsigned long delay)
21 {
22    return queue_delayed_work_on(WORK_CPU_UNBOUND, wq, dwork,
23                                 delay);
24 }
```

그림 81 INIT_DELAYED_WORK() 매크로와 schedule_delayed_work() 함수 (include/linux/workqueue.h)

지연된 워크를 기본 시스템 전역 워크큐인 system_wq에 스케줄할 때는 그림 81의 12째 줄에 선언된 schedule_delayed_work() 함수를 사용한다. 기본 워크큐가 아닌 다른 워크큐에 지연된 워크를 스케줄할 때는 18째 줄의 queue_delayed_work() 함수를 사용한다.

스케줄한 워크들이 모두 완료되기까지 기다리고 싶으면 아래의 flush_scheduled_work()를 사용한다. 이 함수는 전역 워크큐인 system_wq에 스케줄된 모든 워크들이 완료될 때까지 대기 상태로 기다린다. 하지만 이 함수를 호출할 때는 데드락 (deadlock)이 발생할 가능성이 없는지를 충분히 확인한 후에 호출해야 한다. 예를 들어, 이 함수 이후 코드에 세마포어 락을 푸는 함수가 있고 워크큐에 있는 워크 중에 세마포어 락을 거는 함수가 있다면 워크 함수와 이 코드는 데드락에 걸린다.

```
void flush_scheduled_work(void);
```

스케줄한 delayed_work를 취소시킬 때는 아래의 cancel_delayed_work() 함수를 사용한다. cancel_delayed_work() 함수는 대상 delayed_work가 아직 실행되지 않고 시간이 되기를 기다리는 중이라면 스케줄에서 제거하고 1을 반환하고, 이미 작업이 끝났거나 스케줄되지 않은 상태이면 0을 반환한다.

```
bool cancel_delayed_work(struct delayed_work *dwork);
```

DECLARE_WORK()로 선언한 워크는 보통 그림 77의 schedule_work()를 통해 디폴트 워크큐인 system_wq에 스케줄된다. 하지만, 새로운 워크큐를 만들어 그 워크큐에 워크를 스케줄할 수 있다. 아래의 create_workqueue() 매크로는 새로운 워크큐를 만들어 그 포인터를 반환한다.

```
struct workqueue_struct *create_workqueue(const char *name);
```

이를 이용하여 새로운 워크큐를 만들고 새로운 워크 my_work와 새로운 지연된 워크 my_dwork를 이 워크큐에 스케줄하는 예제는 그림 82과 같다. 두 워크는 각각 my_work_ft()와 my_dwork_ft()를 워크큐 핸들러로 사용한다고 가정한다. my_dwork_ft() 함수는 100 ticks 이후에 깨어나서 수행을 시작한다.

특정 워크큐에 스케줄된 워크들이 모두 수행될 때까지 기다리는 함수는 아래의 flush_workqueue()이다. 수행이 완료될 때까지 이 함수를 호출한 태스크는 블록된다.

```
void flush_workqueue(struct workqueue_struct *wq);
```

더 이상 특정 워크큐를 사용하지 않으면 destroy_workqueue() 함수로 워크큐 자료구

```
struct workqueue_struct *my_wq;
DECLARE_WORK(my_work, my_work_ft);
DECLARE_DELAYED_WORK(my_dwork, my_dwork_ft);
my_wq = create_workqueue("my_workqueue");
res = queue_work(my_wq, &my_work);
res = queue_delayed_work(my_wq, &my_dwork, 100);
```

그림 82 워크큐에서 워크와 지연된 워크의 선언 및 스케줄 예시

조가 사용하던 공간을 반납한다. 스케줄되거나 수행 중인 워크가 이 워크큐에 남아 있으면 이들 워크가 모두 끝날 때까지 기다린다. 즉 flush_workqueue()를 수행하고 사용 공간을 반납한다.

```
void destroy_workqueue(struct workqueue_struct *wq)
```

6.4.3 워크큐의 실행 과정

워크큐에 스케줄된 워크들은 worker_thread()에 의해 실행된다. 이 과정의 주요 함수 호출은 다음과 같다.

```
worker_thread()
    └ process_scheduled_works()
          └ process_one_work()
                └ worker->current_func(work)
```

worker_thread()는 create_worker() 함수가 kthread_create_on_node() 함수를 이용하여 커널 스레드로 생성한다. 생성된 worker_thread()는 “kworker/*”의 이름을 가진다.

6.5 Work queue를 이용하는 디바이스 드라이버

6.5.1 지연된 워크 사용하기

워크큐를 사용하는 목적 중 하나는 주기적으로 간단한 작업을 수행하는 커널 작업을 만들기 위해서이다. 예를 들어, 주기적으로 센서로부터 값을 읽어 저장하는 디바이스 드

라이버 모듈을 만들고 커널에 삽입한다고 하자. 화면에 현재 센서값을 읽어 출력하는 응용프로그램은 이 디바이스가 제공하는 디바이스 파일을 읽음으로써 쉽게 최근 센서값을 얻을 수 있고 이를 화면에 출력할 수 있다.

그림 83와 84은 지연된 워크를 적용하는 간단한 예제를 보여준다. 이 예제에서는 디폴트 워크큐인 system_wq를 사용하지 않고, 별도의 워크큐인 wq를 만들어 사용한다. 전체 코드는 지연된 워크와 워크큐를 선언하는 부분, 워크큐 핸들러, 모듈 초기화 부분,

```
#include <linux/module.h>
#include <linux/kernel.h>
#include <linux/workqueue.h>

static void mykmod_work_handler(struct work_struct *w);
static struct workqueue_struct *wq = 0;
static DECLARE_DELAYED_WORK(mykmod_work, mykmod_work_handler);
static unsigned long onesec;

static void
mykmod_work_handler(struct work_struct *w)
{
    pr_info("mykmod work %u jiffies₩n", (unsigned)onesec);
    queue_delayed_work(wq, &mykmod_work, onesec);
}

static int __init mykmod_init(void)
{
    onesec = msecs_to_jiffies(1000);
    pr_info("mykmod loaded %u jiffies₩n", (unsigned)onesec);

    if (!wq)
        wq = create_singlethread_workqueue("mykmod");
    if (wq)
        queue_delayed_work(wq, &mykmod_work, onesec);

    return 0;
}
```

그림 83 워크큐 예제 프로그램 (mywq.c) (1)

```
1  static void __exit mykmod_exit(void)
2  {
3    if (wq)
4      destroy_workqueue(wq);
5    pr_info("mykmod exit₩n");
6  }
7
8  module_init(mykmod_init);
9  module_exit(mykmod_exit);
10
11 MODULE_DESCRIPTION("mykmod");
12 MODULE_LICENSE("GPL");
13 MODULE_AUTHOR("Hansan Books");
14 MODULE_DESCRIPTION("Device Driver with Interrupt Example");
15 MODULE_INFO(intree, "Y");
```

그림 84 워크큐 예제 프로그램 (mywq.c) (2)

그리고 모듈 종료 부분으로 나뉜다. 워크큐 선언 부분은 그림 83의 6째 줄에서 전역 변수로 포인터를 초기화하고, 23째 줄에서 “mykmod”란 워크큐를 만드는 부분이다. 워크의 선언 부분은 그림 83의 7째 줄이며 핸들러인 mykmod_work_handler()를 연결시켰다.

워크큐 핸들러는 그림 83의 11 ~ 15째 줄에 선언된 mykmod_work_handler()로서 13째 줄에서 문자를 출력하고, 14째 줄에서 자신과 연결된 워크인 mykmod_work를 다시 워크큐 wq에 넣으면서 onesec 뒤에 깨어나도록 스케줄한다. onesec 변수는 19째 줄에 1000ms에 해당하는 tick 또는 jiffies 단위의 값을 가지고 있다. 워크인 mykmod_work가 핸들러인 mykmod_work_handler()와 연결되어 있으므로 1초 뒤에는 다시 mykmod_work_handler()가 수행된다. 처음 mykmod_work가 스케줄되는 것은 그림 83의 25째 줄에서 queue_delayed_work()를 호출할 때이며, 이 부분은 15째 줄과 동일함을 알 수 있다. 모듈 초기화 함수인 mykmod_init()는 19째 줄에서 1초에 해당하는 jiffies를 얻어 onesec 변수에 넣고, 워크큐 생성과 워크 스케줄을 수행한다.

모듈 종료 함수인 mykmod_exit()는 그림 84의 3 ~ 4째 줄에서 워크큐 wq를 반납하고 종료한다. 이 디바이스 드라이버 모듈은 다음과 같이 컴파일하고 수행할 수 있다. 마지막의 dmesg를 통해 출력된 내용을 확인해서 의도한 대로 실행되었는지 확인해 보자.

```
# vi wq_test.c
```

```
# vi Makefile
# make
# sudo insmod wq_test.ko
# sudo rmmod wq_test
# dmesg | tail -5
```

6.5.2 온습도 센서 컨트롤

디바이스 드라이버는 시스템 콜에 의해 수동적으로 사용자 요청을 처리할 수도 있지만, 주기적으로 해당 디바이스의 정보를 얻은 뒤 사용자 요청에 대해서는 미리 얻은 정

```
#include <wiringPi.h>
#include <stdio.h>
#include <stdlib.h>
#include <string.h>
#include <stdint.h>
#define MAXTIMINGS 83
#define DHTPIN 7
int dht11_dat[5];
void read_dht11_dat()
{
    uint8_t laststate = HIGH;
    uint8_t counter = 0;
    uint8_t j = 0, i;
    uint8_t flag = HIGH;
    uint8_t state = 0;
    float f;

    memset(dht11_dat, 0, sizeof(int) * 5);
    pinMode(DHTPIN, OUTPUT);
    digitalWrite(DHTPIN, LOW);
    delay(18);
    digitalWrite(DHTPIN, HIGH);
    delayMicroseconds(30);
    pinMode(DHTPIN, INPUT);
```

그림 85 DHT11 모듈로부터 값을 얻는 코드 (1)

```
    for (i = 0; i < MAXTIMINGS; i++) {
        counter = 0;
        while (digitalRead(DHTPIN) == laststate) {
            counter++;
            delayMicroseconds(1);
            if (counter == 200) break;
        }
        laststate = digitalRead(DHTPIN);
        if (counter == 200) break;
        if ((i >= 4) && (i % 2 == 0)) {
            dht11_dat[j / 8] <<= 1;
            if (counter > 35) dht11_dat[j / 8] |= 1;
            j++;
        }
    }
    if ((j >= 40) && (dht11_dat[4] == ((dht11_dat[0] + dht11_dat[1] +
dht11_dat[2] + dht11_dat[3]) & 0xff))) {
        printf("humidity = %d.%d %% Temperature = %d.%d *C ₩n",
dht11_dat[0], dht11_dat[1], dht11_dat[2], dht11_dat[3]);
    } else
        printf("Data get failed₩n");
}

int main(void)
{
    printf("dht11 Raspberry pi₩n");
    if (wiringPiSetup() == -1) exit(1);
    while (1) {
        read_dht11_dat();
        delay(1000);
    }
    return 0;
}
```

그림 86 DHT11 모듈로부터 값을 얻는 코드 (2)

보를 제공할 수도 있다. 지금까지 다룬 후반부 작업 중 워크큐를 이용하여 센서의 정보를 얻는 디바이스 모듈을 제작해보자. 여기서는 대표적인 온습도 센서인 DHT11 센서를

GPIO를 통해 라즈베리파이와 연결한 뒤 그 센서의 값인 온도와 습도를 주기적으로 얻는 시스템을 구성했다고 가정한다. DHT11 센서는 센싱한 온도와 습도를 디지털 신호로 출력하므로 라즈베리파이의 GPIO와 직접 연결하여 데이터를 받을 수 있다. 그림 85와 86의 코드는 사용자 프로그램에서 sudo 명령어로 권한을 얻어 직접 GPIO를 통해 DHT11 센서의 데이터를 받아 출력하는 응용 프로그램이다.

그림 85와 86의 코드는 커널 코드가 아니고 사용자 공간에서 수행되는 코드이기 때문에 사용자 공간에서 GPIO에 접근하는 wiringPi 라이브러리를 사용한다. wiringPi는 개발자의 개인용 깃허브 (GitHub)를 이용하여 다음과 같이 설치한다. 우선 패키지 설치용 디렉터리로 이동한다. apt-get을 사용하여 깃허브 툴인 git-core를 설치한다. 개발자의 깃서버에서 wiringPi 소스코드를 clone의 형태로 다운로드하고 컴파일한다.

```
pi $ sudo apt-get install git-core
pi $ sudo git clone git://git.drogon.net/wiringPi
pi $ cd wiringPi
pi $ sudo ./build
```

다음을 수행시켜 wiringPi가 제대로 설치되었는지 확인한다.

```
pi $ gpio -v
pi $ gpio readall
```

디바이스 드라이버가 아닌 응용 프로그램을 굳이 수행하고 분석하는 이유는 DHT11 센서의 특성을 알기 쉽고, 디버깅도 비교적 용이하기 때문이다. 응용프로그램에서 잘 수행되는 코드는 일부 함수를 디바이스 드라이버로 쉽게 포팅할 수 있다. DHT11 온습도 센서 모듈은 그림 87와 같이 특정 시간 간격의 길이로 명령을 받고 자신이 측정한 센서 값을 반환한다. 그림 85의 6째 줄에 정의된 MAXTIMINGS는 DHT11 모듈이 보내는 신호가 높은 값 (Vcc)에서 낮은 값 (Gnd)으로 바뀌거나, 낮은 값에서 높은 값으로 바뀌는 회수의 최대값을 나타낸다. 그림 87에서는 이러한 변경이 7번 발생했는데, 신호가 붉은 색일 때는 센서에게 보내는 값이므로 변경으로 포함하지 않았고, i 값이 0일 때 처음 변경이 발생했다. 2번 변경이 발생할 때마다 1bit의 데이터가 센서로부터 전송되며 총 40bit의 데이터가 필요하고, 초기화 단계가 2번의 변경을 소모하며, 마지막 변경으로 데이터 전송이 끝났다는 것을 확인하므로 83번의 변경이 필요하다.

DHT11은 1번의 데이터 요구에 총 5개의 바이트 값을 반환하는데, 첫 번째 값은 습도의 정수 부분, 두 번째 값은 습도의 소수점 이후 2자리 값, 세 번째 값은 온도의 정수

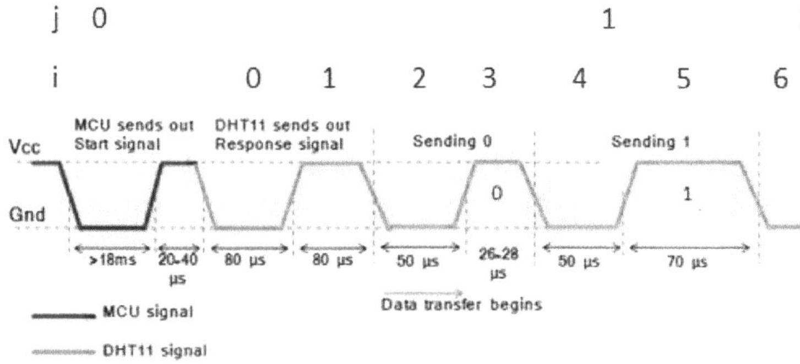

그림 87 DHT11 모듈의 명령어 입력 및 결과 출력 시그널

부분, 네 번째 값은 온도의 소수점 이후 2자리 값, 그리고 마지막 값은 앞의 네 수를 합한 뒤 하위 1바이트만 취한 값이다. 마지막 값은 앞의 네 값이 제대로 전송되었는지를 검증하는 역할을 하며 그림 86의 16 ~ 17째 줄이 그 검증과정에 해당한다. 그림 85와 86의 코드에서는 이 5개의 값을 그림 85의 8째 줄에 선언된 dht11_dat[ ] 배열에 저장한다. 각 값은 나중에 shift 연산을 통해 계산되기 때문에 0으로 초기화되어 있어야 한다. 이 초기화를 그림 85의 18째 줄에서 수행한다.

이제 read_dht11_dat() 함수에서 DHT11 센서로부터 값을 읽는 코드의 핵심을 보자. 그림 85의 9째 줄부터 시작하는 read_dht11_dat() 함수는 DHT11 모듈로부터 값을 얻은 뒤, 얻은 값에 에러가 없으면 콘솔에 출력하고 에러가 있으면 에러메시지를 출력한다. 그림 85의 11째 줄에 있는 laststate는 이전 상태의 출력값을 의미하며 HIGH (1, Vcc) 또는 LOW (0, Gnd) 값을 가진다. 지금 상태의 출력값과 이전 상태의 출력값을 비교해서 상태가 바뀌었는지를 체크하는 용도로 사용한다.

DHT11 센서로부터 값을 얻으려면 그림 87의 붉은 선과 같이 DHT11 센서에게 값을 보내라는 명령을 내려야 한다. 우선 그림 85의 19째 줄에서 DHT11 센서와 연결된 GPIO 핀인 DHTPIN을 쓰기 모드로 셋팅을 한다. 20 ~ 21째 줄은 해당 GPIO 핀으로 낮은 값을 약 18ms 동안 보내고, 22 ~ 23째 줄은 높은 값을 약 30µsec 동안 보내는 명령이다. 이로서 그림 87의 붉은 선에 해당하는 명령이 DHT11 센서에게 전달된다. 이제 센서는 자동으로 데이터를 보내는 모드로 바뀌므로, 그림 85와 그림 86의 프로그램도 그림 85의 24째 줄에서 DHTPIN을 읽기 모드로 바꾼다.

그림 86의 1 ~ 15째 줄에 있는 for-문에서 최대 MAXTIMINGS 만큼의 주기로 데이터를 읽는다. 5째 줄에서 1 µsec씩 기다리며 DHT11 센서의 출력값이 같을 동안 counter

변수를 증가시키는데, counter의 값이 200을 넘어가면 센서가 더 이상 보내줄 데이터가 없는 상태라고 보고 빠져나간다. 센서의 출력값이 바뀌면 3째 줄의 while-문에서 조건문이 거짓이 되어 반복에서 빠져나간다. 따라서, for-문의 인덱스 i는 센서의 출력값이 바뀔 때 1씩 증가한다고 볼 수 있다. 그림 87 그래프의 위쪽에 i가 바뀌는 값이 표시되어 있다. 첫 번째 Gnd에서 0이며 다음의 Vcc에서 1이 된다. 이때의 counter 값은 80 근방인데, 이 부분은 데이터가 아니고 이제 데이터를 보내겠다는 초기화 부분이다. 센서로부터 값이 들어오는 것은 i가 2일 때 부터이며 i가 4가 되었을 때 첫 번째 데이터 bit의 전송이 끝났다는 것을 알게 된다. 그리고 이후부터 i가 짝수일 때마다 데이터 bit의 전송이 끝났음을 안다. 따라서, 데이터 bit를 처리할 순간이라는 것을 그림 86의 10째 줄에 있는 조건문으로 판정한다.

센서로부터 받은 데이터는 배열 dht11_dat[ ]의 0번째 원소부터 시작한다. 센서의 데이터는 MSB (most significant bit)부터 8개의 bit가 5번 들어오며, dht11_dat[ ]의 각 원소는 1 byte, 즉 8 bit이므로, 입력받은 한 bit씩 원소의 LSB (least significant bit), 또는 0번째 bit에 넣고 매번 왼쪽으로 1bit씩 shift 하면 (11째 줄) 한 원소마다 8개의 bit가 저장된다. 센서는 bit 데이터를 보낼 때 그림 87처럼 0을 보낼 때는 26 ~ 28µsec 동안 높은 구간을 유지하고, 1을 보낼 때는 70µsec 동안 높은 구간을 유지한다. counter 변수는 이전 구간의 길이를 µsec 단위로 담고 있어서 (4 ~ 5째 줄), 35를 넘으면 1값이라고 판단하여 1을 배열 원소의 LSB (Least Significant Bit)에 넣고, 아니면 0을 넣는다. 이 작업은 if와 bitwise-or를 수행하여 구현한다. (12째 줄) 인덱스 j는 dht11_dat[ ]에 센서로부터 받은 bit 데이터가 저장될 bit 위치를 나타낸다. 그림 87의 위쪽 편에 j의 값이 바뀌는 시각이 표시되어 있는데, 매번 데이터가 dht11_dat[ ]에 저장된 직후에 1씩 증가한다.

센서로부터의 값이 83번 바뀌었거나 200µsec 이상 센서의 출력값이 같으면 센서로부터의 입력이 완료되었다고 판단한다. 그림 86의 16째 줄은 DHT11 센서로부터 제대로 받은 데이터인지가 확인되면 17째 줄에서 습도와 온도를 출력한다. 그림 86의 24 ~ 33째 줄의 main() 함수는 무한정 반복해서 1초마다 read_dht11_dat() 함수를 호출해서 그 값을 출력하는 함수이다.

6.6 후반부 처리 정리

후반부 처리에서 제공되는 방법은 softirq, 태스크릿, 그리고 워크큐의 3가지가 있으며 각 방법의 특징은 다음과 같다.

- softirq
  - 병렬성이 제공되어 폭발적인 수요 (bursty)가 발생하는 경우에 적합하다.
  - 직렬화 (serialization) 지원이 적어서 프로그래머의 부담이 크다.
  - 실행 시간에 민감하고 자주 수행되는 작업 처리에 적합하다.
- 태스크릿
  - 같은 태스크릿 함수에 대해서 직렬화가 제공되므로 프로그래머의 부담이 적다.
- 워크큐
  - 블록되어 스케줄될 수 있으므로 지연 (delay)이 필요한 작업에 적합하다.
  - 문맥 교환 비용 때문에 실행 시간에 민감한 작업을 처리하기에는 적합하지 않다.
  - 병렬성이 제공되며, 직렬화는 프로그래머의 역할이다.

여기서 *병렬성*은 같은 코드가 여러 CPU core에서 동시에 실행될 수 있음을 의미하며, *직렬화*는 여러 CPU core에서 동시에 함수가 수행되어도 항상 한 CPU core에서 순서대로 수행되는 것과 같은 결과를 얻을 수 있음을 의미한다. 의미에서 판단할 수 있듯이 병렬성은 하드웨어, 운영체제, 그리고 컴파일러의 지원이 있어야 가능하다. 각 CPU에서 수행되는 태스크 사이에 공유하는 데이터가 없는 경우에는 병렬성만 제공되어도 충분하다. 하지만 공유 데이터가 있는 경우 동기화를 해야 직렬화를 만족시킬 수 있다.

프로그래머가 자신의 코드를 직렬화하거나 공유하는 자료구조의 일관성을 유지할 수 있도록 리눅스 커널은 인터럽트 제어와 락 (lock)을 제공한다. 기본적인 락은 전역변수와 바쁜 대기 (busy waiting)을 이용해서 처음 락을 얻고 값을 변경한 코드가 그 값을 복원하기 전까지는 다른 코드는 락을 얻는 과정에서 바쁜 대기를 하도록 만드는 코드들이다. 락과 관련된 동기화 함수들은 제7장에서 자세히 다룬다.

커널 코드 A가 공유된 자료구조에 접근할 때 그 자료구조를 공유하는 다른 코드 B가 자신보다 우선순위가 높은 계열 L_h에 속한다면 우선 L_h 계열에 있는 태스크가 동작하는 것을 막아야 한다. 왜냐하면, 그림 88 (a)에서 A가 락을 걸 때 높은 우선순위 L_h를 막지 않으면 B가 수행하면서 A를 선점하고 락을 걸려고 시도할 것이다. A가 아직 락을 풀지 않은 채로 선점되어 대기 상태에 있으므로 B는 락을 얻을 수 없어 두 코드가 모두 더는 진행할 수 없는 데드락 (deadlock)에 빠지게 된다. 하지만 그림 88 (b)와 같이 A가 락을 걸면서 높은 우선순위 L_h를 막으면 코드 B가 A를 선점하지 못하므로 A는 공유 자료구

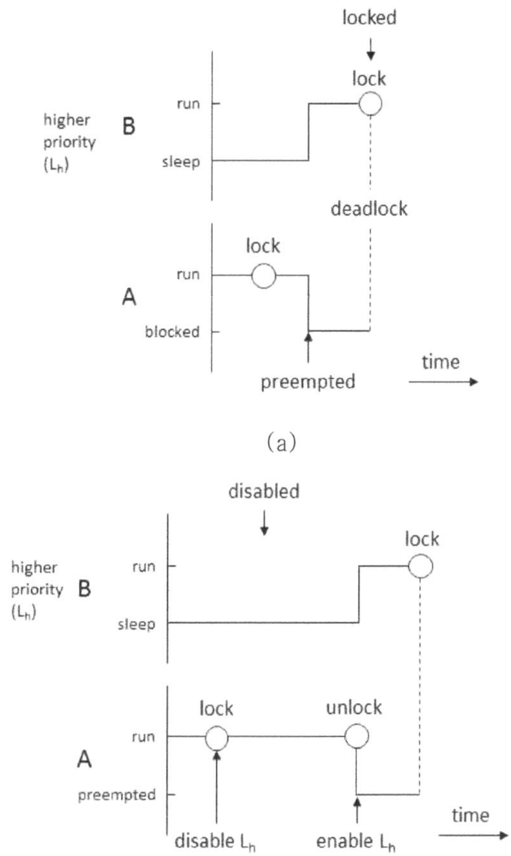

(a)

(b)

그림 88 낮은 우선순위의 코드가 락을 걸 때 (a) 높은 우선순위를 막지 않은 경우와 (b) 높은 우선순위를 막은 경우

조에 대한 작업을 마치고 락을 풀고 높은 우선순위 L_h를 열게 된다. 이 경우 데드락이 발생하지 않는다.

인터럽트 핸들러가 후반부 처리와 공유하는 자료구조가 있으면 락을 걸어야 한다. 공유 자료구조에 접근할 때 다른 CPU에서 수행 중인 코드가 해당 자료구조에 접근할 가능성이 있기 때문이다. Softirq가 공유 자료구조에 접근할 때 인터럽트 핸들러가 이 자료구조에 접근할 가능성이 있다면 인터럽트를 닫고 락을 걸어야 한다. 그럴 가능성이 없으면 락만 걸어도 된다. 이는 태스크릿에도 같이 적용된다. 워크큐에서 인터럽트 핸들러와 자료구조를 공유할 때는 인터럽트를 닫고 락을 건다. 워크큐에서 softirq나 태스크릿과 자료구조를 공유할 때는 후반부 처리를 닫고 락을 건다. 후반부 처리를 닫는 함수는 include/linux/bottom_half.h에 선언된 local_bh_disable() 함수이다. 닫힌 후반부 처리를 여는 함수는 local_bh_enable() 함수이다.

```
void local_bh_disable(void);
void local_bh_enable(void);
```

이 두 함수들은 네스티드 호출이 가능해서 가장 마지막 local_bh_enable() 함수만 후반부 처리를 연다.

제6장 연습문제

6-1. 인터럽트, softirq, 태스크릿은 인터럽트 문맥에 있다. 이를 바탕으로 CPU 스택의 개수가 CPU core 개수임을 설명하시오.

6-2. Softirq가 등록되고 올라오는 동안 softirq 핸들러에게 전달되는 인자는 그 핸들러 구조체의 포인터뿐이다. 핸들러에게 별도의 인자가 제공되지 않는 이유는 무엇이라고 보는가?

6-3. Softirq와 tasklet의 차이를 가능한 한 많이 설명하시오.

6-4. 멀티코어 시스템에서 인터럽트 핸들러와 태스크릿 핸들러가 공유하는 데이터가 있을 때, 태스크릿 핸들러는 disable_irq()을 사용하여 인터럽트 핸들러가 매핑한 인터럽트 라인 irq를 막는다. local_irq_save()는 현재 태스크릿 핸들러가 수행되는 CPU에 인터럽트 핸들러가 수행되지 않도록 하는 함수인데 disable_irq() 대신 local_irq_save()를 사용해도 되는가? 그 이유를 설명하시오.

6-5. 시스템 콜이 태스크릿과 공유하는 자료구조에 접근할 때 태스크릿을 비활성화시킨다. 이때 스핀락을 걸 필요가 있는가? 그 이유는 무엇인가?

6-6. 157쪽에서 flush_scheduled_work() 이후에 세마포어 락을 푸는 코드가 있고, 워크 중에 세마포어 락을 거는 함수가 있으면 데드락에 걸린다고 하였다. 이러한 상황을 스레드들의 시나리오로 묘사하시오.

6-7. 5.4.4장의 그림 60 ~ 62에 있는 GPIO 버튼과 LED 램프에 워크큐를 적용하여 버튼을 1번 누르면 LED 램프에 0.5초 불이 들어오고 0.5초 불이 나가는 점등 동작이 3회 동작하고 LED 램프가 꺼지도록 변경하시오. 램프가 점등되는 3초 동안 눌려지는 GPIO 버튼은 무시하도록 하시오.

제6장 프로그래밍 과제

문제:

DHT11을 라즈베리파이의 GPIO에 연결하시오. DHT11을 관리하는 디바이스 드라이버 모듈을 작성하고, 이 모듈의 장치 파일인 /dev/dht11을 만든다. 응용 프로그램을 작성해서 이 프로그램이 /dev/dht11을 열어 5초마다 read() 시스템 콜을 통해 값을 읽어 출력하도록 구현하라.

조건:

- 디바이스 드라이버 코드는 read() 요청이 발생했을 때 2초 이내에 읽은 온습도 데이터가 있어서 이를 바로 반환하도록 만든다. 이 조건이 가능하게 하려면 디바이스 드라이버가 아무리 길어도 2초마다 DHT11로부터 데이터를 읽어야 한다.
- 디바이스 드라이버 코드는 1ms 이상 대기하는 경우에 바쁜 대기를 이용하지 않아야 하며 워크큐를 이용하도록 코드를 작성해야 한다.

힌트:

디바이스 드라이버가 2초마다 DHT11 모듈로부터 온습도 데이터를 읽도록 하는 방법의 하나는 워크큐에 지연된 워크를 넣고, 이 워크의 핸들러는 DHT11 모듈로부터 온습도 데이터를 읽은 뒤 자신을 다시 2초 뒤에 스케줄하는 것이다. 그림 89은 이러한 구조를 보여준다.

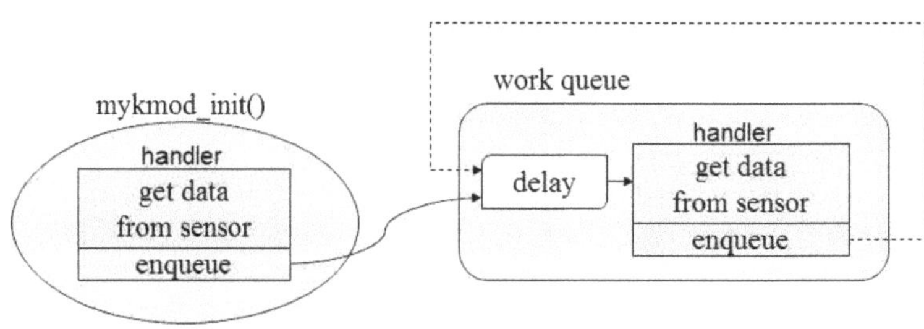

그림 89 DHT11 모듈로부터 주기적으로 값을 얻는 디바이스 드라이버 구조

하지만 이 구조는 여전히 두 번째 조건을 만족하지 못한다. 긴 대기를 없애는 방법으로 워크큐 핸들러를 하나 추가할 수 있다. 그림 90은 DHT11에서 출력 명령을 주기 위해 18ms만큼 기다리는 부분을 두 번째 핸들러의 지연으로 만듦으로써 긴 바쁜 대기를

피하는 방법을 제시한다.

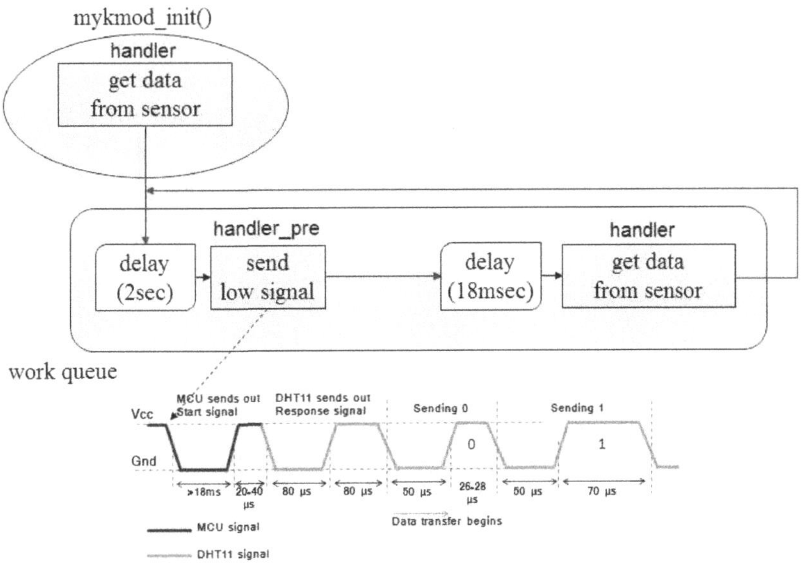

그림 90 긴 바쁜 대기를 두 개의 핸들러로 변경한 디바이스 드라이버 구조

WiringPi는 사용자 공간의 프로그램에서 사용하는 라이브러리라서 커널에서는 사용할 수 없다. 따라서 그림 85 ~ 86의 wiringPi에서 사용하던 함수들을 커널에서 제공하는 함수들로 변경해야 한다. 표 10은 그림 85 ~ 86에서 사용된 wiringPi 함수들에 대응되는 리눅스 커널의 함수들을 제시한다.

표 10 각 GPIO 기본 기능에 대한 wiringPi 함수와 Linux kernel 함수의 비교

기능	wiringPi 제공 (user)	Linux kernel 제공
헤더 파일	wiringPi.h	linux/gpio.h, linux/delay.h
핀 방향 설정	pinMode()	필요 없음
신호 읽기	digitalRead()	gpio_get_value()
신호 보내기	digitalWrite()	gpio_set_value()
마이크로초 대기	delayMicroseconds()	udelay()

제7장 동기화

7.1 동기화 개요

리눅스 커널은 다양한 모듈들이 서로 자료구조들을 공유한다. 예를 들어, 블록 디바이스 드라이버의 경우를 보자. 블록 디바이스가 읽기 요청을 완료하면 이 블록 디바이스가 인터럽트를 발생시킨다. 이 디바이스에 대응되는 인터럽트 핸들러가 동작하여 디바이스의 로컬버퍼에서 데이터를 읽어, Softirq에게 이 과정의 나머지 부분을 맡기기 위해 인터럽트 핸들러와 softirq가 공유하는 자료구조에 저장한다. Softirq는 공유하는 자료구조로부터 저장된 내용을 읽어 커널의 파일 시스템 자료구조에 반영한다. 이처럼, 디바이스 드라이버를 포함한 커널 코드들은 다양한 자료구조를 공유하기 때문에 이들 자료구조의 일관성을 유지하기 위해서 동기화는 필요하다.

공유하는 자료구조의 일관성을 유지하기 위해 동기화를 하는 경우 보통 lock()을 이용하여 아래의 순서에 따라 임계구역 (critical section)을 지정한다. 여기서 임계구역이란 그 구역의 코드를 수행하고 있는 태스크가 최대 1개가 되어야 하는 코드 구역을 말한다.

```
lock();
data = data + 1;
unlock();
```

이 방식은 데이터의 일관성을 유지한다는 목적은 정확히 달성하지만, 효율성 측면에서는 부족한 점이 있다. lock() 함수가 문맥 교환을 하도록 구현되었다면 변수의 값을 하나 증가시킨다는 짧은 일을 하기 위해 두 번의 문맥 교환을 해야 한다. 이 경우 바쁜 대기 (busy waiting)로 lock()이 구현된다면 효율성은 높아지지만, 여전히 lock()이 함수라는 문제점은 남아 있다. 예를 들어, lock() 다음에 unlock()이 아닌 lock()을 실수로 사용하는 경우 컴파일 시간에는 이를 확인하지 못하며, 실행할 때도 당장은 문제가 보이지 않는다. 또는, lock()이나 unlock() 둘 중 하나를 빠트리는 실수를 저지를 수도 있다. 만약 CPU와 운영체제에서 변수의 증가와 같은 간단한 일을 원자적으로 할 수 있는, 또는 중간에 개입이 발생하지 않는 연산인 원자적 연산 (atomic operation)을 제공한다면, 하나의 변수에서 값을 갱신 (update)하는 작업은 효율적이고 에러의 가능성 없이 진행될 수 있다. 리눅스는 다음과 같이 다양한 원자적 연산을 지원한다.

7.2 원자적 연산

원자적 연산을 위해서는 우선 피연산자의 타입을 다음 구조체로 선언해야 한다. 이 구조체는 include/linux/types.h에 선언되어 있다.

```
typedef struct {
    volatile int counter;
} atomic_t;
```

선언한 변수는 ATOMIC_INIT() 매크로로 다음과 같이 초기화하거나 atomic_set() 매크로로 값을 할당한다. 대부분의 원자적 연산들은 include/asm-generic/atomic.h에 선언되어 있다.

```
atomic_t data;
data = ATOMIC_INIT(0);
atomic_set(&data, 1);
```

atomic_t 변수의 값을 1 증가시킬 때는 atomic_inc() 함수를 사용하며, 값을 뺄 때는 atomic_sub() 함수를 사용한다.

```
atomic_inc(&data);
atomic_sub(3, &data);
```

atomic_t 변수의 값을 정수형으로 변환할 때는 atomic_read() 함수를 사용한다.

```
value = atomic_read(&data);
```

경우에 따라서는 값을 하나 증가시키거나 감소시킨 뒤 그 결과가 0이면 true를 반환하는 원자적 연산이 필요하다. 값을 1 감소시키고 그 결과가 0인지 확인하는 함수는 atomic_dec_and_test()이다.

```
if (atomic_dec_and_test(&data)) return;
```

표 11에서 주요 원자적 연산들을 골라 소개한다.

표 11 원자적 연산

원자적 연산	의미
ATOMIC_INIT(i)	정수 i로 초기화한 atomic_t 변수 반환
int atomic_read(atomic_t *v)	atomic_t 변수 v의 값을 반환
void atomic_set(atomic_t *v, int i)	atomic_t 변수 v의 값을 i로 설정
void atomic_add(int i, atomic_t *v)	atomic_t 변수 v의 값을 i만큼 증가
void atomic_sub(int i, atomic_t *v)	atomic_t 변수 v의 값을 i만큼 감소
void atomic_inc(atomic_t *v)	atomic_t 변수 v의 값을 1만큼 증가
void atomic_dec(atomic_t *v)	atomic_t 변수 v의 값을 1만큼 감소
void atomic_and(int i, atomic_t *v)	atomic_t 변수 v의 값에 i를 비트단위 and 연산 적용
void atomic_or(int i, atomic_t *v)	atomic_t 변수 v의 값에 i를 비트단위 or 연산 적용
void atomic_xor(int i, atomic_t *v)	atomic_t 변수 v의 값에 i를 비트단위 xor 연산 적용
int atomic_xchg(atomic_t *v, int i)	atomic_t 변수 v의 값을 i로 바꾸고 v의 이전 값을 반환
bool atomic_sub_and_test(int i, atomic_t *v)	atomic_t 변수 v의 값에 i를 빼고 그 값이 0이 되면 true를 반환, 아니면 false를 반환
bool atomic_dec_and_test(atomic_t *v)	atomic_t 변수 v의 값을 1 감소시키고 그 값이 0이 되면 true를 반환, 아니면 false를 반환
bool atomic_inc_and_test(atomic_t *v)	atomic_t 변수 v의 값을 1 증가시키고 그 값이 0이 되면 true를 반환, 아니면 false를 반환
bool atomic_add_negative(int i, atomic_t *v)	atomic_t 변수 v의 값에 i를 더하고 그 값이 음수이면 true를 반환, 아니면 false를 반환

64비트 리눅스에서는 64비트 크기의 원자적 변수인 atomic64_t와 이 타입에 대한 원자적 연산을 지원한다. atomic64_t 타입은 include/linux/types.h에 정의되어 있으며 다음과 같다.

```
typedef struct {
    long counter;
} atomic64_t;
```

atomic64_t 타입의 변수에 대한 연산도 atomic 대신 atomic64를 적용하면 된다는 점을 빼면. 표 11과 동일하다.

7.3 스핀락

7.3.1 스핀락 개요

원자적 연산은 하나의 변수에 대해서만 사용할 수 있으므로 여러 변수를 한 번에 변경하거나 구조체에 대해 임계구역을 설정할 때는 적합하지 않다. 이런 경우 동시성을 보장하기 위한 가장 기본적인 동기화 방법의 하나는 스핀락 (spin lock)이다. 스핀락은 먼저 락을 실행하는 태스크가 다음 코드로 넘어가고, 이후에 도착하여 락을 실행하려는 태스크는 먼저 실행한 태스크가 락을 풀 때까지 기다린다. 이때 기다리는 방법이 반복적으로 락이 풀렸는지 여부를 확인하도록 함으로써 임계구역에 하나의 태스크만 존재하도록 만드는 방법이 스핀락이다. 이러한 동기화 방식을 바쁜 대기 (busy waiting)라고 한다. 스핀락의 장점은 CPU가 여러 개이고 임계구역 내의 코드가 짧은 경우 바쁜 대기로 인한 오버헤드가 문맥 교환보다 짧다는 점이다. 반대로 임계구역 내의 코드가 긴 경우에는 오버헤드가 늘어나 단점이 되어버린다. 따라서, 프로그래머는 임계구역의 크기를 파악하여 스핀락을 사용할지 다른 동기화 방법을 사용할지 판단해야 한다.

7.3.2 스핀락

스핀락은 다음과 같이 전역 변수로 선언한다.

```
#include <linux/spinlock.h>
static struct spinlock_t mylock;
```

선언된 스핀락 변수를 초기화하는 매크로는 spin_lock_init()이다. spinlock_t 구조체의 포인터를 인자로 사용한다.

```
spin_lock_init(&mylock);
```

위의 스핀락 선언과 초기화는 아래의 DEFINE_SPINLOCK() 매크로로 한 번에 할 수 있다. 이 매크로는 다음과 같이 정의되어 있다.

```
#define DEFINE_SPINLOCK(x) spinlock_t x = __SPIN_LOCK_UNLOCKED(x)
```

즉, unlock된 상태로 초기화된 스핀락 변수가 할당된다. 스팬락을 거는 spin_lock()과 그 계열의 함수들은 아래와 같다.

```
void spin_lock(spinlock_t *lock)
void spin_lock_bh(spinlock_t *lock)
int spin_trylock(spinlock_t *lock)
int spin_trylock_bh(spinlock_t *lock)
void spin_lock_irq(spinlock_t *lock)
spin_lock_irqsave(lock, flags)
int spin_trylock_irq(spinlock_t *lock)
spin_trylock_irqsave(lock, flags)
```

spin_lock_bh()는 스핀락을 걸면서 후반부 처리에 해당하는 softirq와 tasklet이 이 코드가 수행되는 CPU에서 수행되는 것을 막는다. 이 함수는 후반부 처리와 공유하는 데이터를 변경할 때 필요하다. spin_trylock()은 스핀락을 바로 얻을 수 있을 때 1을 반환하고 기다려야 하는 경우 0을 반환한다. spin_trylock_bh()은 스핀락을 얻었을 때 후반부 처리 태스크들이 수행되는 것을 막는다. spin_lock_irq()는 이 코드가 수행되는 CPU에서 인터럽트가 걸리지 않도록 한다. 이 함수는 네스티드 호출 (nested call)이 안되기 때문에 보통은 spin_lock_irqsave()를 사용한다. spin_lock_irqsave()는 두 번째 인자에 현재 irq 상태를 저장하여 인터럽트가 마지막 unlock에서 풀리도록 한다. 인터럽트를 막는 네스티드 호출에서 irq 상태 저장의 필요성은 5.5.2장에 자세히 나와 있다. spin_trylock_irq()는 스핀락을 바로 얻은 경우 해당 CPU에 인터럽트가 걸리지 않도록 한다. 이 함수에서 네스티드 호출을 가능하게 하는 매크로는 spin_trylock_irqsave()이다.

스핀락을 푸는 spin_unlock()과 그 계열의 함수들은 아래와 같다.

```
void spin_unlock(spinlock_t *lock)
void spin_unlock_bh(spinlock_t *lock)
void spin_unlock_irq(spinlock_t *lock)
void spin_unlock_irqrestore(spinlock_t *lock, unsigned long flags)
```

대부분의 spin_unlock 함수들은 spin_lock 함수들과 대응되지만 spin_trylock 계열의 함수들은 spin_unlock()과 대응된다. spin_lock_irqsave()와 대응되는 unlock쪽의 함수는 spin_unlock_irqrestore()이다.

아래는 스핀락을 사용하여 임계구역을 설정하는 간단한 코드 예제를 보여준다.

```
DEFINE_SPINLOCK(mylock);
```

```
spin_lock(&mylock);
   /* 임계구역 */
spin_unlock(&mylock);
```

스핀락의 대표 함수인 spin_lock()을 사용할 때 주의할 점 중 하나는 네스티드 콜(nested call)이 허용되지 않는다는 것이다. 한번 spin_lock(&m)을 호출한 뒤 spin_unlock(&m)을 호출하기 전에 다시 spin_lock(&m)을 걸면 한 스핀락 변수에 대해 두 번의 락을 걸게 되어 데드락에 빠지기 때문이다.

인터럽트 핸들러는 자신의 인터럽트 번호에 대해 인터럽트가 막혀 있으므로 스핀락으로 공유 자료구조에 안전하게 접근할 수 있다. 반면 후반부 처리 작업은 인터럽트 핸들러와 자료구조를 공유하는 경우 데드락을 막기 위해 인터럽트를 닫아야 한다. 이 경우를 위해 인터럽트를 닫으면서 동시에 락을 얻는 spin_lock_irqsave()와 spin_lock_irqrestore() 매크로가 제공된다. 적용 예는 아래와 같다.

```
DEFINE_SPINLOCK(mylock);
unsigned long flag;
spin_lock_irqsave(&mylock, flag);
   /* 임계구역 */
spin_unlock_irqrestore(&mylock, flag);
```

얻으려는 락이 이미 걸려 있으면 락이 풀릴 때까지 기다리지 않고 다른 작업을 하는 경우도 있다. spin_trylock()은 락을 얻었을 경우 0이 아닌 값을 반환하고 락이 걸려 있으면 0을 반환한다. 다음과 같이 사용할 수 있다.

```
DEFINE_SPINLOCK(mylock);
if (spin_trylock(&mylock)){
   /* 임계구역 */
   spin_unlock(&mylock);
} else {
   /* 다른 작업 */
}
```

서로 다른 softirq나 태스크릿이 공유하는 자료구조가 있다면 이에 접근하기 위해서 락을 걸어야 한다. 그 자료구조에 접근하는 인터럽트 핸들러가 없다면 인터럽트는 막을 필요가 없이 스핀락만으로도 충분하다. 그런데, 그 자료구조에 워크큐나 시스템콜 함수가 접근을 시도한다면 스핀락만으로는 부족하다. 그림 88 (a)에서 인터럽트 핸들러와 softirq가 공유하는 자료구조에 softirq가 인터럽트를 막지 않으면 데드락이 발생할 수 있듯이, softirq와 워크큐는 우선순위가 다르므로 워크큐는 공유 자료구조에 접근하기 전에 softirq를 막아야 데드락의 발생을 막을 수 있다. spin_lock_bh() 함수는 softirq와 태스크릿의 실행을 막고 스핀락을 거는 함수로 아래와 같이 실행한다. 이를 풀어주는 함수는 spin_unlock_bh()이다.

```
DEFINE_SPINLOCK(mylock);
spin_lock_bh(&mylock);
    /* 임계구역 */
spin_unlock_bh(&mylock);
```

7.3.3 리더-라이터 스핀락

지금까지 언급한 스핀락은 모든 태스크가 공유 데이터를 변경할 것으로 판단하거나, 공유 데이터를 읽거나 쓰는 것이 차이가 없다고 판단될 때 주로 사용한다. 스핀락을 사용하면 한순간에 하나의 태스크만 임계구역을 실행하고 경쟁하는 다른 태스크들은 바쁜 대기를 하므로 시스템의 성능이 낮아진다. 만약 공유 데이터를 읽기만 하는 태스크 (리더, reader)가 많고 읽고 쓰기, 즉 갱신하는 태스크 (라이터, writer)는 적은 상황을 생각하자. 한 리더가 공유 데이터를 읽기만 하는 상태라면, 또 다른 리더가 그 공유 데이터를 동시에 읽더라도 데이터의 일관성이 손상되지 않는다. 이를 확장하면 여러 리더가 기다리지 않고 공유 데이터를 읽을 수 있어 시스템의 성능은 향상된다. 하지만 리더 태스크들이 공유 데이터에 접근해 있는 동안은 라이터는 대기해야 한다. 마찬가지로, 라이터가 공유 데이터에 접근해 있는 동안은 리더를 포함해서 그 공유 데이터에 접근하려는 다른 태스크는 모두 대기해야 한다. 이처럼, 읽는 임계구역과 쓰는 임계구역을 나누어 스핀락을 거는 방식을 리더-라이터 스핀락 (reader-writer spinlock)이라 한다.

리더-라이터 스핀락 변수는 다음 함수와 같이 선언한다. rwlock_t는 typedef에 의해 타입으로 선언되어 있어서 변수를 선언할 때 struct 키워드를 붙이지 않는다.

```
#include <linux/spinlock.h>
static rwlock_t mylock;
```

리더-라이터 스핀락 변수를 초기화하는 매크로는 rwlock_init()이다. 이 함수는 인자를

락 되지 않은 상태로 초기화한다.

```
rwlock_init(&mylock)
```

리더-라이터 스핀락 변수를 선언하고 초기화하는 작업을 동시에 수행하는 매크로는 아래의 DEFINE_RWLOCK()이다.

```
DEFINE_RWLOCK(x)
```

다음은 리더 스핀락 계열에서 락을 얻는 매크로들이다.

```
read_lock(lock)
read_trylock(lock)
read_lock_irqsave(lock, flags)
read_lock_irq(lock)
read_lock_bh(lock)
```

이들의 행동은 spin_lock 계열의 행동과 거의 동일하지만, 이미 락이 걸려 있는 임계 영역에 동일한 리더 스핀락은 접근할 수 있다는 점이 다르다.

다음은 리더 스핀락 계열에서 락을 푸는 매크로들이다.

```
read_unlock(lock)
read_unlock_irqrestore(lock, flags)
read_unlock_irq(lock)
read_unlock_bh(lock)
```

다음은 라이터 스핀락 계열에서 락을 얻는 매크로들이다.

```
write_lock(lock)
write_trylock(lock)
write_lock_irqsave(lock, flags)
write_lock_irq(lock)
write_lock_bh(lock)
write_trylock_irqsave(lock, flags)
```

다음은 라이터 스핀락 계열에서 락을 푸는 매크로들이다.

```
write_unlock(lock)
write_unlock_irqrestore(lock, flags)
```

```
write_unlock_irq(lock)
write_unlock_bh(lock)
```

스핀락과 마찬가지로 trylock으로 건 락은 unlock으로 풀며, write_trylock_irqsave()는 write_unlock_irqrestore()로 푼다.

그림 91은 리더-라이터 스핀락의 예를 보여준다. 그림 91 (a)는 두 코드가 접근할 수 있는 전역 스핀락 변수 mylock이 DEFINE_RWLOCK() 매크로를 이용하여 선언되고 초기화한 것을 보여준다. 그림 91 (b)는 rwlock_init() 함수를 사용하여 스핀락 변수를 초기화하는 예이다. 초기화 함수 rwlock_init()는 함수 내에서 실행되어야 하므로 module_init() 함수 내에 들어있다. 스핀락 변수를 초기화한 뒤 각 함수에서 그림 91의 (c)처럼 read_lock()을 걸거나, (d)처럼 write_lock()을 걸 수 있다.

```
static DEFINE_RWLOCK(mylock);
```

(a)

```
rwlock_t mylock;
static int __init module_init(void)
{
    rwlock_init(&mylock);
}
```

(b)

```
read_lock(&mylock);
    /* 임계구역 (read) */
read_unlock(&mylock);
```

(c)

```
write_lock(&mylock);
    /* 임계구역 (write) */
write_unlock(&mylock);
```

(d)

그림 91 리더-라이터 스핀락의 예시: (a) 리더-라이터 스핀락 변수 선언과 초기화를 동시에 하는 경우, (b) 리더-라이터 스핀락 변수를 선언하고 초기화 함수에서 스핀락 변수를 초기화한 경우, (c) 리더 스핀락 사용, (d) 라이터 스핀락 사용

리눅스 커널에서 제공하는 리더-라이터 스핀락은 리더가 라이터보다 우선순위가 높다. 이미 리더들이 임계구역에 있고 라이터가 대기하고 있을 때, 새로운 리더가 도착하면 기다리던 라이터가 있음에도 불구하고 임계구역에 들어간다. 따라서, 리더의 성능을 높일 수 있지만, 라이터의 성능이 저하될 수 있다. 특히, 라이터가 기다리고 있는 동안 계속해서 리더가 임계구역에 도착하면 라이터는 임계구역으로 들어가지 못하는 상황,

즉 라이터가 기아 (starvation)에 빠질 수 있으며, 기다리는 라이터의 스핀락이 CPU를 계속 점거하여 시스템의 성능을 떨어트린다.

7.4 세마포어

7.4.1 세마포어 개요

임계구역에 이미 다른 태스크가 수행 중인 상태에서 이후에 도착한 태스크는 스핀락을 얻기 위해 바쁜 대기 (busy waiting)를 하며, 임계구역에 있던 태스크가 나가기를 기다린다. 바쁜 대기는 CPU를 소모하기 때문에 운영체제의 문맥 교환과 대기 큐를 사용하는 세마포어 (semaphore)가 더 효율적인 경우가 존재한다. 특히 임계구역이 길거나 경쟁하는 태스크들이 많아 대기 시간이 긴 경우에는 세마포어가 적합하다.

세마포어는 임계구역에 늦게 도착한 태스크가 바쁜 대기를 하는 대신 CPU를 다른 태스크에게 넘겨주고, 세마포어의 대기 큐에서 대기 상태에 있다가, 자신이 임계구역에 들어갈 순서가 되면 runqueue로 이동하여 임계구역으로 들어가는 방식이다. 이 과정에서 문맥 교환이 발생하며 태스크가 대기 상태에 들어가기 때문에 인터럽트 문맥에서 수행되는 인터럽트 핸들러, softirq, 그리고 태스크릿에서는 사용할 수 없다.

기본적인 세마포어는 이진 세마포어 (binary semaphore)이며 세마포어 구조체 내부의 카운터 값이 0 또는 1이다. 세마포어의 카운터가 1인 경우에는 카운터를 0으로 만들고 다음으로 진행한다. 이를 '세마포어를 얻는다'라고 한다. 카운터가 0인 경우에는 대기한다. 먼저 세마포어를 얻은 태스크가 임계구역을 나가면서 카운터를 1로 증가시키면 대기 중인 태스크 중 하나가 카운터를 다시 0으로 감소시키고 임계구역으로 들어간다. 이와 같이 세마포어의 카운터를 증가시키는 것을 '세마포어를 해지한다'라고 부르자. 이진 세마포어는 단 하나의 태스크만 배타적 (exclusive)으로 임계 영역에 있도록 강제한다고 해서 뮤텍스 (mutex)라고도 부른다.

7.4.2 카운팅 세마포어

일반적인 세마포어는 카운팅 세마포어 (counting semaphore)이며 카운터 값이 일반적인 정수값의 범위 안에 있다. 카운팅 세마포어를 사용하면 여러 태스크가 동시에 임계구역에 존재할 수 있으므로 한 종류의 자원이 여러 개 있는 경우에 사용되며, 일반적인 임계구역을 구현하기 위한 용도로는 이진 세마포어로 충분하다. 카운팅 세마포어의 경우에는 태스크가 임계구역에 들어가기 전에 카운터 값을 감소시켜 0 이상이면 임계구역으로 들어가고, 0 미만이면 대기한다. 따라서, 카운터 값이 0 미만이면 그 절대값은 임계구역 앞에서 대기하는 태스크의 개수를 의미한다. 임계구역을 나오는 태스크는 카운터 값을 증가시키며 증가된 카운터 값이 0 이하면 블록된 태스크를 하나 깨운다. 깨어난 태스크는 임계 영역에 들어간다.

세마포어 관련 함수들은 include/linux/semaphore.h에 대부분 선언되어 있다. 보통 세마포의 변수의 선언은 전역 변수로 아래와 같이 선언한다.

```
#include <linux/semaphore.h>
static struct semaphore sem;
```

세마포어를 초기화할 때는 sema_init() 함수를 사용하며 두 번째 인자는 세마포어 내 정수의 초기값이다.

```
void sema_init(struct semaphore *sem, int val);
```

아래의 DEFINE_SEMAPHORE() 매크로는 세마포어 변수의 선언과 초기화를 동시에 수행하는데, 초기화 값은 1로 정해져 있다.

```
DEFINE_SEMAPHORE(sem);
```

세마포어를 얻을 때는 아래와 같이 down() 계열의 함수를 사용한다.

```
void down(struct semaphore *sem)
int down_interruptible(struct semaphore *sem)
int down_killable(struct semaphore *sem)
int down_trylock(struct semaphore *sem)
int down_timeout(struct semaphore *sem, long timeout)
```

down() 함수는 이제 권장하지 않는 함수이다. 그 대신 시그널이 왔을 때 블록 상태를 풀어줄 수 있는 down_interruptible() 함수를 사용하는 편이다. 시그널에 의해 블록 상태가 해제되면 -EINTR 값을 반환하며 정상적으로 세마포어를 얻으면 0을 반환한다. down_killable() 함수는 fatal signal에 대해서만 블록 상태를 풀어준다. Fatal signal은 그 시그널을 받는 태스크를 종료시킬 수 있는 시그널로서 SIGKILL이나 SIGTERM이 이에 해당한다. Fatal이 아닌 시그널은 SIGCONT, SIGCHLD 등이 있다. 따라서 down_killable()은 down_interruptible()보다 블록에서 해제될 가능성이 낮다. down_trylock()은 세마포어를 얻을 수 있을 때 0을 반환하고 얻을 수 없을 때 1을 반환한다. 이 반환값은 spin_trylock()과는 의미가 반대이므로 주의해야 한다. down_trylock()은 항상 바로 반환되므로 스케줄링이 발생하지 않는다. down_timeout()은 세마포어를 얻지 못했을 때 두 번째 인자로 입력한 시간 timeout까지는 기다리지만, 그 시간 동안 세마포어를 얻지 못하면 -ETIME을 반환하며 세마포어를 포기한다. 세마포어를 얻는데 성공했을 경우 0을 반환한다.

세마포어를 해지할 때는 아래와 같이 선언된 up() 함수를 사용한다.

```
void up(struct semaphore *sem)
```

up() 함수가 down() 함수와 달리 하나의 함수만 있다. down() 함수는 임계구역의 상황에 따라 다른 동작을 부여하기 위해서 여러 개가 있지만, up() 함수는 값을 하나 증가시키면서 down()에서 블록된 프로세스가 있으면 세마포어를 얻도록 하는 역할만 있으면 충분하기 때문이다.

그림 92는 세마포어 sem을 (a)나 (b)처럼 전역 변수로서 선언하고 초기화한 뒤, 각 함수에서 세마포어 변수들을 이용하여 그림 92 (c)처럼 임계구역이나 동기화를 구현한다.

먼저 down_interruptible() 함수를 수행하는 태스크는 세마포어를 얻어 세마포어 변수의 카운터 값을 1 감소시켜 0으로 만들고 임계구역으로 들어간다. 다음으로 down_interruptible() 함수를 수행하는 태스크는 0을 -1로 감소시키고 세마포어를 얻지 못해 대기상태가 된다. down_interruptible() 함수는 TASK_INTERRUPTIBLE 상태로 태스크를 대기시키므로, 대기상태가 된 태스크는 시그널에 의해 깨어날 수 있다. down_interruptible()의 수행이 끝났다는 것은 세마포어를 얻었거나, 시그널에 의해 깨어났다는 것을 의미한다. 세마포어를 얻으면 0을 반환하고 시그널에 의해 깨어나면 -EINTR를 반환한다.

down_interruptible() 대신 down() 함수를 사용하면 TASK_UNINTERRUPTIBLE 상태로 블록된다. 이 경우 시그널로 깨어나지 않기 때문에 관리하기가 어려운 태스크가 된다. up() 함수는 카운터 값을 증가시키며, 증가한 값이 0 이하이면 이미 블록된 태스크가 있다는 의미이므로 대기 큐의 맨 앞에 있는 태스크를 깨운다. 증가한 값이 1 이상이면, 아무런 추가 작업이 발생하지 않는다.

```
DEFINE_SEMAPHORE(sem);
```

(a)

```
struct semaphore sem;
static int __init module_init(void)
{
    sema_init(&sem, 1);
}
```

(b)

```
down_interruptible(&sem);
    /* 임계구역 */
up(&sem);
```

(c)

그림 92 세마포어의 사용 예시: (a) 세마포어 변수 선언 및 초기화, (b) 세마포어 변수 선언 후 초기화, (c) 세마포어 사용 예시

세마포어를 얻기 위해 기다릴 때 시그널이 오는 것을 고려하면 그림 93과 같이 세마포어를 사용할 수 있다. 4째 줄에서 조건문이 true란 것은 반환된 값이 -EINTR이며 세마포어를 얻지 못해 대기상태에 있다가 시그널에 의해 대기상태에서 해제되었다는 것을 뜻한다. 따라서 5째 줄에는 세마포어를 얻지 못했고 시그널이 온 상황에 맞는 코드가 있어야 한다. 6째 줄은 0이 반환되었으며 정상적으로 세마포어를 얻었다는 것을 뜻한다.

```
1   struct semaphore sem;
2   sema_init(&sem, 1);
3
4   if (down_interruptible(&sem)) {
5       /* 블록된 상태에서 시그널이 왔을 때 수행하는 작업 */
6   } else {
7       /* 임계구역 */
8       up(&sem);
9   }
```

그림 93 down_interruptible()에 시그널이 걸리는 경우를 고려한 예시

7.4.3 리더-라이터 세마포어

세마포어에도 리더-라이터 세마포어가 존재한다. 관련 함수들은 include/linux/rwsem.h 에 선언되어 있다. 리더-라이터 세마포어는 다음과 같이 전역 변수로 선언한다.

```
#include <linux/rwsem.h>
static struct rw_semaphore sem;
```

리더-라이터 세마포어를 초기화하는 매크로는 아래의 init_rwsem()이다. 인자는 rw_semaphore 구조체의 포인터로 넣어야 한다.

```
init_rwsem(&sem)
```

리더-라이터 세마포어를 정적으로 선언하고 초기화하는 매크로는 아래의 DECLARE_RWSEM()이다. 이전 동기화 관련 함수들을 선언하는 매크로들의 접두사가 DEFINE이었던 것과는 달리 리더-라이터 세마포어의 경우에는 접두사가 DECLARE인 점을 주의해야 한다.

```
DECLARE_RWSEM(name)
```

리더가 세마포어를 얻는 함수는 다음과 같다.

```
void down_read(struct rw_semaphore *sem);
int down_read_trylock(struct rw_semaphore *sem);
int __must_check down_read_killable(struct rw_semaphore *sem);
```

down_read_trylock()은 리더 세마포어를 바로 얻었을 때 1을 반환하고, 대기해야 하면 0을 반환한다. down_read_killable()은 SIGKILL 시그널에 의해 대기를 중단하고 빠져나올 수 있다. 정상적으로 리더 세마포어를 얻으면 0을 반환하고, 시그널에 의해 함수가 종료되면 -EINTR을 반환한다. 반환값이 trylock의 경우와 반대이므로 주의할 필요가 있다. __must_check는 gcc 컴파일러를 위한 매크로인데 이 함수를 호출한 코드에서 반환값을 사용하지 않을 때 경고를 출력하도록 한다. 즉, 그림 93처럼 반환값에 따라 다른 작업을 하는 코드를 구성해야 한다.

리더가 세마포어를 푸는 함수는 다음과 같다.

```
void up_read(struct rw_semaphore *sem);
```

일반 세마포어와 마찬가지로 down에는 여러 함수가 제공되지만 up에는 1개의 함수만 제공된다.

라이터가 세마포어를 얻는 함수는 다음과 같다.

```
void down_write(struct rw_semaphore *sem);
int down_write_trylock(struct rw_semaphore *sem);
int __must_check down_write_killable(struct rw_semaphore *sem);
```

라이터의 down 관련 함수들은 리더의 down 관련 함수들과 동일한 형식을 가진다. down_write_trylock()은 세마포어를 바로 얻었을 때 1을 반환하고, down_write_killable()은 대기 도중 SIGKILL 시그널을 받았을 때 -EINTR을 반환하므로 반환값에 주의해야 한다.

라이터가 세마포어를 푸는 함수는 다음과 같다.

```
void up_write(struct rw_semaphore *sem);
```

제공된 리더-라이터 세마포어를 이용한 예시가 그림 94이다. 리더-라이터 세마포어를 선언하고 초기화하는 방법은 그림 94 (a) 또는 (b)와 같다. 두 방법이 모두 세마포어 카운터를 1로 초기화한다. 리더-라이터 세마포어의 리더 임계구역 예시는 (c)이고 라이터 임계구역 예시는 (d)이다.

```
static DECLARE_RWSEM(sem);
```

(a)

```
struct rw_semaphore sem;
static int __init module_init(void)
{
    init_rwsem(&sem);
}
```

(b)

```
down_read(&sem);
    /* 임계구역 (read) */
up_read(&sem);
```

(c)

```
down_write(&sem);
    /* 임계구역 (write) */
up_write(&sem);
```

(d)

그림 94 리더-라이터 세마포어의 예시: (a) 리더-라이터 세마포어 변수 선언 및 초기화, (b) 리더-라이터 세마포어 변수 선언 후 초기화, (c) 리더 세마포어 사용 예시, (d) 라이터 세마포어 사용 예시

리더-라이터 스핀락의 경우와 마찬가지로 이 리더-라이터 세마포어는 리더에게 우선

권을 주는 방식으로 구현되어 있다. 여러 리더 태스크들이 동시에 임계구역에 들어갈 수 있도록 추가적인 공유 자료구조를 내부적으로 사용하기 때문에 기존 세마포어보다 추가적인 오버헤드가 있다. 따라서, 분명한 효과를 얻을 수 있는 곳에 사용하는 것이 바람직하다. 일반 세마포어와는 달리 down_read()와 down_write()는 이를 호출한 태스크를 TASK_UNINTERRUPTIBLE 상태로 만들므로 사용에 주의할 필요가 있다.

7.4.4 이진 세마포어 (뮤텍스)

리눅스 커널이 제공하는 이진 세마포어인 뮤텍스 (mutex)관련 함수와 매크로들은 include/linux/mutex.h에 선언되어 있다. 뮤텍스 변수는 다음과 같이 선언한다.

```
static struct mutex mym;
```

뮤텍스 변수를 초기화할 때는 mutex_init() 매크로를 사용한다. 포인터가 아닌 변수를 인자로 사용한다.

```
mutex_init(mym);
```

뮤텍스 변수의 선언과 초기화를 동시에 하는 경우 DEFINE_MUTEX() 매크로를 사용한다.

```
DEFINE_MUTEX(mym);
```

뮤텍스 락을 얻을 때는 아래의 mutex_lock() 계열 매크로 / 함수를 사용한다.

```
mutex_lock(lock)
mutex_lock_interruptible(lock)
mutex_lock_killable(lock)
int mutex_trylock(struct mutex *lock);
```

mutex_lock()은 대기상태가 될 때 이를 호출한 태스크를 TASK_UNINTERRUPTIBLE로 만든다. TASK_INTERRUPTIBLE 상태, 즉 시그널에 의해 대기가 풀려야 할 때는 mutex_lock_interruptible()을 사용한다. mutex_lock_killable()은 SIGKILL과 같은 시그널을 받았을 때 대기가 풀려야 하는 경우 사용한다. 시그널에 의해 대기가 풀리면 -EINTR을 반환하고 정상적으로 락을 얻으면 0을 반환한다. mutex_trylock()은 함수로 락을 바로 얻었을 때 1을 반환하고, 대기해야 할 때 0을 반환하므로 앞의 두 매크로와 반환값을 구분해야 한다.

뮤텍스 락을 풀 때는 아래의 mutex_unlock() 함수를 사용한다.

```
void mutex_unlock(struct mutex *lock);
```

그림 95는 뮤텍스 변수를 선언하고 사용하는 간단한 예시를 보여준다. 다른 동기화 방법들과 비슷하게 뮤텍스는 두 가지 변수 초기화 방법을 제공하며 내부의 카운터를 1로 설정한다. 뮤텍스를 사용하는 방식은 다른 동기화 함수들과 비슷하다.

```
static DEFINE_MUTEX(mym);
```

(a)

```
struct mutex mym;
static int __init module_init(void)
{
    mutex_init(&mym);
}
```

(b)

```
mutex_lock(&mym);
    /* 임계구역  */
mutex_unlock(&mym);
```

(c)

그림 95 뮤텍스의 예시: (a) 뮤텍스 변수 선언 및 초기화, (b) 뮤텍스 변수 선언 후 초기화, (c) 뮤텍스 사용 예시

7.5 완료 변수

완료 변수 (completion variable)는 세마포어나 뮤텍스와는 약간 다른 동기화를 위해 사용되는 방식이다. 그림 96는 완료 변수를 사용하는 예시를 보여준다. 전역 변수로 완료 변수 work를 선언한 뒤, 한 태스크에서 (c)와 같이 wait_for_completion()을 사용하면 이 태스크는 바로 대기 상태가 된다. 이 태스크를 깨워줄 수 있는 태스크는 같은 완료 변수 work를 사용하여 complete()를 수행하는 (d)의 태스크뿐이다. 세마포어의 down()과는 달리 wait_for_completion()은 내부 카운터같은 변수 없이 무조건 대기 상태가 된다. 이전에 다른 태스크가 complete()를 수행했어도 대기 상태가 된다는 것에는 변함이 없

다. 따라서, 그림 96 (c)의 작업 A는 (d)의 작업 B가 완료된 다음에 시작될 수 있지만, B가 먼저 완료되어 complete()를 수행해버리면 작업 A는 B가 다시 수행되기를 기다려야 한다.

```
DECLARE_COMPLETION(work);
```

(a)

```
static struct completion work;
static int __init module_init(void)
{
    __init_completion(&work);
}
```

(b)

```
...
wait_for_completion(&work);
A
...
```

(c)

```
...
B
complete(&work);
...
```

(d)

그림 96 완료 변수의 예시: (a) 완료 변수 선언 및 초기화, (b) 완료 변수 선언 후 초기화, (c) 한 태스크에서의 wait_for_completion() 사용 예시, (d) 다른 태스크에서의 complete() 사용 예시

완료변수의 선언은 아래와 같다.

```
#include <linux/completion.h>
static struct completion work;
```

완료변수를 초기화하는 함수는 아래의 __init_completion()이며 completion 구조체 변수의 포인터를 인자로 받는다.

```
void __init_completion(struct completion *x)
void reinit_completion(struct completion *x)
```

reinit_completion() 함수는 이전에 초기화되었고, 사용한 후에 다시 초기화할 때 사용한다. 처음부터 reinit_completion()를 사용하면 자료구조가 구성되지 않아 오류가 발생할 수 있다.

완료변수의 선언과 초기화를 동시에 하려면 아래의 DECLARE_COMPLETION() 매크로를 사용한다.

```
DECLARE_COMPLETION(work)
```

동기화를 위해 대기를 하려면 아래의 wait_for_completion() 계열의 함수를 사용한다.

```
void wait_for_completion(struct completion *);
int wait_for_completion_interruptible(struct completion *x);
int wait_for_completion_killable(struct completion *x);
unsigned long wait_for_completion_timeout(struct completion *x,
                                          unsigned long timeout);
long wait_for_completion_interruptible_timeout(
  struct completion *x, unsigned long timeout);
long wait_for_completion_killable_timeout(
  struct completion *x, unsigned long timeout);
bool try_wait_for_completion(struct completion *x);
```

wait_for_completion_interruptible()와 wait_for_completion_killable()은 시그널에 의해 중단되며 그 경우 -ERESTARTSYS를 반환한다. complete() 수행으로 완료되면 0을 반환한다. wait_for_completion_timeout()은 두 번째 인자로 jiffies 단위의 정수를 받으며 두 번째 인자값 동안 기다려도 complete()가 수행되지 않으면 0을 반환한다. 그 전에 complete()가 수행되면 1을 반환한다. 이 함수는 시그널에 의해 중단되지 않는다. 시그널이나 timeout에 의해 중단되는 함수는 wait_for_completion_interruptible_timeout()과 wait_for_completion_killable_timeout()이다.

wait_for_completion() 계열의 함수가 대기시키는 스레드를 깨우는 함수는 complete() 계열의 함수들이다.

```
void complete(struct completion *x)
void complete_all(struct completion *x)
```

complete(&x)는 완료변수 x를 기다리는 스레드를 하나 깨우며, complete_all(&x)은 x를 기다리는 스레드를 모두 깨운다. complete_all(&x)을 사용한 뒤에 다시 완료변수 x를 사용할 예정이라면 reinit_completion(&x)를 호출해야 한다.

7.6 순차적 락

리더-라이터 스핀락이나 세마포어는 리더에게 우선권을 주기 때문에 라이터에게 불리하다. 리눅스 커널은 라이터에게 우선권을 주는 동기화 방식인 *순차적 락* (sequential lock)을 제공한다. 순차적 락의 기본 아이디어는 리더가 공유 데이터에 접근한 순간에 라이터가 쓰기를 하더라도 라이터 입장에서는 공유 데이터의 일관성에 문제가 없다는 것이다. 반면 리더는 중간 정도 읽은 데이터의 후반부가 바뀔 수 있으므로 일관성 없는 데이터를 읽을 수 있다. 라이터가 중간에 데이터를 바꿨는지를 리더가 확인할 수 있다면, 리더는 데이터의 일관성을 다음과 같이 유지할 수 있다.

1. 데이터를 읽는다.
2. 읽는 중간에 데이터 변경이 있었는지 확인한다.
3. 변경이 있었으면 1번으로 돌아간다.
4. 변경이 없었으면 다음으로 간다.

즉, 읽기 중간에 데이터가 변경되면, 리더는 변경이 없을 때까지 반복해서 읽는다. 따라서, 리더로서는 우선순위가 떨어지고, 지속해서 발생하는 라이터에 의해 기아에 빠질 수 있다. 순차적 락은 라이터가 가끔 동작할 때 좋은 성능을 보인다.

라이터가 중간에 리더가 제대로 데이터를 읽었는지, 아니면 중간에 바뀐 데이터를 읽었는지를 확인하기 위해 카운터 (counter)를 사용한다. 카운터는 0으로 초기화되어 있으며, 라이터의 임계구역 시작 전에 카운터를 1 증가시키고, 임계구역이 끝날 때 카운터를 1 증가시킨다. 리더는 임계구역 시작 전에 카운터 값을 읽어 변수 before에 저장해 두고, 임계구역이 끝날 때 카운터 값 after를 읽어 다음 조건을 확인한다.

- before나 after가 홀수: 리더의 임계구역이 라이터의 임계구역과 겹치므로 공유 데이터의 일관성이 *없다*.
- after와 before의 차이가 2의 배수: 리더의 임계구역이 1개 이상의 라이터의 임계구역과 겹치므로 공유 데이터의 일관성이 *없다*.
- 그 외: 공유 데이터의 일관성이 *있다*.

일관성이 없는 경우 다시 공유 데이터 읽기를 반복한다. 따라서 순차적 락은 라이터는 바쁜 대기 없이 바로 다음으로 넘어가도록 하고, 리더는 공유 데이터의 일관성이 있을 때까지 바쁜 대기를 수행한다. 리눅스 커널에서는 전역 시각 변수인 jiffies에 접근할 때 순차적 락을 사용한다.

그림 97는 순차적 락의 사용 예를 보여준다. 순차적 락 변수를 (a)와 같이 전역으로 선언 및 초기화를 한 번에 하거나 (b)와 같이 선언하고 이후에 초기화한다. 순차적 락 내의 카운터 값을 받기 위해 (c)에서 변수 seq를 설정하였고, read_seqretry() 함수를 통해 위의 세 조건 중 어디에 해당하는지 확인하여 데이터 일관성이 있는 경우 0을 반환하여 반복문에서 나온다.

```
static DEFINE_SEQLOCK(sl);
```

(a)

```
static seqlock_t sl;
static int __init module_init(void)
{
    seqlock_init(sl);
}
```

(b)

```
unsigned long seq;
do {
    seq = read_seqbegin(&sl);
    /* 임계구역 (read) */
} while (read_seqretry(&sl, seq));
```

(c)

```
write_seqlock(&sl);
    /* 임계구역 (write) */
write_sequnlock(&sl);
```

(d)

그림 97 순차적 락의 예시: (a) 순차적 락 선언 및 초기화, (b) 순차적 락 선언 후 초기화, (c) 리더 임계 영역 설정 예시, (d) 라이터 임계 영역 설정 예시

그런데, 라이터의 write_seqlock()은 리더에 대해서만 락이 없다는 의미이지 다른 라이터와는 일관성을 유지해야 해서 스핀락을 사용한다. 따라서, write_seqlock() 내부에서 스핀락을 걸고, write_sequnlock()에서 스핀락을 푼다.

순차적 락 변수는 다음과 같이 선언한다. seqlock_t는 타입으로 선언되어 있으므로 struct 키워드를 앞에 붙이지 않는다.

```
#include <linux/seqlock.h>
static seqlock_t s1;
```

선언된 순차적 락 변수의 초기화는 다음의 seqlock_init() 매크로를 사용한다.

seqlock_t 구조체의 변수를 인자로 사용한다. 포인터가 아닌 순차적 락 변수 자체를 인자로 넘긴다.

```
seqlock_init(s1)
```

순차적 락 변수의 선언과 초기화를 동시에 하는 매크로는 DEFINE_SEQLOCK()이다.

```
DEFINE_SEQLOCK(x)
```

순차적 락에서 리더 임계구역을 구현하기 위해 아래의 read_seqbegin()과 read_seqretry()를 사용한다.

```
unsigned read_seqbegin(const seqlock_t *sl)
unsigned read_seqretry(const seqlock_t *sl, unsigned start)
```

그림 97 (c)와 같이 read_seqbegin()은 do-블록 시작 후에 사용하고 read_seqretry()는 while-조건문에서 사용한다. read_seqbegin()의 반환값은 순차적 락 변수의 카운터 값이며 read_seqretry()의 반환값은 순차적 락 변수의 현재 카운터 값과 두 번째 인자로 들어온 이전 카운터 값인 start를 비교해서 일관성이 있다고 판단할 때 0을 반환하고, 그렇지 않으면 1을 반환한다.

순차적 락에서 라이터 임계구역은 스핀락이나 세마포어의 임계구역과 비슷하므로 아래와 같이 여러 종류의 함수들이 제공된다.

```
void write_seqlock(seqlock_t *sl)
void write_sequnlock(seqlock_t *sl)
void write_seqlock_bh(seqlock_t *sl)
void write_sequnlock_bh(seqlock_t *sl)
void write_seqlock_irq(seqlock_t *sl)
void write_sequnlock_irq(seqlock_t *sl)
write_seqlock_irqsave(lock, flags)
void write_sequnlock_irqrestore(seqlock_t *sl, unsigned long flags)
```

이전 락과 유사하게 bh 접미사는 후반부 작업을 중단시키는 기능이 포함되고, irq 접미사는 인터럽트를 중단시키지만 네스티드 호출은 지원하지 않는다. irqsave와 irqrestore 접미사는 네스티드 호출이 가능한 인터럽트 중단 기능이 포함된다.

7.7 RCU

Read-copy update (RCU)는 2002년도에 리눅스 커널에 적용되기 시작하여 연결 리스트를 중심으로 점점 그 적용 범위를 넓히고 있다. RCU는 메모리를 더 소비하는 대가로 병렬성을 높이는 개념으로, 여러 개의 리더 (reader)와 하나의 라이터 (writer)가 동시에 임계 영역에서 작업할 수 있다. 이런 병렬성을 유지하는 방법은 변경되는 공유 자료구조를 두 버전으로 만들어 먼저 그 자료구조에 접근한 리더는 이전 버전의 자료구조를 읽고, 변경 후 접근하는 리더는 새로운 버전의 자료구조를 읽게 하는 것이다. 이전 버전의 자료구조는 해당 리더가 더는 없을 때 제거함으로써 병렬적으로 접근되는 자료구조의 순차성을 확보한다. 주의할 점은 두 버전의 자료구조를 만들고 유지하는 것은 프로그래머 담당이고 RCU는 이를 보조한다는 것이다. 따라서, 프로그래머가 RCU의 개념을 잘 이해해야 정확히 동작하는 RCU 코드를 작성할 수 있다.

(a)

```
struct foo {
    int a;
    int b;
};
struct foo *gp = NULL;
...
p = kmalloc(sizeof(*p), CFP_KERNEL);
p->a = 1;
p->b = 2;
gp = p;
```

(b)

```
struct foo {
    int a;
    int b;
};
struct foo *gp = NULL;
...
p = kmalloc(sizeof(*p), CFP_KERNEL);
p->a = 1;
p->b = 2;
rcu_assign_pointer(gp, p);
```

(c)

```
p = gp;
if (p != NULL){
    do_something(p->a, p->b);
}
```

(d)

```
rcu_read_lock();
p = rcu_dereference(gp);
if (p != NULL){
    do_something(p->a, p->b);
}
rcu_read_unlock();
```

그림 98 RCU의 publish와 subscribe를 적용한 포인터 예제: (a) RCU가 적용되지 않은 라이터, (b) RCU의 publish가 적용된 라이터, (c) RCU가 적용되지 않은 리더, (d) RCU의 subscribe가 적용된 리더

RCU는 CPU와 컴파일러의 낮은 레벨의 동작들과 많은 관련성이 있고, 지금까지 언급한 락과는 달리 그 범위와 구현을 위한 조건이 까다로우므로 사용자 레벨의 프로그래밍에서는 제공되지 않는다. 여기서는 예제를 통해 RCU의 개념과 사용법을 이해해보자. RCU는 커널의 공유 연결 리스트를 관리하기 위해서 사용되므로 우선 포인터를 사용하는 예시를 보자. 그림 98는 RCU를 적용하지 않은 코드를 RCU를 적용한 코드로 바꾸는 예시이다. 그림 98 (a)와 (c)는 RCU가 적용되지 않은 코드이고, 여기에 RCU를 적용한 것이 그림 98 (b)와 (d)이다.

그림 98 (a)는 글로벌 포인터 변수 gp를 NULL로 초기화한 상태에서 지역 포인터 변수 p에 메모리를 할당하고 구조체 내 필드 a와 b에 값을 할당한 후 전역 변수 gp가 p가

가리키는 구조체 주소를 할당받는 코드이다. 컴파일러의 최적화 과정에서 마지막 세 줄의 순서가 바뀔 수 있고 그 대상이 전역 변수 gp이므로 이로 인해 예상치 못한 일이 발생할 수 있다. 따라서, 순서가 중요한 코드에서는 컴파일러에게 배리어 (barrier)라는 명령을 사용해서 순서가 바뀌지 않도록 해야 한다. 이 방법의 문제는 배리어는 제대로 사용하기가 까다로운 명령어 중 하나라는 점이다. 배리어를 정확하게 설정하고, 공유하는 전역 포인터 변수에 값이 할당된다는 민감한 상황을 알리기 위해 RCU에서는 rcu_assign_pointer() 매크로를 제공한다.

```
#include <linux/rcuupdate.h>
rcu_assign_pointer(p, v)
```

이 매크로를 사용하면 다음의 세 가지 기능이 적용된다. 첫 번째로 포인터 v가 포인터 p에 할당된다. 두 번째로 이 매크로 이전의 명령어들이 이 이후로 이동하지 않는다. 즉, 컴파일러가 코드 최적화를 수행해도 이 매크로에는 명령어 이동이 적용되지 않는다. 세 번째로 라이터 임계구역이 이 매크로가 수행하는 대입문 'p = v'로 설정된다. 그림 98 (a)에 rcu_assign_pointer 매크로를 적용하면 마지막 줄의 대입문 'gp = p'가 그림 98 (b)의 마지막 줄에 있는 rcu_assign_pointer(gp, p)로 바뀐다. 라이터 임계구역이라고 했지만 이는 변수들의 버전 관리를 위한 것이며 바쁜 대기가 수행되는 것은 아니다. 이 매크로가 수행되는 것을 '전역 변수 gp가 새로운 구조체 *p를 가리킴을 *발표* (publish)한다'고 말하기도 한다. 다른 말로, gp가 다른 값으로 update된 것이다.

그림 98 (c)는 (a)에서 제공한 전역 포인터 변수 gp를 자신의 지역 포인터 변수 p에 할당하여, p가 가리키는 구조체 내의 필드인 a와 b를 이용하여 do_something()을 수행하는 코드이다. 이 할당문 'p = gp'가 전역 변수로부터 값을 읽는 리더 임계구역 내의 코드이고 do_something() 함수도 공유되는 구조체의 필드에 접근하므로 역시 리더 임계구역 내의 코드이다. 따라서, 이들은 리더 임계구역으로 선언되어야 한다. 이를 선언하는 것이 그림 98 (d)의 rcu_read_lock()과 rcu_read_unlock()이다.

```
void rcu_read_lock(void)
void rcu_read_unlock(void)
```

이 함수들은 리더의 임계구역을 정하기만 할 뿐 바쁜 대기를 하지 않는다. 그림 98 (c)의 코드 전체가 임계구역인데, 컴파일러와 CPU의 최적화 과정에서 명령어의 순서이동이 발생할 수 있어서 극단적인 경우 p가 가리키는 구조체의 필드 p->a, p->b가 접근된 후 p = gp가 실행되기도 한다. 따라서 이 경우에도 명령어의 순서이동을 막아주는 배리어가 있어야 한다. RCU에서는 rcu_dereference() 함수가 메모리 참조의 배리어 역할을 하며, 전역 변수 gp를 *구독* (subscribe)한다는 것을 알린다.

```
rcu_dereference(p)
```

구독하는 시점에 있는 구조체의 버전이 이 리더가 임계구역 내에서 다루는 구조체의 내용이 된다. 만약 rcu_dereference()를 그림 98 (b)의 rcu_assign_pointer() 전에 호출했으면 바뀌기 전의 gp값이 NULL이라 p에는 NULL이 할당되며, 그 이후에 호출했으면 바뀐 gp의 값을 받아 p에는 구조체 {1, 2}를 가리키는 포인터가 대입된다.

그림 98가 보여주는 예제는 RCU의 배리어 역할만 보여주기 때문에 RCU의 핵심 역할을 완전히 이해하기는 어렵다. 일단 공유 포인터에 값을 할당하는 것을 발표라고 하며, 공유 포인터로부터 값을 가져오는 것을 구독이라고 한다는 점을 기억하기를 바란다. 지금까지 간단한 구조체와 그 포인터에 대해 RCU를 적용한 예를 봤는데, RCU의 주 용도는 연결 리스트이므로 연결리스트에 RCU를 적용한 예를 보도록 하자.

그림 96은 포인터 head가 가리키는 연결리스트에 포인터 p가 가리키는 노드를 삽입하려는 상황이다. 구조체 foo는 list_head를 list란 이름의 필드로 가지고 있으며, 정수 a와 b도 그림 100 (a)와 같이 가지고 있다. 따라서 구조체 foo의 변수들은 list_head를 통해 원형 이중 연결 리스트로 이어진다. 이 리스트는 LIST_HEAD() 매크로를 통해 초기화할 수 있으며, 헤더 노드만 빼고 비어 있는 원형 이중 연결 리스트로 구성된다. 여기에 새로운 foo 구조체 노드를 삽입하려고 한다. 이 노드는 p라는 포인터가 가리킨다. 이중 연결 리스트에 노드를 삽입하려면 최소 4번의 포인터 연산이 필요하며 이 과정이 모두 라이터 임계 영역에 있어야 한다. 더욱이 연결 리스트에는 순회하는 포인터가 존재하므로 이에 대해 리더 임계 영역을 설정해야 한다.

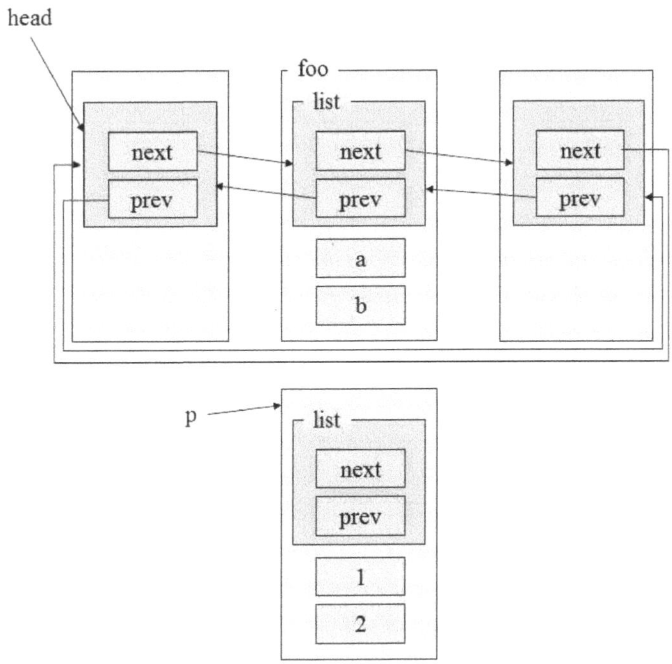

그림 99 list_head로 연결한 구조체의 연결 리스트와 한 노드 p

그림 100(a)는 구조체 struct foo를 1 ~ 5째 줄에서 선언하고, list_head 이중 원형 연결 리스트를 초기화한 후, p가 가리키는 새로운 노드를 8째 줄에서 만들어, 이 연결 리스트에 삽입하기 위해 전역 변수 head에 접근하는 코드를 보여준다. 6째 줄에서 list_head의 헤더인 head를 초기화할 때는 경쟁 조건이 발생하지 않는다고 가정하자. 11째 줄에서 새로운 노드 p->list를 head 다음에 삽입하는 과정이 공유 리스트에 접근하는 것이므로 임계 영역으로 설정해야 한다. 공유 리스트를 변경하는 코드이므로 라이터 임계구역으로 설정하고 발표를 해야 한다. 이를 위해 RCU의 list_add_rcu()를 사용하였다.

```
#include <linux/rculist.h>
void list_add_rcu(struct list_head *new, struct list_head *head)
```

이 함수는 두 번째 인자인 head가 대표하는 list_head 연결리스트에 첫 번째 인자인 new가 가리키는 list_head 노드를 삽입한다. 이 작업은 head가 대표하는 전역 연결 리스트에 접근하여 변경하는 것이므로, 삽입 과정이 라이터의 임계구역이 된다.

```
struct foo {
    struct list_head list;
    int a;
    int b;
};
LIST_HEAD(head);
...
p = kmalloc(sizeof(*p), GFP_KERNEL);
p->a = 1;
p->b = 2;
list_add_rcu(&p->list, &head);
```

(a)

```
1  rcu_read_lock();
2  list_for_each_entry_rcu(p, head, list){
3      do_something(p->a, p->b);
4  }
5  rcu_read_unlock();
```

(b)

그림 100 RCU의 연결 리스트에 대한 (a) 노드 선언 및 list_head 연결 리스트 생성 과 연결 리스트에 노드 삽입 (RCU에서의 발표), (b) list_head 연결 리스트 순회 (RCU에서의 구독) 및 리더 임계구역 생성

head 연결 리스트에 접근하는 리더는 그림 100 (b)이며 연결 리스트의 노드를 하나씩 구독하기 위해 2째 줄에서 list_for_each_entry_rcu() 매크로를 사용한다. 또한, 리더 임계 영역을 표시하기 위해 rcu_read_lock()과 rcu_read_unlock()으로 이 코드를 둘러쌌다.

```
list_for_each_entry_rcu(pos, head, member)
```

이 list_for_each_entry_rcu() 매크로는 두 번째 인자 head가 가리키는 리스트를 순회하면서 list_head의 필드 이름이 세 번째 인자 member인 구조체의 포인터를 첫 번째 인자 pos에 할당해준다. 이 과정에서 pos가 지금 가리키는 구조체 노드를 구독한다는 것을 알린다. 즉, 200쪽의 rcu_dereference()같이 구독을 한다는 것을 알리면서 동시에 리스트 순회를 진행한다. 그림 100 (b)의 코드 전체가 rcu_read_lock()과 rcu_read_unlock()으로 리더 임계 영역으로 선언되어 있지만 리더에게 바쁜 대기나 스케줄링이 발생하지는 않

는다. 또한, 라이터도 list_add_rcu()를 수행하는 과정에서 바쁜 대기나 스케줄링이 발생하지 않는다.

앞에서 언급한 포인터에 대한 RCU 함수와 list_head 연결 리스트에 대한 RCU 연산을 정리하면 표 12와 같다. 여기서 취소 (retract)는 RCU로 보호하는 공유 변수가 NULL이 되거나 리스트에서 노드를 제거하는 경우이며 공유 데이터가 변경된다는 점에서 발표와 비슷하지만 수행되는 작업에 차이가 있다.

표 12 RCU의 발표, 취소, 구독을 위해 제공되는 함수

구분	발표	취소 (retract)	구독
포인터	rcu_assign_pointer()	rcu_assign_pointer(..., NULL)	rcu_dereference()
리스트	list_add_rcu() list_add_tail_rcu() list_replace_rcu()	list_del_rcu()	list_for_each_entry_rcu()

RCU의 주요 장점은 공유 데이터의 일관성을 위해 리더가 임계구역 시작 위치에서 기다리거나 반복할 필요가 없다는 점이다. 하지만, 데이터 일관성을 위해서 라이터는 리더의 임계구역이 끝날 때까지 기다려야 할 필요가 있다. 만약 여러 개의 리더가 임계구역에 있다면 라이터는 리더의 임계구역이 모두 닫힐 때까지 기다려야 하는 경우가 있다. 모든 리더의 임계구역이 닫히기를 기다릴 때는 아래의 synchronize_rcu() 함수를 사용한다.

```
void synchronize_rcu(void);
```

synchronize_rcu()를 사용해야 하는 경우를 보자. 그림 101은 연결 리스트에서 key 값을 가진 노드를 찾아 제거하고 그 메모리를 해제하는 라이터 코드이다. 이 코드의 이해를 돕기 위해 그림 102를 예시로 보도록 하자. 연결 리스트의 첫 상태는 그림 102 (a)이며 그림 101의 2째 줄까지 진행한 상황이다. 원래 원형 이중 연결 리스트이지만 간단하게 단일 연결 리스트로 표현했다.

그림 101에서 세 번째 줄의 list_del_rcu()를 수행하면 그림 102 (b)와 같이 포인터 p가 가리키는 노드의 이전 노드는 p가 가리키는 노드의 다음 노드를 가리킨다. 이 함수는 발표를 하므로, 이 함수가 완료된 이후에는 p가 가리키는 노드는 다른 리더가 접근할 수 없다. 다만, 이미 p가 가리키는 노드를 읽고 있는 리더는 아직 p에 접근할 수 있다.

라이터는 제거한 노드의 메모리를 해제하고 싶지만, 아직 이 노드에 접근 중인 리더가 있을 가능성 때문에 바로 해제를 할 수 없다. 접근 중인 리더가 더는 없다는 것을 확인하기 위해 라이터는 4째 줄의 synchronize_rcu()를 호출한다. 이 함수는 리더의 임계구역이 열려있을 동안 대기하다가 모든 리더가 rcu_read_unlock()을 수행하면 대기를 종료한다. 그림 102 (c)가 이 순간을 보여준다. 점선 박스는 이 노드에 다른 태스크가 더 이상 접근할 수 없다는 것을 나타낸다. 5째 줄에서 kfree()를 수행하면 그 노드의 메모리가 해제되어 그림 102 (d)와 같이 된다.

```
1  p = search(head, key);
2  if (p != NULL) {
3      list_del_rcu(&p->list);
4      synchronize_rcu();
5      kfree(p);
6  }
```

그림 101 연결 리스트에서 노드를 하나 삭제하는 RCU 코드

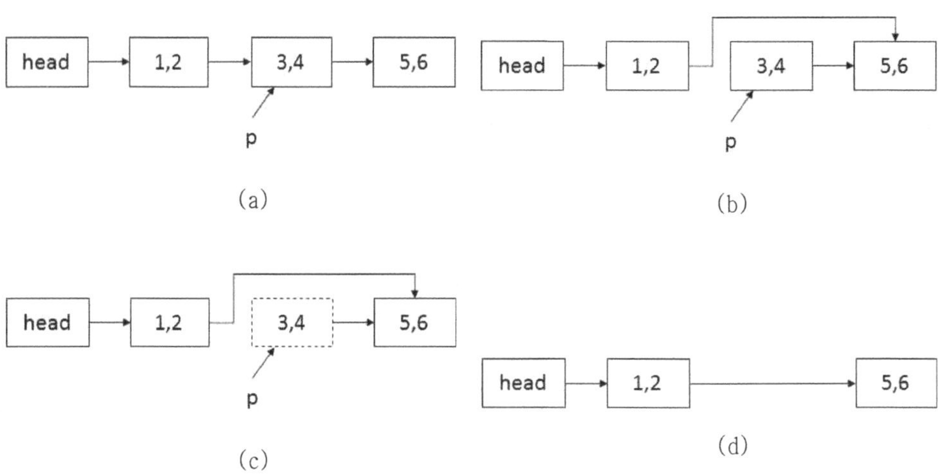

그림 102 노드 삭제 코드의 진행 과정

그림 103은 그림 100에서 노드를 연결 리스트에 추가하는 코드를 연결 리스트의 한

노드 내용을 변경하는 코드로 바꾼 것이다. 이 코드에서 직접 p가 가리키는 구조체 필드에 값을 변경하지 않고 다른 구조체를 할당한 다음 list_replace_rcu()로 바꿔치기하여 라이터 임계구역을 최소화한 것을 주목할 필요가 있다. 그림 103에서 포인터 p가 가리키는 노드를 8째 줄의 search() 함수로 찾고, 이 노드 내용을 되도록 빨리 바꾸기 위해 12 ~ 15째 줄에서 임시 노드를 만들어 p의 내용을 복제하고 값을 바꾼다. 16째 줄에서 list_replace_rcu() 함수를 부르면 p가 가리키는 노드를 q가 가리키는 노드로 바꿔치기를 한다.

```
void list_replace_rcu(struct list_head *old, struct list_head *new)
```

이 함수는 list_head로 구성된 연결 리스트에 있는 노드를 old라는 포인터가 가리키며 새로운 노드를 new라는 포인터가 가리킬 때, 연결 리스트에서 old가 가리키는 노드를 꺼내고 그 자리에 new가 가리키는 노드를 넣는다. 이때 old는 비어 있으면 안 된다. 이 함수가 라이터의 임계구역이다.

리더가 그림 100 (b)와 같이 rcu_read_lock()를 사용하여 리더 임계구역을 열었고 list_for_each_entry_rcu() 매크로를 통해 순회하는 중이며, 3째 줄과 같이 라이터가 바꾸려고 하는 p가 가리키는 노드를 읽는 중이라고 하자. 라이터가 p가 가리키는 노드를 리스트에서 제거하고 q가 가리키는 노드로 그 자리를 채운다고 하더라도, 그 순간에 리더가 p가 가리키는 노드를 읽고 있었으면 리더는 원래 p가 가리키던 노드의 다음 노드로 이동해야 일관성이 유지된다. 따라서, 리더의 포인터가 다음 노드로 이동하기 전까지는 p가 가리키는 노드의 포인터를 변경하거나, 그 노드의 메모리를 해제하지 않아야 한다.

```
1   struct foo {
2       struct list_head list;
3       int a;
4       int b;
5   };
6   LIST_HEAD(head);
7   ...
8   p = search(head, key);
9   if (p == NULL){
10      /* 반환 작업 수행 */
```

```
}
q = kmalloc(sizeof(*p), GFP_KERNEL);
*q = *p;
q->a = 2;
q->b = 3;
list_replace_rcu(&p->list, &q->list);
synchronize_rcu();
kfree(p);
```

그림 103 list_head 연결 리스트한 한 노드를 변경한 후 임시 변수를 삭제하는 예시

이 상황을 그림을 통해 보자. 그림 104은 그림 103에 해당하는 라이터 하나와 p가 가리키는 노드를 읽는 리더 3개 (reader 1, reader 2, 그리고 reader 3)가 있는 상황을 보여준다. 여기서 블록에 p로 표시한 것은 이 구간 내 어딘가에서 p에 접근한다는 것을 의미하며 좀 더 구체적으로 표현하면 rcu_read_lock()과 rcu_read_unlock()이 만드는 구간을 말한다.

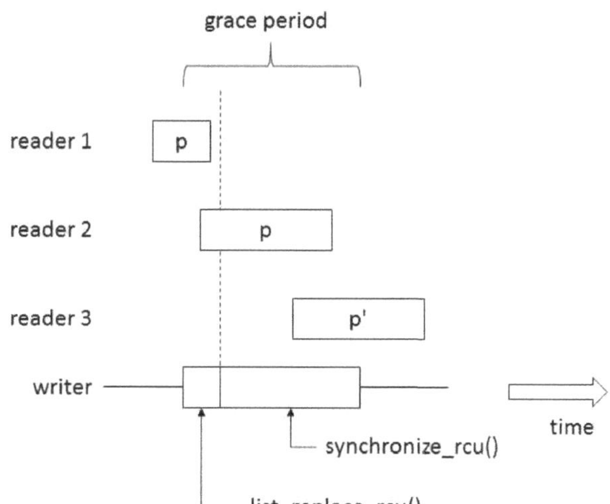

그림 104 한 라이터와 여러 리더가 있는 경우 synchronize_rcu()의 역할

Reader 1과 reader 2는 list_replace_rcu()가 완료되기 전에 p가 가리키는 노드에 접근했으므로 이전의 노드 내용을 읽고 있다. Reader 3은 list_replace_rcu()가 완료된 후에 p

가 가리키는 노드에 접근했기 때문에 바뀐 p'의 노드 (또는 q의 노드)를 읽는다. 그림 103의 코드 18째 줄에서 kfree()로 필요 없어진 p의 노드를 지우려고 하지만 reader 2처럼 이 노드에 접근하는 리더가 있을 때는 이 노드를 지우지 않아야 한다. 이를 위해 그림 103의 17째 줄에서 synchronize_rcu()를 수행한다.

synchronize_rcu() 함수는 직전까지 열려있던 reader 2의 임계구역이 닫힐 때까지 기다린다. 여기서 각 리더가 임계구역에 있지 않을 때를 quiescent state라고 한다. 그림 100 (b)에서 rcu_read_lock()이 호출되기 전 상황이 quiescent state이다. 반면, 리더가 공유 자료구조에 접근하려고 임계구역에 들어와 있어 라이터 입장에서 이전 노드를 지우지 못하고 기다려야 하는 구간을 grace period라고 한다. 그림 103에서 list_replace_rcu()를 호출하면 grace period가 시작되며, synchronize_rcu()가 완료되면 grace period가 끝난다.

그림 104에서 reader 1은 list_replace_rcu()가 영향을 미치기 전에 임계구역을 나갔기 때문에 grace period에 영향을 미치지 않는다. Reader 2는 list_replace_rcu()의 영향이 시작되기 전에 임계구역에 들어왔기 때문에 p가 가리키는 이전 노드에 접근하고 있을 것으로 판단되며, rcu_read_unlock()을 부르기 전까지는 임계구역이 끝나지 않은 상태이므로 라이터 입장에서는 마음대로 grace period를 끝낼 수 없다. Reader 2의 rcu_read_unlock()이 완료되어 리더의 임계구역이 끝나면 grace period가 닫히고 synchronize_rcu()가 완료된다. Reader 3의 임계구역은 grace period와 관련이 없는데, 리더 3은 이미 list_replace_rcu()가 완료된 후 변경된 자료구조에 접근하기 때문이다.

그림 103에서 변경하려는 노드를 2개의 버전 (p가 가리키는 버전과 q가 가리키는 버전)으로 만들어 일관성을 유지하는 상황을 그림 105과 그림 106을 통해서 보도록 하자. 그림 103의 8 ~ 11째 줄을 수행하면 그림 105 (a) 상황이 된다. 포인터 p가 연결 리스트의 한 노드를 가리킨다. 12째 줄의 kmalloc()을 수행하면 q에 새로운 구조체가 할당되어 그림 105 (b)가 된다. 13째 줄의 대입문이 수행되면 p가 가리키는 구조체 내용이 q의 구조체에 복제되어 그림 105 (c)가 된다. q의 구조체는 아직 발표 (publish)를 하지 않았기 때문에 다른 코드에서는 그 존재를 모르며 이를 점선 박스로 표시하였다. 14 ~ 15째 줄이 수행되면 q의 구조체 내용이 변경되어 그림 105 (d)가 된다.

그림 103의 16째 줄에 있는 list_replace_rcu()를 부르면 변경된 리스트의 노드가 발표되어 다른 태스크에서 구독할 수 있게 된다. 그림 106 (a)는 q가 가리키는 노드가 점선 테두리에서 발표됨에 따라 실선으로 바뀐 모습을 보여준다. 이 순간에 p가 가리키는 노드에 여전히 접근한 태스크가 있지만, 이 태스크는 list_replace_rcu()가 불리기 전에 이 노드에 접근했으며 이후에는 다른 태스크가 이 노드에 접근할 수는 없다.

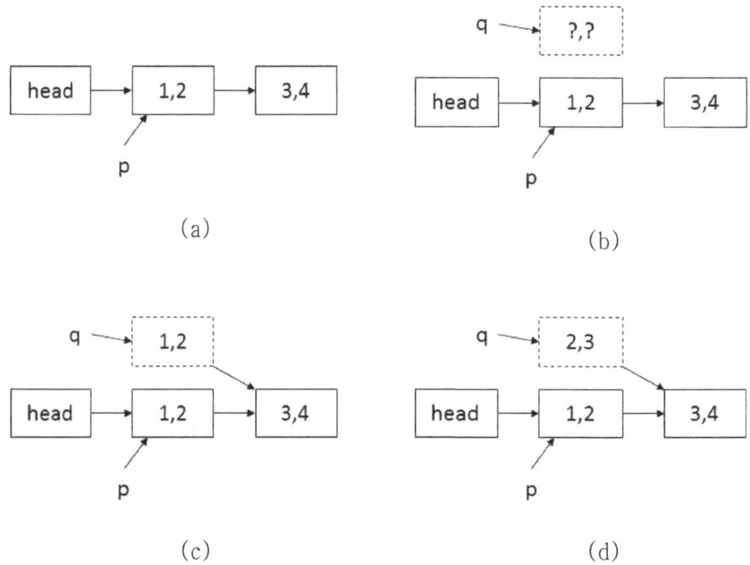

그림 105 노드 변경 코드의 진행 과정 (1)

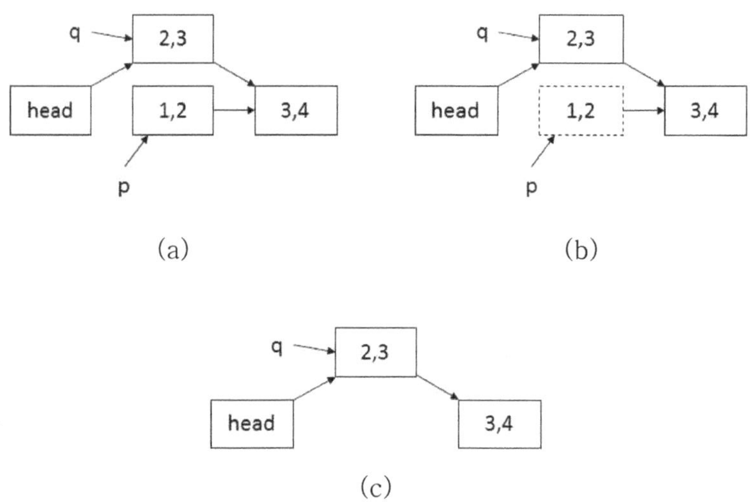

그림 106 노드 변경 코드의 진행 과정 (2)

그림 103의 17째 줄에 있는 synchronize_rcu()가 완료되면 p가 가리키는 노드에 접근한 태스크가 없다는 것이며 그림 106 (b)에서 p가 가리키는 노드가 점선으로 표시된 것

이 접근 불가능한 자료구조임을 가리킨다. 마지막으로 그림 103의 18째 줄에서 kfree(p)를 실행하면 그 노드의 공간이 반환되어 그림 106 (c)와 같이 된다.

7.8 선점 비활성화

커널 코드가 공유 자료구조에 접근하기 위해 스핀락부터 RCU까지 다양한 동기화 방법들이 제공된다는 것을 알고 있다. 그런데, CPU마다 존재하는 공유 변수에 접근하는 경우라면 스핀락과 같은 강하고 비용이 많이 드는 동기화 방법보다 선점을 막는 기능, 즉 선점 비활성화 기능만으로 충분하다. 선점 비활성화는 한 CPU에서 수행되는 태스크의 실행 중에 커널이 개입하지 않도록 하는 것이다. 선점 비활성화를 함으로써 지금 수행중인 태스크가 우선순위가 높고 대기 상태에서 깨어난 태스크에 의해 CPU에서 쫓겨나는 것을 막을 수 있다. 선점 비활성화는 include/linux/preempt.h에 선언된 함수들을 아래와 같이 적용한다.

```
preempt_disable();
    /* 선점 비활성 상태 */
preempt_enable();
```

위 함수들은 네스티드 호출이 허용되므로 마지막 preempt_enable() 호출로 선점이 다시 활성화된다. 네스티드 호출의 구현 방법은 0으로 초기화한 카운터를 두어 preempt_disable()이 호출될 때마다 증가시키고, preempt_enable()이 호출될 때마다 카운터를 감소시킨다. 카운터가 0이 되면 선점을 활성화한다. preempt_count() 함수는 이 카운터의 값을 반환한다. 선점 비활성화 상태에서 준비된 우선순위가 더 높은 태스크는 preempt_enable()에 의해 선점 활성화 상태로 바뀌면 스케줄되어 현재 태스크를 선점하고 CPU를 차지하게 된다. preempt_enable() 대신 preempt_enable_no_resched() 매크로를 사용하면 이때 선점이 이루어지지 않아 현재 코드를 수행 중인 태스크는 CPU를 좀 더 쓸 수 있다.

선점 비활성화와 비슷한 기능을 하는 것이 local_irq_disable()이다. local_irq_disable()은 인터럽트 처리를 현재 CPU에서 하지 않기 때문에 인터럽트 핸들러가 동작하지 않고, 인터럽트 핸들러가 호출하는 스케줄러도 동작하지 않는다. 반면 선점 비활성화 상태에서는 현재 CPU에서 인터럽트 핸들러가 동작한다. 다만, 선점 비활성화 여부를 확인해서 비활성화 상태일 때 스케줄러를 호출하지 않을 뿐이다.

7.9 배리어

컴파일러와 CPU는 문제가 되지 않는다고 판단될 때 최적화를 위해 명령어의 순서를 바꾸거나 없애버리는 경우가 있다. 예를 들어,

```
a = 10;
a = 12;
```

와 같은 명령어는 두 할당문을 실행시키나 두 번째 할당문만을 실행시키나 같은 결과를 내기 때문에 컴파일러는 첫 번째 할당문인 a = 10;을 없애버린다. CPU의 경우 파이프라인 처리를 통해 두 명령어가 거의 동시에 실행되기도 하며, 캐시에 있거나 이전에 읽은 변수와 가까이 있는 메모리 주소는 접근 시간이 짧아 먼저 읽거나 쓰기도 한다. 일반적인 코드에서는 이런 최적화는 문제가 되지 않지만, I/O 디바이스를 다룰 때나 다중 CPU 프로그래밍을 할 때 문제가 발생하기도 한다.

I/O의 경우를 고려해서 다음의 두 줄 코드를 보자. 여기서 p는 I/O 디바이스의 레지스터 번호를 입력받는 레지스터이고, q는 그 번호의 레지스터 값을 반환하기 위한 memory mapped 주소이다. 즉, 아래 코드는 디바이스의 4번 레지스터값을 읽어서 변수 data에 저장하라는 명령이다.

```
*p = 4;
data = *q;
```

두 명령어가 사용하는 변수들은 연관성이 없어서 컴파일러는 최적화를 고려해서 두 명령어의 순서를 바꿀 수 있다. 이 경우 프로그래머가 원하는 값을 data에 받을 수 없게 된다. 표 12에 있는 RCU (Read-copy update)의 발표와 구독 함수들은 컴파일러와 CPU의 최적화가 명령문들의 순서를 변경하여 원하지 않는 동작을 하는 것을 막는 기능이 포함되어 있다. 이 기능은 배리어가 제공한다.

배리어 관련 함수들은 include/asm-generic/barrier.h에 선언되어 있다. rmb() 매크로는 메모리에서 읽는 명령에 배리어를 제공해서 메모리를 읽는 명령이 배리어를 넘지 못하도록 한다. 위의 두 줄 명령어에 rmb()를 적용하면 다음과 같다.

```
*p = 4;
rmb();
```

```
data = *q
```

*q의 내용을 읽는 명령이 rmb()에 의해 그 이전으로 갈 수 없다. 하지만 아직 완벽하지 않다. 왜냐하면 *p에 값을 넣는 명령어는 rmb() 이후로 재배치될 수 있기 때문이다. 따라서 쓰기 명령어의 재배치를 제한하는 wmb() 매크로가 필요하다. 이 매크로는 메모리에 쓰는 명령이 배리어를 넘지 못하도록 한다. 앞의 두 줄 명령에 wmb()를 적용해보자.

```
*p = 4;
wmb();
data = *q
```

이 코드에서 *p에 쓰는 작업은 data에 쓰는 작업 이후로 재배치되지 않는다. 하지만 *q에서 읽는 작업은 wmb()보다 앞으로 재배치될 수 있어서 여전히 완벽한 배리어가 되지 못한다. 이를 위해서 읽기와 쓰기 작업의 재배치를 모두 제한하는 mb() 매크로가 필요하다. mb()는 가장 강력한 배리어로 읽기와 쓰기 작업이 모두 재배치되지 않는다. 그만큼 최적화를 제한하는 부작용이 발생할 수 있다. mb()를 사용하면 위 코드가 다음과 같이 된다.

```
*p = 4;
mb();
data = *q
```

이제 디바이스 레지스터에 대한 명령이 제대로 수행된다. rmb(), wmb(), 그리고 mb()를 메모리 배리어라고 하며 컴파일러뿐만 아니라 CPU에게도 명령을 수행하는 기계어 코드가 실행 파일에 추가된다. 반면에 include/linux/compiler.h에 선언된 barrier() 매크로는 컴파일러에게 읽기 및 쓰기 명령어의 재배치에 대한 배리어를 건다. 컴파일된 기계어 명령어에는 배리어 관련 코드가 추가되지 않으므로 실행 코드나 시간에 추가 비용은 들지 않지만 CPU가 수행하는 최적화로 생기는 재배치를 제어하지는 못한다.

제7장 연습문제

7-1. 표 11의 연산을 사용하여 175쪽의 코드를 원자적 연산을 사용한 코드로 바꾸시오. 이때 필요한 변수의 선언도 포함하시오.

7-2. 그림 105과 그림 106에 나온 리스트 노드의 변경을 표 11의 원자적 연산으로 수행할 수 있는가? 그 이유를 설명하시오.

7-3. 인터럽트 핸들러가 공유 자료구조에 접근할 때는 스핀락만 걸면 안전하게 접근할 수 있다고 한다. 인터럽트 핸들러가 스핀락을 걸지 않는 경우 어떤 문제가 발생할 수 있는가? CPU가 1개인 경우와 여러 개인 경우로 나누어 각각 설명하시오.

7-4. 인터럽트 핸들러와 자료구조를 공유하는 후반부 처리 작업이 임계구역에 접근할 때 인터럽트를 닫지 않고 스핀락을 거는 경우 어떤 상황에서 데드락이 발생하는가?

7-5. Softirq와 워크큐가 공유하는 자료구조가 있을 때, 워크큐에서 그 자료구조를 위한 임계 영역 구현을 위해 스핀락만 걸게 되면 어떤 상황에서 데드락이 발생하는가?

7-6. 2.2장의 캐릭터 디바이스 드라이버는 여러 태스크가 동시에 read()와 write()를 호출하는 상황에 대한 대비가 없다. 리더-라이터 스핀락을 통해 이러한 문제를 해결할 수 있는가? 해결할 수 있는 경우 해당 디바이스 드라이버 코드에 리더-라이터 스핀락을 추가하고 제대로 수행되는지 확인하시오. 이때, 어떤 방식으로 확인하면 여러 스레드가 동시에 임계구역에 접근하면서도 경쟁 상태가 발생하지 않는다는 것을 확인할 수 있는가? 만약 해결할 수 없는 경우 그 이유를 설명하시오.

7-7. POSIX read() 함수는 데이터를 읽기 위해 대기 중일 때 시그널에 의해 인터럽트를 당하면 -1을 반환하고 전역 변수 errno에 EINTR 값을 넣는다. 그림 11의 mydrv_read() 함수에 세마포어를 적용하여 여러 스레드가 동시에 read() 함수를 호출할 때 공유 변수들을 오염시키는 것을 방지하도록 코드를 수정하시오. 특히, 세마포어를 얻기 위해 기다리는 중에 시그널이 온 경우 errno에 EINTR을 넣고 -1을 반환하도록 하시오.

7-8. 세마포어를 사용하는 코드를 구현한다. 기다리지 않고 바로 세마포어를 얻었으면, 'simple' 메시지를 출력하고, 기다리는 동안 시그널을 받고 대기 상태에서 빠져나오면 'signaled' 메시지를 출력하고, 어느 정도 기다린 후 down() 수행에

서 빠져나오면 'had waited' 메시지를 출력하는 코드를 작성하시오. 마지막에는 up()을 이용하여 세마포어의 카운터가 유지되도록 하시오.

7-9. 2.2장의 캐릭터 디바이스 드라이버는 인터럽트 핸들러나 후반부 처리와 연관되지 않으며 프로세스 문맥에서 수행되기 때문에 세마포어를 사용할 수 있다. 이 디바이스 드라이버를 리더-라이터 세마포어를 이용하여 동시에 여러 스레드가 read()나 write()를 호출했을 때 경쟁 상태에 빠지지 않도록 코드를 개선하시오.

7-10. 2.2장의 캐릭터 디바이스 드라이버에 있는 자료구조들을 경쟁 상태로부터 보호하기 위해 뮤텍스를 사용하여 보완하시오. 동시에 여러 스레드가 read() / write()를 호출하는 경우를 테스트하여 정상적으로 동작하는지 확인한 후에 세마포어를 사용하여 구현한 경우와 성능을 비교하시오.

7-11. 2.2장의 캐릭터 디바이스 드라이버는 read()를 시도할 때 buf에 내용이 없으면 0을 반환한다. 완료변수를 사용하여 buf에 읽을 내용이 없는 경우 대기하도록 하고, write()를 한 후 완료변수에 의해 대기하는 스레드를 깨우도록 디바이스 드라이버를 변경하시오. 여러 스레드가 접근할 수 있으므로 buf에 접근하는 코드를 임계 영역으로 설정하고 세마포어를 이용하여 보호하시오.

7-12. 아래 그림과 같이 순차적 락에서 리더와 라이터가 진입한 임계구역이 겹쳤는데 라이터가 약간 일찍 임계구역에 들어왔다면 리더는 어떻게 임계구역이 겹쳤다는 것을 판단하는가?

리더

```
unsigned long seq;
do {
    seq = read_seqbegin(&sl);
    /* 임계구역 (read) */
} while (read_seqretry(&sl, seq));
```

라이터

```
write_seqlock(&sl);

    /* 임계구역 (write) */

write_sequnlock(&sl);
```

7-13. 2.2장의 캐릭터 디바이스 드라이버가 buf의 read() / write() 연산에 일관성을 유지할 수 있도록 순차적 락을 적용하시오. 개선된 캐릭터 디바이스 드라이버의 성능을 확인하기 위해 여러 스레드가 10:1의 비율로 read() / write() 호출을 하도록 테스트 프로그램을 작성하시오. 동일한 테스트 프로그램을 연습문제 7-9의 디바이스 드라이버에 적용하여 두 디바이스 드라이버의 성능을 비교하

시오.

7-14. 그림 103에서 노드의 내용을 바꿀 때 직접 p->a나 p->b에 새로운 값을 대입하지 않고 노드를 만들어 교환하는 이유가 무엇인지 설명하시오.

7-15. 7.7장 초반에 RCU는 리더와 라이터가 동시에 임계 영역에서 작업을 할 수 있는 병렬성을 제공하는 것이 특징이라고 소개한다. 그런데, 순차적 락도 리더와 라이터가 동시에 임계 영역에서 작업하고 있지 않은가? 순차적 락과 RCU는 병렬성에서 어떤 차이가 있는가?

7-16. 그림 100에서 (a) 11째 줄의 list_add_rcu()와 (b)의 코드가 동시에 수행되더라도 데이터의 오염이 발생하지 않는다는 것이 보장되는가? 그 이유는 무엇인가? 그림 100 (a)의 라이터는 그림 100 (b)의 리더가 임계구역을 닫을 때까지 기다리는 synchronize_rcu()를 사용해야 하는가? 그 이유는 무엇인가?

7-17. 2.2장의 디바이스 드라이버는 하나의 버퍼에 값을 쓰거나 읽기 때문에 포인터나 연결 리스트 연산을 위해 만들어진 RCU를 사용하기에는 적절치 않다. 이를 변경하여 다음과 같이 RCU를 이용할 수 있는 구조로 변경한 디바이스 드라이버를 작성하시오.

4) {int size; char *buff; list_head list}로 이루어진 구조체를 선언하고 list_head 구조체의 헤드인 head 변수로 list_head 연결 리스트를 초기화한다.

5) write()가 발생하면 위의 구조체를 하나 할당받고 write()가 발생한 크기 만큼 kmalloc()으로 메모리를 요구해 buff에 할당한다.

6) 그 구조체는 하나의 노드가 되어 head가 가리키는 연결 리스트에 삽입된다.

7) read()가 발생하면 head가 가리키는 연결 리스트에 있는 노드에서 buff의 내용을 반환한다. 그 노드는 삭제된다.

8) read()가 발생했을 때 head가 가리키는 연결 리스트가 비어 있으면 0을 반환한다.

7-18. 문제 7-17의 요구에 따라 구현한 디바이스 드라이버에 RCU를 적용하시오.

7-19. 문제 7-18에서 구현한 RCU가 적용된 디바이스 드라이버는 노드를 변경하는 list_replace_rcu() 함수를 적용할 상황이 생기지 않는다. 이 함수를 적용하기 위해서 어떤 디바이스 드라이버로 변경하면 될지 그 구조를 설계하시오. 설계한 구조대로 디바이스 드라이버를 구현하고 RCU를 적용하시오.

7-20. 시스템의 다양한 디바이스로부터 들어오는 신호를 처리하는 기능에 대한 성능을 평가하기 위한 코드를 디바이스 드라이버에 작성하는 중이다. 성능 평가를

위해 시간 측정을 해야 하며 그 중간에 다른 커널 스레드가 수행되면 시간 측정이 오차가 생길 수 있다. 이 문제를 막기 위해 어떤 함수 / 매크로를 사용해야 하나? 그와 유사한 함수 / 매크로와 기능상의 차이를 비교하시오.

제8장 타이머

8.1 타이머 개요

컴퓨터에게 시각 (time)은 매우 중요한 요소이며 많은 응용 프로그램들이 운영체제에게 현재 시각을 알려달라고 요구한다. 커널도 현재 시각을 얻을 수 없다면 라운드 로빈 스케줄링을 할 수 없게 된다. 따라서, 대부분 컴퓨터는 현재 시각을 얻고 관리하기 위한 하드웨어 장치를 포함하고 있으며, 운영체제는 이를 이용하여 자체 현재 시각을 관리하고, 시각에 관련된 작업을 진행한다. 일반적인 컴퓨터 시스템에서는 실시간 시계 (RTC, real-time clock)가 배터리를 통해 외부 전원 없이도 동작하기 때문에, 부팅 시에 RTC로부터 현재 시각을 얻어온다. 현재 대부분의 컴퓨터 시스템들은 네트워크에 연결되어 있으므로 네트워크 모듈이 설치된 이후에는 NTP 서버 (Network Time Protocol server)로부터 현재 시각을 받아온 후 내부 시각에 반영한다.

라즈베리파이는 원가절감을 위해 RTC를 두지 않고 기본 시각으로 시스템을 시작한 뒤 NTP 서버로부터 받은 시각으로 현재 시각을 바로잡는다. 보정된 시각은 타이머 인터럽트 핸들러가 갱신하는데, 타이머 인터럽트 (timer interrupt)는 시스템 타이머 (system timer)가 발생시킨다. 시스템 타이머는 매 초마다 진동수 (tick rate)만큼 타이머 인터럽트를 발생시킨다. 진동수는 HZ라고 표기하며 대부분의 컴퓨터 시스템에서 100이다. 라즈베리파이도 100의 진동수를 가지므로 0.01초 또는 10ms마다 타이머 인터럽트가 시스템 타이머에 의해 발생한다. 타이머 인터럽트와 관련된 용어로 tick이 있다. 연속된 두 타이머 인터럽트 사이의 시간 간격을 tick이라고 하며 진동수 HZ와의 관계는 다음과 같다.

$$\text{tick} = 1 \ / \ \text{HZ (sec)}$$

응용프로그램 입장에서 자주 사용하는 현재 시각은 리눅스 커널에서 wall time이란 이름으로 불린다. 시스템이 부팅된 시각은 system booting time이라 부르며, 부팅된 이후로 경과한 시간은 system uptime이라 불린다. System uptime은 이후에 설명될 jiffies라는 변수에 저장된다. 시각에 관련된 세 값의 관계는 다음과 같다.

$$\text{wall time} = \text{system booting time} + \text{system uptime}$$

매 tick마다 수행되는 타이머 인터럽트 핸들러는 위에서 언급한 시간이나 시각을 주로 관리한다. 즉, system uptime을 갱신하며 wall time도 이에 맞춰 변경한다. 또한, 수행

중인 태스크의 time slice를 확인하여 이를 모두 소모한 태스크를 runqueue로 보내고 스케줄을 요청한다. 워크큐 (workqueue)에 지연된 태스크들이 있으면 실행할 시간이 되었는지 확인하고, 타이머를 기다리는 태스크들의 남은 시간을 재계산하는 작업들도 타이머 인터럽트 핸들러가 수행한다.

8.2 Jiffies

Jiffies는 시스템이 부팅된 이후로 발생한 타이머 인터럽트의 개수를 저장한 전역 변수로서 타이머 인터럽트가 1씩 증가시킨다. 따라서 매 초마다 HZ만큼 증가하며, system uptime을 초단위로 구하려면 jiffies / HZ를 적용한다.

system uptime = jiffies / HZ (sec)

Jiffies는 include/linux/jiffies.h에 다음과 같이 선언되어 있다.

```
extern unsigned long volatile __cacheline_aligned_in_smp __jiffy_arch_data jiffies;
```

여기서 volatile은 이 변수를 compiler가 최적화하지 않는다는 것이고, __cacheline_aligned_in_smp는 이 변수를 L1 d-cache line 크기 (라즈베리파이에서는 64 byte)로 정렬한다는 것이다. __jiffy_arch_data는 현재로서는 의미 없는 매크로이다. unsigned long은 64-bit 컴퓨터에서는 8byte이므로 컴퓨터가 수행되는 동안 jiffies 값이 계속 증가하더라도 오버플로우 (overflow)가 발생할 가능성은 거의 없다. 32-bit 컴퓨터에서 unsigned long은 4byte이므로 오버플로우가 발생할 가능성이 있다. 이러한 문제를 해결하면서도 호환성을 위해 만든 jiffies_64는 다음과 같이 선언되어 있다.

```
extern u64 __cacheline_aligned_in_smp jiffies_64;
```

jiffies_64는 링크 시에 jiffies와 같은 공간으로 배정되므로 jiffies_64의 하위 4byte와 jiffies는 동일한 메모리 영역에 위치한다. 오버플로우가 발생하면 jiffies는 0으로 되돌아오지만, jiffies_64는 정확한 값을 가지고 있다.

이제 jiffies를 사용하는 예시를 보도록 하자. 한 작업을 처리하는데 얼마나 시간이 경과했는지를 비교하기 위해 현재 시각을 다음과 같이 저장할 수 있다.

```
unsigned long timestamp = jiffies;
```

현재 시각으로부터 5 tick 이후의 시각을 저장하고 싶으면 다음과 같이 한다.

```
unsigned long nexttime = jiffies + 5;
```

현재 시각으로부터 5초 이후의 시각을 저장하는 방법은 다음과 같다.

```
unsigned long nexttime = jiffies + 5 * HZ;
```

HZ는 include/uapi/asm-generic/param.h에 100으로 정의되어 있다. 이렇게 설정한 시각은 if-문과 같은 비교를 통해 다음에 할 작업을 결정하는 용도로 사용한다. 그런데, 32-bit jiffies를 사용하던 때에는 unsigned long 타입이 32 비트라서 쉽게 오버플로우되는 문제가 있었다. 아래 코드를 보자.

```
unsigned long nexttime = jiffies + 5;
/* nexttime 이전에 끝내도록 작업 수행 */
if (nexttime > jiffies) {
   /* 아직 nexttime 이전에 끝났으므로 성공 */
} else {
   /* nexttime이거나 그 이후에 끝났으므로 실패 */
```

여기서 if-조건문 내의 nexttime이 오버플로우되면 작은 값이 되어 if-조건문이 거짓이 된다. 이를 해결하기 위해 그림 107의 매크로가 제공된다.

```
1  #define time_after(a, b)        ((long)((b) - (a)) < 0)
2  #define time_before(a, b)       time_after(b, a)
3  #define time_after_eq(a, b)  ((long)((a) - (b)) >= 0)
4  #define time_before_eq(a, b) time_after(b, a)
```

그림 107 시간 비교 매크로 (include/linux/jiffies.h)

이 매크로들의 원래 코드는 a와 b가 각각 unsigned long 타입인지 체크하는 부분이 있지만 큰 의미가 없으므로 생략했다. 그림 107 첫째 줄의 time_after(a, b)는 a의 시각이 b 이후이면 true를 반환한다. 일반적으로 a 시각이 b 이후이면 a > b이므로 b - a < 0이 자연스럽지만 이런 식을 통해 비교하는 이유가 오버플로우가 발생했을 경우이므로 a가 오버플로우된 경우를 고려하자. unsigned long으로 비교하면 값이 너무 크므로 unsigned char로 바꿔서 생각하자. a가 오버플로우 되어 1이 되었고 b는 아직 오버플로

우가 아닌 상태라 255라고 하자. b - a = 255 - 1 = 254가 되는데 (char)로 타입캐스팅을 하면 (char)254 = -2가 되므로 음수가 되어 결과는 true가 된다. 즉, a가 오버플로우되더라도 타입 캐스팅에 의해 원하는 결과를 얻을 수 있다. 그림 107의 매크로를 이용하여 코드를 다시 작성하면 다음과 같다.

```
unsigned long nexttime = jiffies + 5;
/* nexttime 이전에 끝내도록 작업 수행 */
if (time_before(jiffies, nexttime)) {
    /* 아직 nexttime 이전에 끝났으므로 성공 */
} else {
    /* nexttime이거나 그 이후에 끝났으므로 실패 */
```

8.3 타이머 인터럽트 핸들러

시스템 타이머가 인터럽트를 발생시켰을 때 수행되는 타이머 인터럽트 핸들러의 가장 핵심적인 함수는 그림 108의 tick_periodic()이다. 이 함수는 do_timer() 함수를 불러 jiffies를 증가시키고 update_wall_time() 함수를 불러 wall time 또는 timekeeper를 갱신한다. timekeeper는 이전 버전의 wall time에 해당하는 xtime 변수를 포함하여 현재 시각을 관리하기 위한 데이터를 포함하는 구조체이다. 리눅스 커널에서는 시각 관련 자료구조들을 오염 없이 다루는 방법으로 시각 관리용 CPU를 별도로 지정한다. 3째 줄의 조건문은 현재 태스크가 수행되는 CPU가 jiffies나 timekeeper를 관리하기로 지정된 CPU와 같은지 확인하기 위해 사용된다. 이를 통해 미리 지정된 CPU만 핵심 시각 업데이트 함수인 do_timer()를 수행한다. 하지만 do_timer()에서 갱신하는 시각 관련 변수들은 많은 코드에서 접근하기 때문에 임계 영역으로 설정할 필요가 있다. 시각 관련 변수들은 주로 읽기 작업에 사용되고 쓰기 작업은 do_timer()에서 핵심적으로 발생하므로 sequential lock, 즉 순차적 락을 사용한다. 6째 줄에서 불리는 do_timer()를 라이터 임계영역으로 지정하기 위해 4째 줄과 7째 줄에서 순차적 라이터 임계구역을 설정한 것을 알 수 있다.

```
1  static void tick_periodic(int cpu)
2  {
3      if (tick_do_timer_cpu == cpu) {
4          write_seqlock(&jiffies_lock);
5          tick_next_period = ktime_add(tick_next_period, tick_period);
6          do_timer(1);
7          write_sequnlock(&jiffies_lock);
8          update_wall_time();
9      }
10     update_process_times(user_mode(get_irq_regs()));
11     profile_tick(CPU_PROFILING);
12 }
```

그림 108 tick_periodic() 함수 (kernel/time/tick-common.c)

그림 109에서 보여주는 do_timer() 함수는 jiffies를 증가시키고, calc_global_load()를 호출한다. calc_global_load()는 각 CPU의 runqueue에 저장된 태스크의 개수에 대한 평균을 구해서 각 CPU에 걸린 부하를 계산한다.

```
void do_timer(unsigned long ticks)
{
    jiffies_64 += ticks;
    calc_global_load(ticks);
}
```

그림 109 do_timer() 함수 (kernel/time/timekeeping.c)

그림 108의 10째 줄에 있는 update_process_times() 코드는 그림 110에 있으며 프로세스의 수행 시간을 기록한다. 인자인 user_tick은 추가할 tick이 사용자 코드를 수행하는 시간으로 사용되었다면 1로, 커널 코드를 수행하는 데 사용되었다면 0으로 주어진다. 5째 줄의 account_process_tick()은 입력으로 받은 tick을 사용자나 시스템 계정에 반영한다. 이렇게 갱신된 각 계정의 tick 정보로 CPU를 어느 정도 사용했는지 파악할 수 있다. 6째 줄의 run_local_timers()는 예약한 시간 뒤에 깨어날 태스크들을 관리하는 TIMER_SOFTIRQ의 softirq를 올린다. 7째 줄의 rcu_sched_clock_irq()는 현재 태스크가 RCU의 quiescent state인지, 즉 아직 임계 영역 바깥인지 확인하고 필요한 경우 스케줄

을 하도록 한다. 이 상태라면 리더인 태스크가 공유 데이터에 접근하지 않는 상황이라고 보고 grace period를 닫을 수 있는 조건을 만들어 준다. 8째 줄의 scheduler_tick()에서는 현재 CPU를 사용 중인 태스크의 time slice와 CPU 사용 시간을 바탕으로 스케줄 여부를 판단한다. 10째 줄의 run_posix_cpu_timers()는 POSIX API 중에 시간이 될 때까지 기다리는 함수 (예를 들어 sem_timedwait())가 그 시간이 되었는지 확인한다.

```
1   void update_process_times(int user_tick)
2   {
3       struct task_struct *p = current;
4
5       account_process_tick(p, user_tick);
6       run_local_timers();
7       rcu_sched_clock_irq(user_tick);
8       scheduler_tick();
9       if (IS_ENABLED(CONFIG_POSIX_TIMERS))
10          run_posix_cpu_timers(p);
11  }
```

그림 110 update_process_times() 함수 (kernel/time/timer.c)

그림 110의 5째 줄에 있는 account_process_tick() 함수의 내용이 그림 111에 있다. 첫 번째 인자는 현재 tick이 사용자 태스크의 CPU 사용으로 계산될 때 그 사용자 태스크의 task_struct 구조체에 대한 포인터이고, 두 번째 인자는 값이 true (또는 1)일 때 현재 tick이 사용자 태스크의 CPU 사용 시간으로 계산된다는 것이고, false (또는 0)일 때 시스템의 CPU 사용 시간으로 계산된다는 의미를 전달한다.

```
void account_process_tick(struct task_struct *p, int user_tick)
{
    u64 cputime, steal;
    struct rq *rq = this_rq();

    if (vtime_accounting_cpu_enabled()) return;
    if (sched_clock_irqtime) {
```

```
        irqtime_account_process_tick(p, user_tick, rq, 1);
        return;
    }
    cputime = TICK_NSEC;
    steal = steal_account_process_time(ULONG_MAX);
    if (steal >= cputime) return;
    cputime -= steal;
    if (user_tick)
        account_user_time(p, cputime);
    else if ((p != rq->idle) || (irq_count() != HARDIRQ_OFFSET))
        account_system_time(p, HARDIRQ_OFFSET, cputime);
    else
        account_idle_time(cputime);
}
```

그림 111 account_process_tick() 함수 (kernel/sched/cputime.c)

8.4 타이머 사용

그림 110의 6째 줄에 있는 run_local_timers() 함수는 softirq의 TIMER_SOFTIRQ를 올린다, 즉 활성화한다. 이 softirq는 타이머 기능을 하며, 시간 예약하고 대기 상태로 들어간 작업이 깨어날 시각이 되었는지 확인한다. 예약한 시각이 되면 깨어나서 수행할 작업을 차례대로 진행하도록 활성화한다. 한 작업을 타이머에 등록시키려면 우선 그림 112의 timer_list 구조체 변수를 생성한다.

```
struct timer_list {
    struct hlist_node        entry;
    unsigned long            expires;
    void                     (*function)(struct timer_list *);
    u32                      flags;
};
```

그림 112 timer_list 구조체 (include/linux/timer.h)

그림 112의 2째 줄에 있는 hlist_node 구조체는 list_head 구조체와는 달리 헤더가 하나의 필드로만 이루어진 연결 리스트로서 그림 113과 같은 구조의 연결리스트를 만든다. 첫 번째 노드가 hlist_head의 first 필드를 가르키도록 하기 위해 그림 114과 같은 구조체로 hlist_head와 hlist_node가 선언된다. list_head 구조체와 비교를 하자면 다른 측면에서의 차이점은 없다고 볼 수 있고, 메모리만 한 포인터를 절약하는 구조체이다. 굳이 이런 구조체를 쓰는 이유는 연결 리스트로 이루어진 해시 테이블을 구성할 때, 테이블 자체의 크기를 반으로 줄일 수 있기 때문이다.

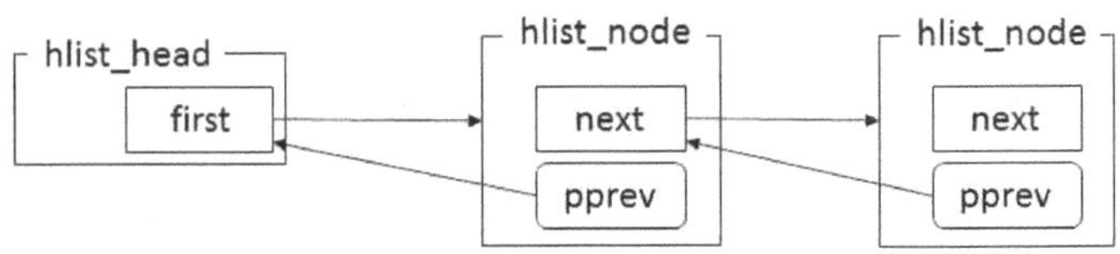

그림 113 hlist_node로 만드는 연결리스트

```
struct hlist_head {
        struct hlist_node *first;
};
struct hlist_node {
        struct hlist_node *next, **pprev;
};
```

그림 114 hlist_head와 hlist_node 구조체 (include/linux/types.h)

그림 112 timer_list 구조체의 3째 줄에 있는 expires 필드는 깨어날 시각을 의미하며 jiffies와 비교를 통해 깨워도 되는지를 검사하게 된다. 4째 줄의 function 필드는 깨어났을 때 수행될 함수이다. 타이머를 사용하기 위해서는 우선 timer_list 구조체를 가진 전역 타이머 변수를 선언하고, 다음은 깨어날 시간이 되었을 때 수행할 작업을 타이머 핸들러로 선언한다. 타이머 핸들러는 그림 112의 4째 줄에 있는 타입의 함수로 작성한다. 타이머 변수와 타이머 핸들러를 매핑시키려면 timer_setup() 매크로를 사용한다.

```
timer_setup(timer, callback, flags);
```

첫 번째 인자인 timer는 timer_list 구조체 변수의 포인터이며, 두 번째 인자인 callback은 타이머 변수 timer에 매핑하려는 타이머 핸들러 함수이다. 세 번째 인자인 flags는 이 타이머의 특성을 설정하는 플래그이며 보통 0값을 가진다.

매핑한 작업을 활성화하려면 add_timer() 함수를 호출한다. 이 함수는 include/linux/timer.h에 선언되어 있으며 이후 언급하는 타이머 관련 함수들도 이 헤더파일에 선언되어 있다. 이 함수의 인자는 앞서 선언한 전역 타이머 변수의 포인터이다. 활성화된다는 것은 softirq가 관리하는 timer_list 연결리스트에 삽입된다는 것이다.

```
void add_timer(struct timer_list *timer);
```

이렇게 활성화한 작업은 softirq의 타이머가 실행을 시작하면 자신의 순서가 되었을 때 바로 실행을 시작한다. 만약 활성화한 작업의 깨어나는 시각을 변경하려면 mod_timer()를 사용한다.

```
int mod_timer(struct timer_list *timer, unsigned long expires);
```

mod_timer()의 두 번째 인자 expires는 깨어날 시간을 가리키며 보통 전역 시각 변수인 jiffies를 이용하여 값을 결정한다. 예를 들어, 지금 시각에서 10ms 뒤에 깨어나게 하려면 jiffies + 1을 사용한다. 지정한 시간이 되어서 핸들러가 수행되면 작업은 연결리스트에서 제거되어 비활성화된다. 이 함수를 호출했을 때 대상 작업이 활성화되지 않은 상태였다면 0을 반환하고 이미 활성화되었다면 1을 반환한다. mod_timer()는 활성화되지 않은 작업을 활성화하는 기능도 포함되어 있다. 활성화되어 있는 작업을 리스트에서 제거하여 비활성화할 때는 del_timer() 함수를 사용한다.

```
int del_timer(struct timer_list * timer);
```

del_timer()도 활성화되지 않은 작업에 대해 호출하면 0을 반환하고 활성화된 작업에 대해 호출하면 1을 반환한다. 활성화된 작업에 대해 del_timer()를 호출했을 때 이미 그 작업의 핸들러가 수행 중일 수도 있다. 이때 del_timer()는 바로 반환되지만, 수행 중인 핸들러는 계속 수행한다. 수행 중인 핸들러가 종료될 때까지 기다린 후에 반환되려면 del_timer_sync()를 사용한다. 이 함수는 스케줄될 수 있어서 인터럽트 문맥에서는 사용할 수 없다.

```
int del_timer_sync(struct timer_list *timer);
```

그림 115은 타이머를 사용하는 예시를 보여주는 코드이다. 1째 줄에 타이머 변수인 mytimer를 선언하고, 11째 줄에서 timer_setup()을 실행해서 타이머 시간이 만료되었을 때 실행할 타이머 핸들러로 mywakeup()함수를 설정한다. 12째 줄에서 add_timer()로 타

이머를 활성화한다. 이때, 지연 시간을 두지 않기 때문에 핸들러인 mywakeup()이 지연 없이 바로 실행된다. 핸들러가 실행되면 타이머는 비활성화되는데 6째 줄에서 mod_timer()를 실행해서 타이머를 다시 활성화했다. 동시에 지연 시간을 주어 현재 시간에 50ms 이후에 이 핸들러가 수행되도록 예약하였다. 이 때문에 이 핸들러는 50ms마다 실행을 반복한다. 사용자가 이 모듈을 rmmod로 제거하면 18째 줄의 del_timer()가 실행되어 비활성화되고 더는 실행되지 않는다.

```
1   static struct timer_list mytimer;
2   static unsigned long delay = 5;
3
4   static void mywakeup(struct timer_list *timer)
5   {
6       mod_timer(timer, jiffies +  delay);
7   }
8
9   static int __init my_init(void)
10  {
11      timer_setup(&mytimer, mywakeup, 0);
12      add_timer(&mytimer);
13      return 0;
14  }
15
16  void __exit my_exit(void)
17  {
18      del_timer(&mytimer);
19  }
```

그림 115 타이머 적용 예시

그림 115과 같은 디바이스 드라이버 모듈에서 타이머를 활성화하면 인터럽트가 발생할 때마다 인터럽트 핸들러가 그림 110의 6째 줄에 있는 run_local_timers()를 호출하여 지금 실행할 타이머 핸들러가 있는지 확인한다. 그런데 당장 실행할 타이머 핸들러가 없다면 굳이 타이머 softirq를 올릴 필요가 없다. 따라서 그림 116의 6 ~ 12째 줄은 타이머 예약 시각의 최소값인 base->clk와 현재 시각인 jiffies를 비교해서 jiffies가 아직 타이머 최소값이 되지 않았으면 반환해버림으로써 13째 줄의 raise_softirq()를 지나친다.

jiffies가 최소값인 base->clk와 같거나 그 이상이 되면 raise_softirq()를 실행한다.

```
1   void run_local_timers(void)
2   {
3       struct timer_base *base = this_cpu_ptr(&timer_bases[BASE_STD]);
4   
5       hrtimer_run_queues();
6       if (time_before(jiffies, base->clk)) {
7           if (!IS_ENABLED(CONFIG_NO_HZ_COMMON))
8               return;
9           base++;
10          if (time_before(jiffies, base->clk))
11              return;
12      }
13      raise_softirq(TIMER_SOFTIRQ);
14  }
```

그림 116 run_local_timers() 함수 (kernel/time/timer.c)

그림 116 3째 줄의 timer_bases는 perCPU 변수인데, 각 CPU에서 수행되는 태스크가 같은 변수 이름이지만 다른 위치에 할당하는 변수이다. 이런 변수를 사용하는 이유는 같은 변수와 코드를 사용하면서도 다른 CPU의 태스크와 변수에 대한 경쟁 상태 (race condition)가 발생하는 것을 막기 위해 사용한다. 3째 줄의 this_cpu_ptr()은 이런 perCPU 변수에서 현재 CPU에 해당하는 변수 위치를 반환할 때 사용한다. perCPU 변수는 9.6장에서 자세히 설명한다.

8.5 대기

타이머를 이용하여 일정 시간이 지난 후에 원하는 함수인 타이머 핸들러를 실행할 수 있지만, 타이머 핸들러는 softirq에서 실행되는 코드이므로 장시간의 작업을 할 수 없으며, 대기 상태에 들어가거나, 스케줄 될 수 없다. 따라서, 디바이스 드라이버 코드에서 특정 작업을 수행하다가 일정 시간 기다린 뒤, 다음 작업을 수행하는 용도로는 적합하지 않다. 많은 하드웨어 디바이스들은 명령을 받거나 그 결과를 출력하는 과정에서 디바이스 드라이버에게 일정 시간 기다릴 것을 요구한다. 이 경우 아래 코드와 같이 바쁜 대기를 이용하여 특정 시간 동안 대기할 수 있다.

```
unsigned long nexttime = jiffies + 5;
while (time_before(jiffies, nexttime))
    ;
```

이 방법은 CPU를 계속 점유하기 때문에 시스템의 성능을 고려하면 바람직한 방법이 아니다. CPU의 점유율을 낮출 수 있는 방법은 아래와 같이 include/linux/sched.h에 선언된 cond_resched() 매크로를 이용하는 것이다. 이 매크로를 수행하면 다른 태스크에게 CPU를 양보하여 runqueue의 뒤로 가서 다음 차례를 기다린다.

```
unsigned long nexttime = jiffies + 5;
while (time_before(jiffies, nexttime))
    cond_resched();
```

그런데, 이 방식은 스케줄을 호출하기 때문에 프로세스 문맥에서 수행해야 하며, 다른 태스크가 이 CPU에 없는 경우에는 위 코드의 경우와 같이 CPU를 점유하기만 하는 부작용이 있다.

Tick보다 짧은 시간을 기다려야 하거나 인터럽트 문맥에서 기다려야 할 때는 어쩔 수 없이 바쁜 대기를 사용한다. 아래의 세 함수는 include/asm-generic/delay.h에 선언되어 있다. 나노초 (nano second) 단위로 대기해야 할 때는 ndelay()를 사용한다.

```
void ndelay(unsigned long nsecs);
```

마이크로초 (micro second) 단위로 대기해야 할 때는 udelay()를 사용한다. 오차가 발생할 수 있으므로 인자는 될 수 있으면 1,000보다 작은 값을 사용하는 것이 좋다.

```
void udelay(unsigned long usecs);
```

밀리초 (milli second) 단위로 대기해야 할 때는 mdelay()를 사용한다. 바쁜 대기를 밀리초 단위와 같이 긴 시간 동안 수행하는 것은 바람직하지 않다. 이 함수의 인자는 5 이하가 바람직하다.

```
void mdelay(unsigned long msecs);
```

프로세스 문맥이고 tick 단위로 대기하는 경우에는 아래의 schedule_timeout() 함수를 사용한다.

```
signed long __sched schedule_timeout(signed long timeout);
```

여기서 __sched 키워드는 gcc 컴파일러에 지시하는 매크로이다. 이 키워드가 붙은 함수는 code segment 중에서도 sched.text라는 이름이 붙은 영역에 할당된다. 이 영역에 있는 코드들은 스케줄링에 관련된 함수들이라 스택 덤프를 통해 함수 호출을 추적할 때 제외할 수 있다. 왜냐하면, 스케줄링에 관련된 함수들은 특정 작업을 수행하는 함수들과 관련이 없기 때문이다. 이를 통해 함수 간의 연관 관계를 보다 분명하게 만들 수 있다. schedule_timeout() 함수는 정상적으로 입력한 값 timeout만큼 대기하면 0이 반환되고, 시그널에 의해 중간에 깨어나면 남은 시간이 tick 단위로 반환된다. 시그널로 중간에 깨어나게 하려면 이 함수를 호출하기 전에 set_current_state() 함수를 이용하여 TASK_INTERRUPTIBLE 상태로 만들어준다. 아래 코드는 5 tick만큼 대기하지만, 그 전에 시그널이 발생하면 깨어날 수 있게 작성한 예이다.

```
set_current_state(TASK_INTERRUPTIBLE);
schedule_timeout(5); /* 5 tick 또는 50ms 대기 */
```

그림 117는 schedule_timeout() 함수를 구현하는 코드를 보여준다. schedule_timeout() 함수는 process_timeout() 함수를 타이머 핸들러로 이용하여 구현된다. 즉, timer_setup()과 mod_timer()를 이용하여 process_timeout()을 깨어나게 하고, process_timeout()은 대기상태가 된 schedule_timeout()을 깨어나게 함으로써, process_timeout()이 일정한 시간 동안 대기하도록 만든다. schedule_timeout() 함수는 인자로 받은 시간이 지난 후 깨어나는 타이머를 활성화하고 (21 ~ 22째 줄), CPU를 양보한다 (23째 줄). schedule()만 호출하면 다시 CPU를 얻을 수 있으므로 24째 줄에서 del_timer_sync()와 같은 함수를 불러 대기 상태에 들어간다. 타이머가 완료되어 예약한 process_timeout() 함수가 실행되면서 schedule_timeout()을 호출했던 태스크를 깨운다 (34째 줄). 25째 줄에서 깨어난 schedule_timeout() 함수는 destroy_timer_on_stack() 함수로 타이머 구조체가 사용했던 공간을 반납하고 남은 시간을 반환한다.

```
1   signed long __sched schedule_timeout(signed long timeout)
2   {
3       struct process_timer timer;
4       unsigned long expire;
```

```
    switch (timeout) {
    case MAX_SCHEDULE_TIMEOUT:
        schedule();
        goto out;
    default:
        if (timeout < 0) {
            printk(KERN_ERR "schedule_timeout: wrong timeout "
                "value %lx₩n", timeout);
            dump_stack();
            current->state = TASK_RUNNING;
            goto out;
        }
    }
    expire = timeout + jiffies;
    timer.task = current;
    timer_setup_on_stack(&timer.timer, process_timeout, 0);
    __mod_timer(&timer.timer, expire, 0);
    schedule();
    del_singleshot_timer_sync(&timer.timer);
    destroy_timer_on_stack(&timer.timer);
    timeout = expire - jiffies;
 out:
    return timeout < 0 ? 0 : timeout;
}

static void process_timeout(struct timer_list *t)
{
    struct process_timer *timeout = from_timer(timeout, t, timer);
    wake_up_process(timeout->task);
}
```

그림 117 schedule_timeout() 함수 (kernel/time/timer.c)

제 8장 연습문제

8-1. Wall time, system booting time, 그리고 system uptime이 초 (sec) 단위로 저장된다고 가정하자. 라즈베리파이에서 wall time이 1596371647이고 system booting time이 1596371636이면 부팅 이후 경과한 시간은 몇 초인가? HZ가 100일 때 system uptime을 tick 단위로 표현하면 얼마인가?

8-2. 그림 107가 제대로 동작한다는 것을 보이기 위해 221쪽에서 unsigned long 대신 unsigned char를 이용하여 a는 오버플로우가 되어 1이고, b는 255인 경우를 예시로 사용하였다. a가 (unsigned char)128이 되고, b가 (unsigned char)127일 때도 (char)(b - a) < 0이 성립함을 보여라.

8-3. 그림 107와 222쪽의 코드를 참고하여 현재 시각으로부터 5 tick 동안 get_data() 함수를 수행하고, 그 반환 값이 0이면 1 tick을 쉰 다음에 다시 get_data() 함수를 수행하고, 그 반환 값이 1이면 다음으로 진행하는 코드를 작성하시오. 5 tick이 지나면 반환 값이 0이더라도 다음으로 넘어가도록 하시오. 참고로 이 코드는 프로세스 문맥에서 수행되는 코드이다.

8-4. 그림 110의 7째 줄 rcu_sched_clock_irq()에서 jiffies와 시각 관련 공유 변수에 읽기 위해 접근하는 다른 커널 태스크가 있는 경우와 없는 경우에 각각 어떻게 행동하는지 설명하시오.

8-5. 테이블의 크기가 101인 chained hash table을 구성하려고 한다. 동일한 hash value를 가진 노드들의 linked list를 struct list_head로 구성할 때와 struct hlist_head로 구성할 때의 table 크기를 구하시오.

8-6. 그림 115에서 핸들러 함수 yourwakeup()를 추가하시오. 전체 코드는 우선 mywakeup()을 수행하고, 1000ms 뒤에 yourwakeup()을 수행하고, 1500ms 뒤에 다시 mywakeup()을 수행하도록 하시오. 이렇게 두 핸들러가 반복적으로 수행되도록 하고, 이 드라이버 모듈이 제거될 때 두 핸들러 함수와 연결된 타이머를 비활성화시키는 디바이스 드라이버 코드를 작성하시오.

8-7. 문맥 교환 비용 (context switch overhead)이 1 μsec라고 가정하자. 프로세스 문맥인 커널 코드에서 20 μsec 만큼 대기해야 한다면 어떤 함수를 사용하는 것이 바람직한가? 1 μsec 이하의 크기를 가진 태스크들이 매 2 μsec에 한 번씩 발생한다고 가정한다.

제9장 메모리 관리

9.1 페이지 관리

리눅스는 MMU (memory management unit)으로 구현되는 페이징 (paging)을 가상 메모리 관리를 위한 기본 단위로 사용한다. 각 프레임 (frame) 또는 물리적 페이지 하나마다 그림 118의 page 구조체를 두어 정보 관리를 한다.

```
1  struct page {
2     unsigned long flags;
3     union {
4        struct { /* page cache and anonymous pages */
5           struct list_head lru;
6           struct address_space *mapping;
7           pgoff_t index;
8           unsigned long private;
9        };
10       ...
11    };
12    union {
13       atomic_t _mapcount; /* union 중 하나 */
14       ...
15    };
16    atomic_t _refcount; /* page 참조 회수 */
17    void *virtual; /* 가상 메모리 주소 */
18    ...
19 }
```

그림 118 page 구조체의 일부 (include/linux/mm_types.h)

그림 118은 page 구조체의 일부를 나타낸다. 페이지의 상태에 따라 union 내의 필드가 선택된다. 그림 118의 2째 줄 flags는 이 page의 상태를 저장한다. 상태는 페이지가 잠겼는지 (PG_locked), 태스크가 참조하고 있는지 (PG_referenced), 페이지에 변경이 있는지 (PG_dirty) 등의 정보들을 담고 있다. 이 상태들은 enum pageflags로서 include/linux/page-flags.h에 정의되어 있다.

page 구조체에는 두 개의 union이 있으며 첫 번째 union은 5 워드, 즉 32-bit 컴퓨터에서는 20바이트, 64-bit 컴퓨터에서는 40바이트로서 페이지 성질에 따라 다른 구조체를 사용한다. 각 구조체는 페이지 캐시, 페이지 풀, slab이나 slob, tail 페이지, 두 번째 tail 페이지, 페이지 테이블용 페이지, zone device 페이지 중 한 구조체의 형태를 가진다. 두 번째 union은 4바이트 크기로 역시 페이지 용도에 따라 참조 회수, 페이지 형태, 활성화 여부 등의 정보 중 하나로 사용된다. 그림 118의 4~9 째 줄의 구조체는 페이지 캐시용 패이지일 때 사용되는 구조체를 보여준다. 13째 줄의 _mapcount는 사용자 공간으로 매핑된 페이지일 때 page table이 참조하는 개수를 담는다.

page 구조체의 크기는 8~11 워드인데 32-bit 컴퓨터의 경우 최소 32 byte이다. 만약 물리적 페이지의 크기가 4KB이고 전체 물리적 메모리의 크기가 4GB라면 1M, 즉 약 1백만 개의 페이지가 있으므로 약 32MB의 메모리를 차지할 정도로 큰 자료구조가 된다.

9.2 Zone

Zone은 하드웨어의 한계 때문에 나누어진 메모리 공간의 각 영역을 말한다. 어떤 DMA는 낮은 주소의 메모리 영역에만 접근할 수 있으므로, DMA 수행을 위한 메모리 공간은 별도의 메모리에 잡아야 한다. 또한, 특정 하드웨어는 높은 주소의 메모리는 직접 접근하지 못하므로, 이 경우에 높은 주소의 메모리 구역은 다른 방법으로 접근해야 한다. 보통 커널 공간은 ZONE_DMA (또는 ZONE_DMA32), ZONE_NORMAL, 그리고 ZONE_HIGH로 나누어진다. 경우에 따라 ZONE_MOVABLE이 추가되기도 한다. ZONE_MOVABLE은 NUMA (Non-Uniform Memory Access) 시스템에서 메모리의 상위 주소 일부를 따로 할당해서 연속된 물리 페이지 구성과 같은 메모리 최적화 작업을 위해 사용하는 메모리 영역이다. NUMA 시스템은 불균일 메모리 접근장치의 약자이며 1개 이상의 CPU와 메모리가 하나의 노드 (node)를 형성하고, 이러한 노드들이 고속의 하드웨어로 연결되어 있는 컴퓨터 시스템을 의미한다. 한 CPU는 같은 노드에 있는 메모리는 빨리 접근할 수 있지만 다른 노드에 있는 메모리에 접근하려면 시간이 더 걸리기 때문에 이와 같은 이름이 붙었다. 대형 서버 시스템이나 슈퍼컴퓨터는 대부분 NUMA 시스템이다.

그림 119는 ARM CPU에서 커널 메모리 공간의 zone을 나눈 것을 보여주며, 32bit ARM과 64bit ARM이 다른 형태로 zone을 나눈다는 것을 알 수 있다. 32bit ARM은 그

림 119 (a)처럼 ZONE_DMA가 커널 메모리 공간의 아래쪽에 있으며 물리 메모리로는 0 번지부터 시작하는 공간에 위치한다. ZONE_DMA의 크기는 비교적 유동적으로 설정할 수 있으나 DMA를 사용하는 디바이스의 특성을 고려해야 한다. 예를 들어, 한 초소형 카메라 디바이스가 DMA를 사용하는데, 16-bit 메모리 주소만을 지원한다고 하자. 이 경우 이 장치는 0에서 2^{16} - 1 (0xFFFF)까지 접근할 수 있으므로 ZONE_DMA는 이 범위의 메모리에 위치해야 하므로 64KB의 크기를 가진다.

ZONE_DMA 위에는 ZONE_NORMAL이 위치하며 최대 760MB까지 할당할 수 있다. 나머지 상위 부분은 ZONE_HIGH로 설정된다. 64-bit ARM CPU는 그림 119 (b)처럼 ZONE_DMA 대신 ZONE_DMA32를 가장 하위에 사용하고, ZONE_NORMAL이 나머지 커널 주소 공간을 사용한다. 64bit ARM에서는 모든 주소 공간에 바로 접근할 수 있으므로 ZONE_HIGH를 따로 두지 않는다.

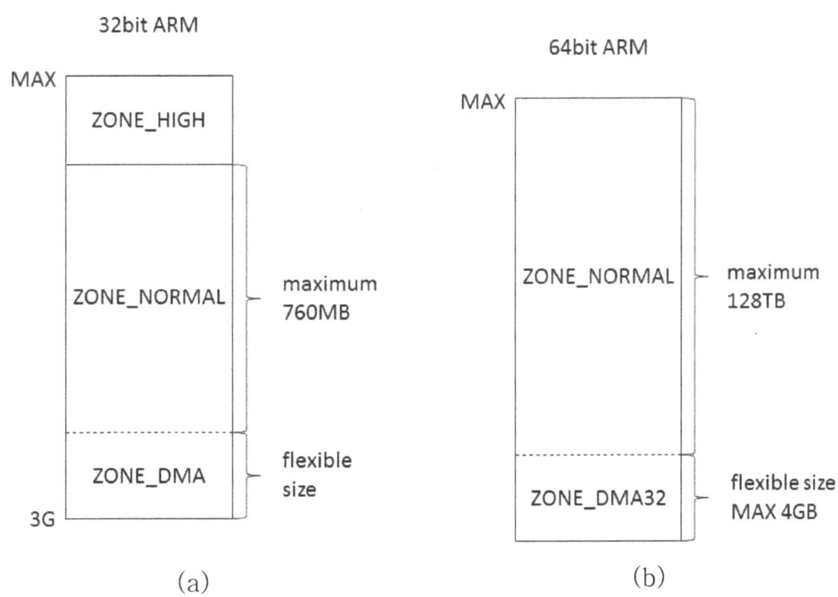

그림 119 ARM CPU의 커널 메모리 공간에서 zone의 구분: (a) 32bit ARM의 경우, (b) 64bit ARM의 경우

리눅스에서는 각 zone마다 zone 구조체를 두어 관리한다. 그림 120은 zone 구조체의 일부를 보여준다. 2째 줄의 _watermark[] 배열은 zone의 메모리 사용량에 대한 수위 상

태인 WATERMARK_MIN, WATERMARK_LOW, WATERMARK_MAX에 해당하는 메모리 양을 저장한다. 이 메모리양에 대한 설명은 이후에 좀더 자세히 설명한다. 그림 120의 4째 줄에 있는 name은 "DMA", "Normal", 또는 "HighMem"을 담는다. 7째 줄의 lock은 공유되는 zone 구조체에 대한 접근을 제어하는 용도로 사용한다.

```
1  struct zone {
2      unsigned long _watermark[NR_WMARK];
3      long          lowmem_reserve[MAX_NR_ZONES];
4      const char    *name;
5      int           initialized;
6      unsigned long flags;
7      spinlock_t    lock;
8      ...
9  }
```

그림 120 zone 구조체의 일부 (include/linux/mmzone.h)

WATERMARK_MIN은 가용 메모리 (free space)가 매우 작은 상황의 index을 의미하며 _watermark[WATERMARK_MIN]은 시스템에 따라 다르지만 128K ~ 64M 사이의 값을 가진다. 반면 WATERMARK_MAX는 가용 메모리가 충분히 많은 상황의 index를 의미한다. 이를 바탕을 swap deamon인 kswapd를 어떻게 컨트롤할 것인지를 정한다. kswapd는 사용 중인 페이지들을 검사하여 오랫동안 접근되지 않은 페이지는 swap out 시켜 프리 페이지 (free page) 개수를 증가시키는 역할을 한다.

WATERMARK와 kswapd의 관계를 메모리 요청이 폭발적으로 발생하는 경우를 그림 121과 같이 시뮬레이션함으로써 알아보자. 메모리 요청이 발생했을 때, 커널은 프리 페이지를 선택하여 요청한 태스크에게 전달한다. 계속 메모리 요청이 발생하면 가용 메모리는 점점 줄어들어 WATERMARK_LOW 보다 작아진다. 이 때 kswapd가 깨어난다. kswapd는 주기적으로 page replacement를 수행하여 희생양 페이지를 메모리에서 제거하거나 SSD나 하드디스크에 swap out시킴으로써 프리 페이지를 확보한다. 확보된 프리 페이지는 가용 메모리에 포함되지만, 매 초마다 발생하는 메모리 요청의 양이 kswapd가 만들어내는 프리 페이지의 양보다 많으면 가용 메모리는 계속 줄어든다.

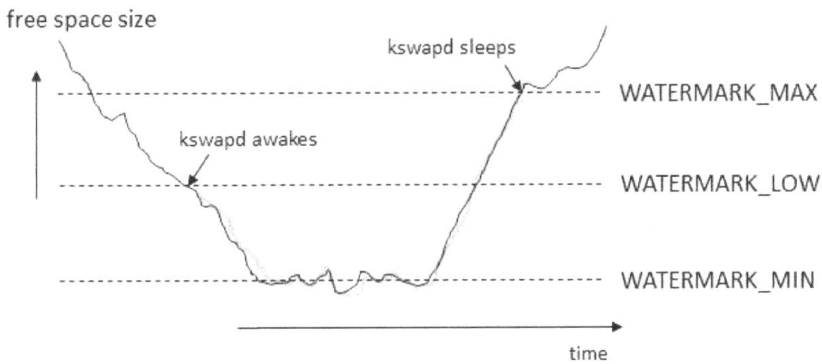

그림 121 가용 메모리의 변화과정과 WATERMARK

마침내 가용 메모리가 WATERMARK_MIN보다 적어지면 메모리 요청은 블록된다. 물론, kmalloc()같은 메모리 요구 함수에서 GFP_KERNEL같은 블록되어도 상관없다는 flag가 설정되어 있을 때 블록된다. 메모리 요청 시 CFP_ATOMIC 플래그를 사용한 경우에는 블록될 수 없기 때문에 가용 메모리가 WATERMARK_LOW보다 작아지더라도 메모리가 할당된다. CFP_KERNEL이나 CFG_ATOMI 같은 플래그의 의미는 표 16에 소개되어 있다. 따라서, 그림 116에서 가용 메모리가 WATERMARK_LOW보다 낮은 경우가 존재한다. 커널 프로그래머들은 CFP_ATOMIC flag를 남발하지 않도록 신경을 쓰기 때문에 곧 kswapd가 가용 메모리를 WATERMARK_MIN 선으로 끌어올린다. 블록된 메모리 요구들이 있으므로 kswapd가 만들어내는 프리 페이지들은 바로 할당되며, 당분간은 가용 메모리의 크기는 WATERMARK_MIN 주변을 맴돈다. 폭발적으로 발생한 메모리 요구가 잦아들면 kswapd가 계속 만들어내는 프리 페이지 덕택에 가용 메모리가 증가한다. 가용 메모리의 크기가 WATERMARK_MAX 이상이 되면 kswapd는 다시 잠이 든다. 그림 121은 이러한 과정을 그림으로 보여준 것으로 약간 굵고 희미한 선이 kswapd가 활성화된 구간이다.

9.3 버디 시스템

리눅스 커널은 빠른 수행을 위해서 되도록 연속된 물리 페이지들을 할당받으려고 한다. 하지만, 할당과 반납이 반복됨에 따라 대부분 분리된 페이지들로 나뉘게 되어 파편화 (fragmentation) 된다. 리눅스에는 페이징이 적용되므로 파편화된 메모리를 사용할 수 있지만 연속된 페이지들에 비해서는 성능이 떨어진다. 리눅스 커널에서는 되도록 크고 연속된 물리 페이지들을 유지하기 위해 버디 시스템 (buddy system)을 적용한다. 버디 시스템은 2의 지수 개의 물리 페이지들 단위로 그룹 또는 버디로 만들어 유지하고, 버디의 크기가 같은 것들끼리 그룹으로 만들어 저장한다.

여기서 *버디* (buddy)란 첫 번째 블록이 짝수 번째인 서로 인접한 두 프리 블록을 말한다. 예를 들어, 프리 페이지 0과 프리 페이지 1은 버디이다. 이를 일반화하여, 짝수 i에 대해 프리 페이지 i와 프리 페이지 $i + 1$은 버디이다. 이 경우는 블록의 크기가 1 페이지 또는 2^0 페이지이다. 블록이 2개의 연속된 프리 페이지로 이루어진 경우에도 이 블록과 다음 인접한 프리 블록이 같은 크기이며 첫 번째 블록이 짝수 번째이면 버디가 된다. 즉, 블록 (페이지 0, 페이지 1)과 블록 (페이지 2, 페이지 3)은 버디가 된다. 짝수 i에 대해 일반화하면, 블록 (페이지 $i \times 2$, 페이지 $i \times 2 + 1$)과 블록 (페이지 $(i + 1) \times 2$, 페이지 $(i + 1) \times 2 + 1$)은 모두 프리일 때 버디가 된다. 이를 일반화한 것이 표 13이다. 여기서 i는 짝수가 아닌 0 이상의 정수이다.

표 13 블록 크기에 따른 버디의 위치

블록 크기	블록 시작 위치	예시
1 페이지	$2i$, $2i + 1$	page 0과 page 1, page 6과 page 7
2 페이지	2^2i, $2(2i + 1)$	(page 0, page 1)과 (page 2, page 3), (page 4, page 5)와 (page 6, page 7)
2^k 페이지	2^ki, $2(2^{k-1}i + 1)$	(page $2ki$ ~ page $2k(i + 1) - 1$)과 (page $2k(i + 1)$ ~ page $2k(i + 2) - 1$)

이렇게 2의 배수와 지수 값으로 버디들이 구성되므로 버디 시스템에 저장된 페이지를 할당 요청할 때는 항상 2의 지수 개의 페이지를 요청해야 한다. 즉, 1페이지, 2페이지, 4페이지, 8페이지 등과 같은 식이다.

그림 122은 아주 작은 규모의 버디 시스템이 동작하는 예시를 보여준다. 그림 122 (a)는 물리 페이지 0, 1, 2, 4가 할당되어 있고, 3, 5, 6, 7번 페이지들이 프리 페이지 (free page)인 상태를 보여준다. 프리 페이지는 0으로 표기하였고, 할당된 페이지는 1로 표기하였다. 여기서 버디는 0과 1, 2와 3과 같이 짝수 번째의 프리 페이지와 홀수 번째의 프리 페이지가 2^0의 간격으로 이루어지고, 0과 2, 4와 6과 같이 크기가 2^1 페이지인 $i \times 2^2$ 번째의 프리 페이지가 2^1의 간격으로 이루어진다. 이를 일반화하면, 양의 정수 k와 짝수 i에 대해 시작 페이지가 $i \times 2^k$번째이며 크기 2^k 페이지인 블록과 시작 페이지가 $(i + 1)$

× 2^k번째 이며 크기가 2^k인 블록이 둘 다 프리이면 버디가 된다. 지금 페이지 6과 7은 서로 버디이므로 (k = 1, i = 3), 하나로 묶어 크기 2가 되어 단계 1 (2의 1승이므로)의 free_list에 들어간다. 페이지 3과 페이지 5는 free_list의 단계 0에 머무른다.

그림 122 (b)는 페이지 4를 반납받은 후 변경된 버디 시스템이다. 이전 상태에서 페이지 4를 반납받으면 페이지 5와 버디가 되어 단계 1의 free_list에 들어간다. 여기서 k = 2인 버디가 있는지 찾는다. 버디인 페이지 6이 있으므로 둘을 통합하여 단계 2의 free_list에 넣는다. 더 이상 버디가 없으므로 중단하지만, 리스트에 버디가 있는 경우 없을 때까지 통합한다. 통합하여 윗 단계의 free_list에 넣게 되면 다시 윗 단계부터 통합할 버디가 있는지 찾는다. 이러한 과정을 더 이상 통합과 윗단계 삽입이 없을 때까지 반복한다.

커널의 한 태스크가 1개의 페이지를 요구하면 버디 시스템은 단계 0의 free_list에 페이지가 있는지 확인한다. 페이지 3이 있으므로 이를 할당한다. 페이지 3은 할당되었으므로 free_list에서 삭제된다. 그림 122 (c)는 페이지 3을 할당한 이후의 버디 시스템이다. 다음 태스크가 2개의 연속된 페이지를 요구하면 버디 시스템은 단계 1의 free_list에 남는 페이지가 있는지 확인한다. 현재 단계 1에는 남는 페이지가 없으므로 위 단계로 올라간다. 단계 2에는 남는 페이지가 있어서 페이지 4와 5를 할당한다. 원래 크기가 4개의 페이지 였으므로 남은 두 페이지는 자신에게 맞는 리스트로 이동해야 한다. 즉, 남은 페이지 6과 7은 버디이지만 2개의 연속된 페이지이므로 단계 1로 내려온다. 그림 122 (d)는 페이지 4와 5가 할당된 이후의 버디 시스템이다.

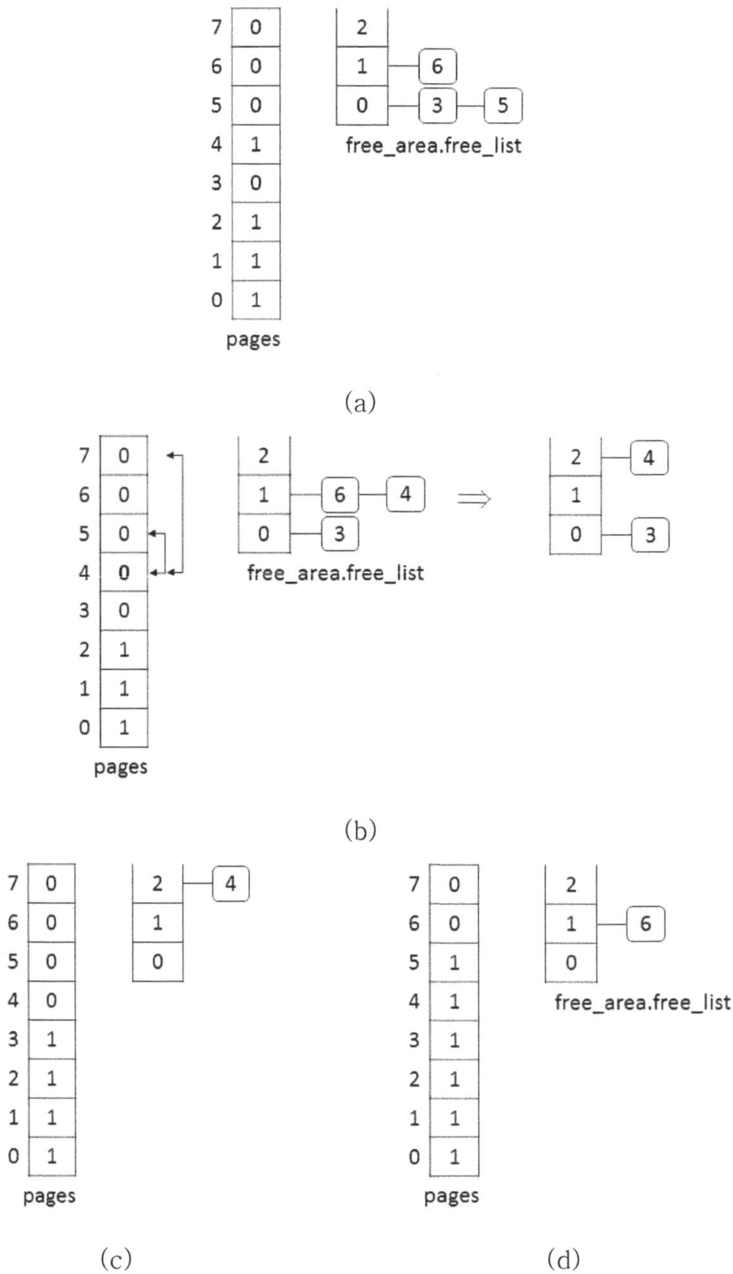

그림 122 버디 시스템에서 페이지 반납과 할당에 따른 자료구조 변화: (a) 4개의 물리 페이지가 할당되어 있는 상태, (b) 물리 페이지 4가 반납된 상태, (c) 물리 페이지 3을 할당한 상태, (d) 물리 페이지 4와 5를 할당한 상태

9.4 메모리 관련 인터페이스

9.4.1 페이지 단위 할당

메모리 관련 인터페이스 함수들은 2의 지수승 개수의 페이지 단위로 할당하는 저레벨 함수부터 자주 사용되는 구조체들을 모아 관리하는 슬랩 (slab) 계층의 인터페이스들로 구성된다. 2의 지수승 개수의 연속된 물리 페이지를 할당하는 함수는 include/linux/gfp.h에 선언된 alloc_pages()이다.

```
struct page *alloc_pages(gfp_t gfp_mask, unsigned int order)
```

이 함수는 2^{order}개의 연속된 페이지를 할당한다. 반환되는 값은 연속된 페이지의 첫 번째 페이지에 대한 page 구조체의 포인터이다. 이 page 구조체는 그림 118에 소개되어 있다. 가용 메모리가 부족해서 요청한 페이지가 할당되지 않으면 NULL이 반환된다. 첫 번째 인자인 gfp_mask는 페이지를 할당받을 때 어느 정도까지 백그라운드 처리가 발생해도 상관없는지, 그리고 어느 zone에서 할당받을지를 알려주는 역할을 한다. 이 mask에 대해서는 9.4.3에서 자세히 다룬다. alloc_pages()로부터 받은 정보인 page 구조체의 포인터로는 직접 메모리에 쓰거나 읽는 작업을 할 수 없어서 이 구조체의 포인터를 void 포인터로 변환하는 함수 page_address()가 아래와 같이 제공된다. 이 함수는 include/linux/mm.h에 선언되어 있다.

```
void *page_address(const struct page *page)
```

앞에서 본 페이지 할당 함수인 alloc_pages()와 page_address()를 합쳤다고 볼 수 있는 것이 include/linux/gfp.h에 선언된 __get_free_pages()이다. 다만 반환값이 void 포인터가 아닌 unsigned long이다. 이후 함수들은 gfp.h에서 주로 선언되어 있다.

```
unsigned long __get_free_pages(gfp_t gfp_mask, unsigned int order)
```

이 함수에서 두 번째 인수인 order가 0이면 2^0개의 페이지를 요청하는 것이므로 1개의 페이지가 할당된다. 위의 페이지 할당 함수들은 2의 지수승 개수의 페이지를 요청하는데, 1개의 페이지를 요청하는 경우가 많다. 이 경우에는 아래의 alloc_page() 매크로를 이용한다.

```
struct page *alloc_page(gfp_t gfp_mask)
```

마찬가지로 1개의 페이지를 요청하며 page 구조체의 주소변환까지 같이 진행하는 매크로는 __get_free_page()이다.

```
unsigned long __get_free_page(gfp_t gfp_mask)
```

할당받은 페이지를 사용자 태스크에게 전달할 때는 보안을 위해서 페이지의 내용을 모두 지우는 것이 바람직하다. 0으로 초기화된 1개의 페이지를 할당받을 때 아래의 get_zeroed_page()를 사용한다.

```
unsigned long get_zeroed_page(gfp_t gfp_mask);
```

커널은 많은 사용자 요청을 처리하므로 메모리가 부족할 경우가 많다. 따라서 사용이 끝난 페이지는 명시적으로 반납할 필요가 있다. 앞에서 페이지를 할당한 방법이 4가지가 있는데, 반환값으로 받은 데이터 타입에 따라 이에 매칭되는 페이지 반납 함수 또는 매크로가 제공된다. 예를 들어, alloc_pages()의 경우에는 page 구조체의 포인터로 페이지를 할당받았기 때문에 __free_pages() 함수로 반환한다. 첫 번째 인자가 사용한 page 구조체의 포인터이며, 두 번째 인자인 order를 페이지 할당할 때와 동일하게 사용해야 한다. alloc_page()로 할당받은 경우에도 이 함수를 사용하며 두 번째 인자는 0을 사용한다.

```
void __free_pages(struct page *page, unsigned int order);
```

__get_free_pages()로 할당받은 페이지는 아래의 free_pages()로 반납한다. __free_pages()와 마찬가지도 할당받을 때의 order과 동일한 값을 두 번째 인자로 넘긴다.

```
void free_pages(unsigned long addr, unsigned int order);
```

__get_free_page()로 한 페이지를 할당받은 경우에는 아래의 free_page()로 반환한다. get_zeroed_page()로 할당받은 경우도 마찬가지이다.

```
free_page(unsigned long addr)
```

그림 123은 __get_free_pages()를 통해 2의 지수승개의 페이지를 할당하고 free_pages()를 통해 사용한 페이지를 반납하는 예를 보여준다. 3째 줄에서 __get_free_pages()는 unsigned long 타입을 반환하기 때문에 (void *)로 타입 캐스팅을

하였고, 11째 줄에서는 다시 (unsigned long)으로 타입 캐스팅을 하여 반납하고 있다. 여기서 4째 줄의 CMD_BUFFER_SIZE는 8196이며 get_order() 인라인 함수는 인자를 포함할 수 있는 2의 지수승에 해당하는 페이지 크기이다. 8196은 4KB 페이지 2개, 즉 2^1이므로 이 함수의 반환값은 1이 된다.

```
1   static int __init alloc_command_buffer(struct amd_iommu *iommu)
2   {
3       iommu->cmd_buf = (void *)__get_free_pages(
4               GFP_KERNEL | __GFP_ZERO, get_order(CMD_BUFFER_SIZE));
5       return iommu->cmd_buf ? 0 : -ENOMEM;
6   }
7
8   static void __init free_command_buffer(struct amd_iommu *iommu)
9   {
10      free_pages(
11          (unsigned long)iommu->cmd_buf, get_order(CMD_BUFFER_SIZE));
12  }
```

그림 123 페이지 할당 및 반납 함수 사용 예(drivers/iommu/amd_iommu_init.c)

9.4.2 Kmalloc

최소 페이지 단위로 메모리를 할당하는 __get_free_page()는 작은 크기의 자료구조를 위해 사용하기에는 적합하지 않다. 임의의 크기인 연속된 메모리를 할당받아야 할 때는 include/linux/slab.h에 선언된 kmalloc()을 사용한다.

```
void *kmalloc(size_t size, gfp_t flags)
```

사용자 공간에서 사용하는 malloc()과 마찬가지로 메모리가 부족한 경우에는 NULL을 반환하므로 반환 값을 확인할 필요가 있다. 특히 요청하는 크기가 큰 경우에는 NULL이 반환될 가능성이 커진다. kmalloc()으로 할당받은 메모리를 반납할 때는 kfree()를 사용한다.

```
void kfree(const void *);
```

9.4.3 Gfp 플래그

페이지를 할당받은 alloc_pages()부터 임의 크기의 메모리를 할당받는 kmalloc()까지 메모리 할당 관련 함수들은 모두 gfp 매스크 또는 gfp 플래그를 입력으로 받는다. gfp는 __get_free_pages()의 두문자어에 해당한다. 이 플래그는 어떤 zone에서 메모리를 할당받을지, 메모리를 할당받을 때 대기 상태에 빠진다거나, 파일 시스템을 건드리거나, 입출력이 발생할 수 있는데, 이런 일이 진행될 정도로 오래 기다려도 상관없는지를 알려주는 플래그이다. 메모리를 할당받을 때 입출력이 발생하는 상황은 비어 있는 물리 페이지가 없어서 page replacement를 진행해 희생양 페이지를 스왑 아웃시켜 저장 장치에 저장해야 하는 경우이다. 예를 들어, 9.2장 그림 121에서 나온 것처럼 가용 메모리의 크기가 WATERMARK_MIN에 도달하면 바로 page replacement를 진행해야 한다. 이와 같이 페이지 할당 시에 입출력이 발생한 상황에서 그 페이지가 메모리 캐시에 있다면 다행이지만, 그렇지 않으면 입출력 처리를 위해 페이지 할당을 요청한 태스크는 대기 상태에 들어가므로 대기 상태가 발생할 가능성이 크다. 스왑 아웃을 임시 파일에 하는 시스템에서는 파일 시스템의 내용도 변경해야 하므로 추가적인 입출력이 발생한다. 표 14는 메모리를 할당받는 영역을 나타내는 gfp 플래그이다. 이들은 각각 다른 비트에 해당하기 때문에 bitwise-or 연산을 이용할 수 있다. ZONE_NORMAL은 기본적으로 포함되므로 표 14의 각 플래그의 의미는 해당 영역 또는 ZONE_NORMAL에서 메모리를 할당받겠다는 것을 의미한다. __GFP_DMA | __GFP_HIGHMEM처럼 bitwise-or 연산으로 ZONE_DMA, ZONE_HIGHMEM, 또는 ZONE_NORMAL 중 어디에서 할당받아도 된다는 식으로 구성할 수도 있다. 하지만 ZONE을 중복시키는 것은 권장하지 않는 방식이다.

표 14 메모리 할당 영역 관련 gfp 플래그

플래그	의미
__GFP_DMA	ZONE_DMA 영역에서 메모리를 할당받는다.
__GFP_HIGHMEM	ZONE_HIMEM 영역에서 메모리를 할당받는다.
__GFP_DMA32	ZONE_DMA32 영역에서 메모리를 할당받는다.
__GFP_MOVABLE	ZONE_MOVABLE 영역에서 메모리를 할당받는다.

표 15는 메모리 제어 관련 gfp 플래그 중 주요 내용을 열거한다. 이 플래그들은 메모리를 요청할 때 어느 정도까지 깊이 들어갈 것인지 그 범위를 정하고 메모리 관리를 위

한 힌트를 주어 커널이 가급적 효과적으로 메모리 관리를 할 수 있도록 도와준다. 이 표에서는 reclaim이라는 단어가 많이 언급된다. 가용 페이지 (free page)가 특정 워터마크 (WATERMARK_MIN) 이하로 줄어들면 가용 페이지에 대한 요구가 있을 때마다 LRU (Least Recently Used)와 같은 page replacement 정책을 사용하여 희생양 페이지를 선택하고 그 페이지를 swap out시킨다. 여기서 희생양 페이지를 선택하는 것을 reclaim한다고 부른다. 특히 위와 같이 페이지 요청이 발생했을 때 메모리 부족으로 인해 바로 한 페이지를 reclaim하는 것을 direct reclaim이라고 한다. 메모리가 좀 여유가 있는 경우, 즉 free page의 개수가 WATERMARK_MIN보다 많아서 kswapd가 동작할 때는 페이지 요청과 상관없이 백그라운드에서 kswapd가 reclaim할 페이지를 선택한다. 이 경우를 kswapd reclaim이라고 한다.

표 15 메모리 제어 관련 gfp 플래그

플래그	의미
__GFP_RECLAIMABLE	주로 슬랩 할당자가 메모리를 요청할 때 사용하며 shrinker를 사용해서 메모리 일부를 반환한다.
__GFP_WRITE	사용자가 이 메모리에 쓰기를 할 수 있다.
__GFP_HIGH	사용자의 우선순위가 높고, 가급적 빨리 할당이 이루어지기를 원한다.
__GFP_ATOMIC	주로 인터럽트 핸들러에서 발생하며, 사용자는 대기 상태가 될 수 없고 우선순위가 높다.
__GFP_IO	물리적 입출력이 발생할 수 있다.
__GFP_FS	저수준의 파일 시스템에 접근할 수 있으며, 이 수준에서 흔하게 발생하는 락을 견딜 수 있다.
__GFP_DIRECT_RECLAIM	가용 메모리가 부족할 때 page replacement를 수행한다. 그 결과로 블록이 발생할 수는 있다. 하지만 I/O나 파일 시스템 접근이 허용된다는 것은 아니다.
__GFP_KSWAPD_RECLAIM	가용 메모리가 부족할 때 kswapd를 깨울 수 있다.
__GFP_RECLAIM	__GFP_DIRECT_RECLAIM 또는 __GFP_KSWAPD_RECLAIM일 수 있다.
__GFP_NORETRY	아주 가벼운 단계의 page swap out만을 진행한다.
__GFP_HARDWALL	현재 cpuset 내에서만 메모리 관련 작업이 진행되도록 하겠다.

슬랩 할당자는 커널 메모리를 효율적으로 다루는 방법으로 9.5장에서 다룬다. 슬랩 할당자가 관리하는 페이지들은 다른 페이지보다 당장은 사용하지 않을 가능성이 크므로 희생양 페이지로 자주 선택된다.

Direct reclaim은 가용 메모리가 부족할 때 page replacement를 하는 것으로 희생양 페이지를 선택할 때 페이지 단위로 진행되거나, 태스크 단위로 진행된다. 메모리 요청의 양이 그리 많지 않으면 페이지 단위로 희생양을 선택한다. 하지만, 메모리가 너무 부족한 단계에서 반드시 프리 페이지를 얻어야 할 때는 희생양을 페이지 단위로만 잡지 않고 태스크 단위로 잡아 그 태스크를 강제로 종료시킨다. 종료된 태스크가 가지고 있던 페이지는 모두 프리 페이지로 바뀌어 요청한 태스크에 할당된다. 커널의 OOM killer (Out Of Memory killer)가 이러한 작업을 수행한다. __GFP_NORETRY 플래그는 OOM killer를 부를 정도로 메모리가 절실하지는 않다는 것을 의미한다.

여러 개의 CPU와 메모리들로 구성된 NUMA 시스템에서는 같은 보드 내에 있는 CPU와 메모리가 하나의 cpuset이라고 부른다. 그런데 일반 컴퓨터 시스템에서도 필요에 따라 CPU core와 메모리를 2개 이상의 그룹으로 나누어 사용할 수 있다. 이때 각 그룹을 cpuset이라고 한다. __GFP_HARDWALL 플래그는 현재 cpuset에서만 메모리 할당을 수행할 것을 요청하는 플래그이다.

지금까지 언급된 플래그들은 개별적인 gfp 플래그인데, 많은 상황에서 몇 개의 개별적인 gfp 플래그들을 합해서 주로 사용한다. 표 16의 GFP_ATOMIC 플래그는 인터럽트 문맥에서 보통 사용하고 GFP_KERNEL 플래그는 프로세스 문맥에서 보통 사용한다.

표 16 메모리 할당 영역 관련 gfp 플래그

플래그	의미
GFP_ATOMIC	(__GFP_HIGH | __GFP_ATOMIC | __GFP_KSWAPD_RECLAIM)
GFP_KERNEL	(__GFP_RECLAIM | __GFP_IO | __GFP_FS)
GFP_USER	(__GFP_RECLAIM | __GFP_IO | __GFP_FS | __GFP_HARDWALL)

9.4.4 Vmalloc

vmalloc() 함수는 요청한 크기의 커널 메모리를 할당한다. kmalloc()이 물리적으로도 연속적이고 가상적으로도 연속적인 메모리를 할당하는 것에 비해 vmalloc()은 가상적으로 연속된 메모리를 할당한다. vmalloc()은 include/linux/vmalloc.h에 선언되어 있다.

```
void *vmalloc(unsigned long size);
```

vmalloc()은 할당받은 메모리의 시작 주소를 반환한다. kmalloc()이 요구하는 연속된 물리 페이지 할당은 메모리 할당과 반납이 빈번한 환경에서는 쉽지 않아서 큰 크기의 메모리를 요청할 경우 실패할 가능성이 크지만 vmalloc()은 메모리 할당에 대한 조건이 느슨하기 때문에 정말 메모리가 없는 경우를 제외하고는 메모리 할당에 성공한다. 반면 vmalloc()은 다른 물리 페이지들을 빈번하게 접근하므로 TLB (Translate Lookaside Buffer) miss가 많이 발생한다. TLB는 자주 언급되는 논리 페이지의 물리 페이지 주소들을 담고 있는 캐시이다. TLB miss는 CPU로부터 논리 페이지에 대한 요청이 발생했는데, 그 논리 페이지에 해당하는 물리 페이지의 주소가 TLB에 없는 것을 말한다. Joukov에 따르면 kmalloc()이 vmalloc() 보다 10배 정도 빠르다고 한다 [Joukov05]. vmalloc()으로 할당받은 메모리를 반납할 때는 vfree()를 사용한다.

```
void vfree(const void *addr);
```

9.5 슬랩 메모리 할당

리눅스 커널의 많은 부분은 동적인 자료구조들로 구성되어 있으며, 이들 자료구조를 구성하는 구조체를 빈번히 할당하고 반납한다. 커널에서 사용하는 kmalloc()이나 vmalloc()들은 문맥 교환 (context switch)로 인한 오버헤드는 없지만, 빈번한 할당과 반납은 이들 함수를 수행하는 비용뿐만 아니라 메모리 공간의 파편화를 가져오는 문제가 있다. 이러한 문제를 극복하기 위해 자주 사용하는 같은 구조체들을 모아서 관리하고, 메모리 반납 시 다음에 다시 사용될 것에 대비해서 같은 구조체들을 연속된 메모리에 저장하는 방법들이 제시되었는데, 그중 하나가 슬랩 할당 (slab allocation)이다. 2007년도부터 slub 방식이 제안되었으며 slab보다 메모리 비용이 감소하고 성능이 좋아 현재는 기본적으로 slub 방식이 사용된다.

새로운 구조체를 slab을 통해 할당하고 반납하는 경우 cache를 하나 생성해야 한다. kmem_cache_create()는 첫 번째 인자로 그 cache의 문자열로 된 이름, 두 번째 인자로 그 구조체의 크기를, 세 번째 인자로 alignment 방법을, 네 번째 인자로 플래그를, 마지막 인자로 그 구조체를 생성할 함수를 입력한다. 이 함수는 include/linux/slab.h에 선언되어 있고 mm/slab_common.c에 정의되어 있다.

```
struct kmem_cache *kmem_cache_create(const char *name, unsigned int
size, unsigned int align, slab_flags_t flags, void (*ctor)(void *))
```

이 함수의 반환 값은 할당받은 cache의 포인터이며, 실패했을 경우 NULL을 반환한다. 이 함수의 플래그는 다음 중 하나를 사용한다.

- SLAB_POISON: 특정 패턴 (a5a5a5a5)으로 slab을 채워 잘못된 포인터 참조를 잡는데 사용한다.
- SLAB_RED_ZONE: 할당된 메모리 주변에 red zone을 삽입해서 버퍼 오버플로우를 검사하는데 사용한다.
- SLAB_HWCACHE_ALIGN: 하드웨어 캐시의 구역 위치에 맞춰 메모리 위치를 할당한다.
- SLAB_PANIC: kmem_cache를 생성하는데 실패하면 kernel panic을 일으킨다.

사용이 끝난 kmem_cache는 kmem_cache_destroy() 함수를 사용하여 반납한다. 이 함수는 slab을 비우지 않기 때문에 프로그래머가 미리 slab을 모두 비운 후에 이 함수를 호출해야 한다. 또한, 이 kmem_cache에서 할당한 구조체를 사용하는 다른 태스크가 없는지도 확인해야 한다.

```
void kmem_cache_destroy(struct kmem_cache *);
```

생성한 kmem_cache로부터 구조체를 할당받을 때 kmem_cache_alloc()을 호출한다.

```
void *kmem_cache_alloc(struct kmem_cache *cachep, gfp_t flags);
```

사용이 끝난 구조체를 slab에 반납할 때는 kmem_cache_free()를 사용한다.

```
void kmem_cache_free(struct kmem_cache *, void *);
```

kmem_cache_create()로 선언한 kmem-cache에서 구조체를 하나 할당받기 위해 kmem_cache_alloc()을 호출하면 이 함수는 내부에 비어 있는 구조체 공간이 있는지 확인한다. 그러한 공간이 있으면 그 공간이 사용 중이라고 체크하고 그 공간의 포인터를 반환한다. 비어 있는 공간이 없으면 __get_free_pages() 같은 함수를 사용하여 되도록 연속된 페이지들을 할당받고 그 공간을 구조체의 배열과 사용 여부를 판단하는 bitmap과 같은 구조들로 구성한다.

kmem_cache_alloc()과 kmem_cache_free()를 반복하면 어떤 페이지들은 전체가 비어 있고, 어떤 페이지들은 부분적으로 비어 있으며, 나머지 페이지들은 모두 차 있게 된다. 이 상태에서 kmem_cache_alloc()이 호출되면 슬랩 할당자는 우선 부분적으로 비어 있는 페이지에서 공간을 할당한다. 부분적으로 비어 있는 페이지가 없으면 완전히 비어 있는 페이지에서 공간을 할당한다. kmem_cache_free()가 반복되어 완전히 빈 페이지들이 생기더라도 그 페이지들을 바로 반납하지 않는다. 왜냐하면, 이후에 다시 요청이 많아져 그 페이지들을 사용할 수 있기 때문이다. 가용 메모리가 부족하면 빈 페이지들을 반납한다.

그림 124는 위의 네 함수를 적용하는 예시를 보여준다. 이 그림의 코드는 iova.c의 일부이다.

```
static struct kmem_cache *iova_cache;
static unsigned int iova_cache_users;
static DEFINE_MUTEX(iova_cache_mutex);

struct iova *alloc_iova_mem(void)
{
    return kmem_cache_alloc(iova_cache, GFP_ATOMIC);
}

void free_iova_mem(struct iova *iova)
{
    if (iova->pfn_lo != IOVA_ANCHOR)
        kmem_cache_free(iova_cache, iova);
}
int iova_cache_get(void)
{
    mutex_lock(&iova_cache_mutex);
    if (!iova_cache_users) {
        iova_cache = kmem_cache_create("iommu_iova", sizeof(struct iova),
                            0, SLAB_HWCACHE_ALIGN, NULL);
    iova_cache_users++;
    mutex_unlock(&iova_cache_mutex);
    return 0;
}
struct iova *alloc_iova_mem(void)
{
    return kmem_cache_alloc(iova_cache, GFP_ATOMIC);
}
```

그림 124 slab 할당 관련 함수 예시 (drivers/iommu/iova.c)

9.6 perCPU 변수

Softirq와 같이 여러 CPU에서 동시에 동일한 코드를 수행할 가능성이 있는 경우에 같은 이름의 전역 변수를 사용하면 태스크들끼리 공유하는 변수가 아니더라도 임계구역을 설정해야 하며 성능이 떨어지는 원인이 된다. 이 경우 전역 변수를 CPU core 개수 크기의 배열로 설정하여 자신이 수행되는 CPU 번호의 방에 접근한다면 동일한 변수 이름을 사용하면서도 서로에게 간섭하지 않게 된다. 이를 간단한 예제 코드로 표현하면 그림 125과 같다.

```
static unsigned int pc_count[NR_CPUS];

int mycpu = get_cpu();
pc_count[mycpu]++;
put_cpu();
```

그림 125 get_cpu()와 put_cpu() 사용 예시

include/linux/smp.h에 선언되어 있는 get_cpu()와 put_cpu() 매크로는 각각 선점을 막는 역할과 푸는 역할을 하며, get_cpu()는 현재 CPU의 id를 반환한다. 따라서, 어떤 CPU에서 수행되더라도 동일한 코드를 사용하면서 서로에게 영향을 미치지 않는다. 여기서 get_cpu()가 선점을 막는 이유는 mycpu가 엉뚱한 값이 되지 않기 위해서이다. 현재 이 코드가 수행되는 CPU가 CPU_0인데 선점이 된 후에 CPU_1에서 다시 수행이 진행될 수 있다. mycpu에는 CPU_0가 들어있으므로 CPU_1이 pc_count[0]에 접근하는 오류가 발생한다. 선점을 막으면 mycpu값은 현재 CPU를 제대로 가리키게 된다.

이러한 개념을 보다 일반화한 것이 percpu 인터페이스이다. Percpu 관련 함수와 매크로들은 include/linux/percpu-defs.h에 선언되어 있다. 정적으로 공유 percpu 변수를 type이란 타입을 가진 name의 변수명으로 선언할 때는 아래와 같이 선언한다.

```
DEFINE_PER_CPU(type, name)
```

한 소스 코드에서 DEFINE_PER_CPU()를 사용했으면 다른 소스 코드에서는 아래와

같이 선언함으로써 extern과 같이 다른 파일에 정의된 변수를 참조한다는 것을 알릴 수 있다.

```
DECLARE_PER_CPU(type, name)
```

선점을 막고 percpu로 선언된 변수인 name을 참조할 때는 아래의 get_cpu_var() 매크로를 사용한다. 이 매크로는 lvalue로 취급한다.

```
get_cpu_var(name)
```

get_cpu_var()로 가져온 값의 사용이 끝났으면 아래의 put_cpu_var() 매크로로 이 변수에 대해 dereference (이제 접근하지 않겠다는 것)를 알리고 선점을 푼다. Dereference를 하는 이유는 대상 객체 name의 메모리를 해제할 수도 있기 때문이다.

```
put_cpu_var(name);
```

다른 CPU의 percpu 객체에 접근할 때는 아래의 per_cpu() 매크로를 사용한다. 이 매크로는 선점을 막지 않는데, 현재 코드가 어떤 CPU에 접근하는지 명시적으로 알고 있으며 고정되어 있다고 보기 때문이다.

```
per_cpu(var, cpu)
```

그림 126은 percpu 변수를 선언하고 사용하는 예시를 보여준다. 1째 줄 끝의 __latent_entropy 키워드는 이 전역 변수의 값이 커널의 entropy pool에 추가된다는 것을 의미한다. Entropy pool은 true random number를 생성하기 위해 사용되는 자료구조이다. 여기서 CPU core 개수만큼의 원소를 가진 변수는 net_rand_state가 되고, 이 배열의 원소들은 rnd_state 구조체이다. net_rand_state는 배열처럼 메모리를 차지하지만, 사용자에게는 배열처럼 보이지 않게 제공된다. get_cpu_var(net_rand_state)는 net_rand_state에서 현재 CPU에 해당하는 곳을 반환한다. 5째 줄에서 get_cpu_var()의 매크로에 대해 주소를 반환하는 연산자인 &를 사용하여 반환받는 변수의 위치를 state라는 변수에 준다. 따라서, state는 net_rand_state에서 현재 CPU에 해당하는 곳을 가리키는 포인터가 된다. 예를 들어, 이 코드를 수행하는 CPU의 id가 1이라면 state는 &net_rand_state[1]이라는 의미가 된다.

```
static DEFINE_PER_CPU(struct rnd_state, net_rand_state) __latent_entropy;

u32 prandom_u32(void)
{
        struct rnd_state *state = &get_cpu_var(net_rand_state);
        u32 res;

        res = prandom_u32_state(state);
        put_cpu_var(net_rand_state);

        return res;
}
```

그림 126 Percpu 변수 사용 예시 (lib/random32.c)

동적으로 percpu 변수를 생성하고 사용할 수 있다. include/linux/percpu.h에 관련 매크로와 함수들이 선언되어 있다. 동적으로 percpu 변수를 할당하는 매크로는 아래의 alloc_percpu()이다. 인자로 변수 타입을 넣는다. 반환되는 것은 해당 타입의 포인터이다.

```
alloc_percpu(type)
```

위의 alloc_percpu() 매크로는 내부에서 __alloc_percpu() 함수를 호출하여 그 결과를 (type __percpu *)로 타입 캐스팅을 한다. __percpu 키워드는 할당된 변수가 percpu 변수이므로 percpu 주소 공간에 있다는 것을 의미하며 이 변수에 접근할 때는 지정된 함수나 매크로를 쓰도록 요구하고 있다. 아래 __alloc_percpu() 함수는 percpu 주소 공간에서 percpu 변수를 위한 공간을 할당하고 그 시작 주소를 반환한다. 두 번째 인자는 시작 주소를 어떤 값의 배수 위치에 맞출 것인가를 가리킨다. alloc_percpu() 매크로에서는 이 값을 __alignof__(type)으로 입력하기 때문에 그 변수의 타입 크기가 주로 사용된다고 볼 수 있다.

```
void __percpu *__alloc_percpu(size_t size, size_t align);
```

사용이 끝난 percpu 변수 공간을 반납하는 것은 free_percpu() 함수를 사용한다.

```
void free_percpu(void __percpu *__pdata);
```

참고문헌

[Joukov05] Joukov, Nikolai, et al. "An electric fence for kernel buffers." Proceedings of the 2005 ACM workshop on Storage security and survivability. ACM, 2005.

제9장 연습문제

8-8. 물리적 페이지의 크기가 1MB인 64-bit 컴퓨터에서 모든 페이지마다 page 구조체 (그림 118)를 할당한다면 page 구조체들이 차지하는 메모리의 용량은 대략 얼마인가?

8-9. 커널 공간에서 다음에 열거한 zone을 사용하는 예를 1개씩 기술하시오.

1) ZONE_DMA
2) ZONE_NORMAL
3) ZONE_HIGH
4) ZONE_MOVABLE

8-10. 32bit ARM CPU를 사용한다고 하자. 다음의 두 경우에 ZONE_DMA의 크기를 각각 결정하시오.

1) DMA를 사용하는 디바이스가 24-bit 메모리 주소만을 지원하는 경우
2) DMA를 사용하는 디바이스가 32-bit 메모리 주소를 지원하는 경우

8-11. 가용 메모리를 관리하는 kswapd 태스크가 WATERMARK_LOW에서 깨어나지 않고 WATERMARK_MIN에서 깨어나도록 변경한다면 어떤 변화가 생길 것으로 예측되는가?

8-12. 아래의 순서에 따라 구성되는 버디 시스템을 각각 그리시오.

9) 0부터 15까지의 페이지가 있는 시스템에서 페이지 1, 3, 4, 6, 8이 프리 페이지이다.
10) 페이지 0과 5가 프리 페이지가 되었다.
11) 페이지 7과 9가 프리 페이지가 되었다.
12) 페이지 2가 프리 페이지가 되었다.
13) 연속된 페이지 3개에 대한 요청을 처리하였다.

8-13. kmalloc()과 vmalloc()의 차이를 설명하시오.

8-14. 슬랩 할당을 통해 크기가 512 byte의 구조체를 선언하고 이를 할당받는다고 하자. 직접 kmalloc()을 호출할 때 20 time unit이 들고, kfree()에 15 time unit이 든다고 하자. kmem_cache_create()을 호출할 때 80 time unit, kmem_cache_alloc()에 10 time unit, kmem_cache_free()에 10 time unit, 그리고 kmem_cache_destroy()에 60 time unit인 든다고 하자. 그런데, kmem_cache_create()에서 메모리 확보를 위해 4KB 크기의 새로운 페이지를 할당받을 때 30 time unit이 더 소모된다.

1) 구조체 할당과 해제를 5번 반복하는 경우, kmalloc()을 사용했을 때와 슬랩 할당을 사용했을 때의 time unit을 각각 구하시오.
2) 구조체 할당과 해제를 100번 반복하는 경우, kmalloc()을 사용했을 때와 슬랩 할당을 사용했을 때의 time unit을 각각 구하시오.
3) 구조체 할당을 100번 하고, 다음에 해제를 100번 하는 경우, kmalloc()을 사용했을 때와 슬랩 할당을 사용했을 때의 time unit을 각각 구하시오.

8-15. 그림 126에서 prandom_u32_state(state)는 random seed 구조체인 state를 사용하여 32-bit 유사 난수를 생성한다. 이 과정에서 state의 내용이 변경된다. 이 함수를 호출하는 코드에 get_cpu_var()와 put_cpu_var()로 둘러싼 percpu 변수인 net_rand_state를 사용하는 이유는 무엇인가?

찾아보기

저자약력

■ **최태영**
금오공과대학교 컴퓨터공학과 교수

본 교육교재는 2019학년도 교육·연구 및 학생지도 비용 지원을 받아 개발된 교재임

리눅스 커널과 그 응용

라즈베리파이에서 디바이드 드라이버 개발을 중심으로

인　　쇄 : 2020년 8월 25일
발　　행 : 2020년 8월 30일
저　　자 : 최태영
발 행 처 : 도서출판 한산
서울시 서대문구 수색로6길 43번지 105-602호
TEL : (02)304-3504　FAX : (02)304-3505
발행인 : 김 기 영
등록번호 : 제 10-1745 호
ISBN : 979-11-87555-25-4　　93560

정가. 20,000원